KB262139

이 책을

소중한 __________에게

마음과 함께 드립니다.

66 Things What Men Should Before 35
ⓒTextile Press

Translated and Published by Permission of TEXTILE PRESS

35세 전, 남자가 꼭 해야 할 66가지

66 Things What Men Should Before 35

왕싱판 편저

나침반

이 책은 완전히 새로운 시각에서 쓰여졌다.
또한 35세가 되지 않은 모든 남자의 특징을 충분히 고려하여 '해야만 하는 66가지 일'을 설명해 주고 있다.
즉, 남자가 35세 이전에 더 빨리 최대의 성공을 거두도록 도와주고 있는 것이다.
이 책은 자신의 장점을 축적하기, 자신의 인간관계를 정리하기, 자신의 감정을 관리하기,
자신의 사업을 펼쳐가기, 자신의 심신을 단련 시키기 등 다섯 개의 인생분야에 걸쳐 이야기를 전개하였고 결국 '남자가 해야 할 일 66가지'로 집약했다.
책 전체에 걸쳐 언급하고 있는 66가지 일 모두는 남자가 한번쯤 해볼 만한 가치가 있는 것이다.
그 일 모두는 남자가 성공의 전당으로 단숨에 가도록 도와준다.
또한 35세 이전까지 멋진 삶을 살 수 있도록 도와주기도 한다.

이 책을 읽는 독자들에게

이 책은 원래 기독교 서적이 아닌 일반 도서로 분류된 책입니다.

그럼에도 우리는 이 책이 단지 일반적인 관점에서만 읽혀지고 보급된다는 것이 아쉬웠습니다. 그 이유는 이 책에 나오는 대부분의 주제가 기독교인도 알면 좋은 덕목을 포함하고 있기 때문입니다.

그래서 이 책의 내용을 기독교적인 관점에서 조명하면서 성경말씀에 비추어 생각해보았습니다.

우리는 이 책을 읽는 크리스천 청년들이 더 깊이 세상의 중심에서 빛과 소금의 역할을 감당할 수 있을 것이라 확신합니다.

"보라! 내가 너희를 (세상에) 보냄이 양을 이리 가운데 보냄과 같도다 그러므로 너희는 뱀같이 지혜롭고 비둘기 같이 순결하라"(마태복음 10장 16절)

이 책을 통해 얻을 수 있는 유익

1. 35세 이전에 모든 젊은이들이 가질 수 있는 관심을 기독교적인 관점으로 재조명해볼 수 있습니다.
2. 각 주제에 맞는 성경구절을 묵상해보고 삶속에 직접 적용하므로 세상에서 하나님의 자녀로 지혜롭게 살 수 있는 방법을 배울수 있습니다.
3. 각 부의 주제와 일치하는 성경인물이 누구인지 생각해보고, 그들의 인격을 문제형식으로 재미있게 배울 수 있습니다.
4. 각 부의 뒷장에 첨가된 문제는 청년그룹 토의용으로 사용하거나 혹은 책을 읽은후 친구들과 자유롭게 의견을 나눌 수 있도록 하였습니다.

멋진 인생을 계획하는
남성들을 위한 자기 계발서

많은 남자들이 남자 노릇하기가 정말 어렵다며 한숨을 내쉬기도 한다. 그러나 지금은 이미 21세기의 지식경제시대, E시대, 정보폭주의 시대, 세계가 하나 되는 시대로 들어섰다. 이런 생소한 낱말들은 35세 이전의 남자에게는 도전해볼 만한 가치가 있게 느껴지지만, 한편으로는 새로운 시대에서는 남자노릇하기가 더 어려워졌다는 것을 말해준다.

35세 이전의 남자는 이 사회의 주역이다. 그들은 의기양양하고 활기가 넘친다. 그들은 정열이 용솟음치고 매력을 사방으로 발산하고 있다. 그들은 20대의 혈기왕성함과 30대의 성숙함과 안정성을 동시에 지니고 있다. 또한 4,50대 사람들과는 비교도 할 수 없는 젊음의 장점이 있다. 그들이야말로 시대 흐름의 주도자이며 현대사회의 기둥이다.

이 단계에서 남자들은 직장, 가정, 사교 등의 장소에서 더 분주히 뛰어다니고 더 열심히 일하여 사업을 한 단계 높은 위치로 올려놓아야 한다. 위로는 부모님을 봉양하고 아래로는 처자식을 보살펴야 한다.

지금 사회는 그 어느 때보다 더 경쟁이 치열하기 때문에 사회에서 입지를 굳히려면 계속 활기차게 일해야 한다. 35세 이전의 남자에게 이것은 확실히 쉽지 않다.

이 책은 발전적인 시선으로 사회에 입지를 구축하고 35세 이전의 남자의 특성을 충분히 감안하여 '해야 할 일 66가지'라는 형식으로 저술되었다. 내용의 체계는 단계적이며 간단명료해야 한다는 것에 역점을 두었다. 거친 가운데 섬세함이 있고, 풍부한 자료를 바탕으로 남자의 호탕함을 보여주면서도 강인함 속에서도 부드러움을 잃지 않는데 정성을 기울여 명실상부한 신세대 남자의 자기계발서가 되도록 했다. 35세 이전에 남자가 멋진 삶과 화려한 인생을 구축하기 위한 구성이다.

66가지 일은 남자라면 누구나 한 번쯤 해볼 가치가 있는 것들이다.

당신이 성공의 전당으로 오르는 계단을 밟는 데 도움을 줄 것이다.

66가지 일은 삶에 광채를 더해주고 삶의 질을 높여줄 것이다.

66가지 일은 때때로 당신을 격려하고 마음을 조절하여 인생을 열심히 살게 해줄 것이다. 또한 당신이 적극적이며 진취적으로 성공을 향해 나아가도록 해줄 것이다.

편저자 왕싱판

Contents

머리말 멋진 인생을 계획하는 남성들을 위한 자기 계발서　6

1부　자신의 장점을 축적하라　14

01. 성공의 씨앗을 심어라

02. 존경 받는 일류 품격을 키워라

03. 대중 앞에서 연설을 하고 열등감을 극복하라

04. 주관을 갖고 자기만의 독특한 성공개성을 만들라

05. 서둘러 열정의 불을 붙여라

06. 성공에 유리한 좋은 습관을 길러라

07. 쉽게 화를 내는 나쁜 정서를 통제하라

08. 자신의 영향력을 형성하고 리더의 자질을 키워라

09. 매력을 수련하라, 진정한 사나이가 되라

10. 멋진 화술을 연마하라

11. 배움의 길은 끝이 없다. 항상 자기 계발에 힘써라

12. 실패를 체험하고 좌절을 받아들이는 법을 배워라

2부 자신의 인간관계를 관리하라   68

13. 인맥을 구축하라

14. 동고동락할 좋은 친구를 사귀어라

15. '사교공포증' 을 극복하라

16. 주위 사람들을 칭찬하라

17. 연락이 끊겼던 옛 친구를 찾아라

18. 영향력있는 사람과 교분을 쌓아 성공에 이르는 길을 닦아라

19. 당신 때문에 상처 받은 사람에게 '죄송합니다' 라고 말하라

20. 상대방의 이름을 기억하라

21. 덕으로 원한을 풀고 라이벌을 존중하라

22. 가장 거절하기 어려운 사람에게 '아니오' 라고 말하라

23. 인생의 은사를 찾아뵈어라

3부 **자신의 감정을 경영하라**　118

24. 사랑을 믿고 열렬히 사랑해보라

25. 사랑하는 사람에게 러브레터를 써라

26. 사랑하는 여인에게 꽃을 보내라

27. 사랑의 시련을 경험해보라

28. 사랑하는 여인과 결혼하라

29. 감정이 이성의 궤도를 벗어나지 않게 하라

30. 당신의 가장 위대한 작품인 아이를 가져라

31. 아이를 잘 가르쳐 존경 받는 아버지가 되라

32. 행복이 넘치는 가정이 되도록 최선을 다하라

33. 자신의 감정을 솔직하게 표현하라

34. 아버지에게 존경하는 마음을 표현하라

35. 어머니의 어깨를 가볍게 끌어당겨라

36. 생일에 어머니의 안부를 여쭈어라

37. 시간을 내어 부모님을 찾아뵈어라

4부 자신의 사업을 일으켜라　178

38. 이상과 위대한 인생목표를 수립하라

39. 차근차근 행동 계획을 세워라

40. 여러 가지 일을 해보라

41. 자기가 가장 잘하는 일을 하라

42. 일을 사업 하는 것으로 생각하라

43. 해당업계에서 필요한 모든 지식을 배워라

44. 업무태도를 단정히 하라

45. 재능을 드러낼 시기를 잡아라

46. 부자가 되려는 욕심을 가져라

47. 창업에 도전 하라

48. 새로운 아이디어는 성공의 시작이다

49. 협력을 통해 윈-윈(win-win) 하는 목표에 도달하라

50. 백절불굴의 정신으로 성공을 추구하라

51. 일확천금을 얻겠다는 허황된 생각은 접어라

52. 세계화에 발 맞추어라

5부 몸과 마음을 수양하라   252

53. 최소한 하나의 악기를 배워라

54. 영혼을 위해 매일 15분씩 독서하라

55. 일출을 한번 보라, 하늘의 크기만큼 마음도 커질 것이다

56. 드넓은 바다와 텅 빈 하늘로 가슴을 씻어내라

57. 나무 한 그루를 심어라

58. 매년 한번 이상 헌혈을 하라

59. 고향을 방문해 어린 시절의 천진한 꿈을 떠올려 보라

60. 잃어버린 동심을 찾아라

61. 혼자 있을 시간을 내라

62. 건강에 대한 투자를 소홀히 하지 마라

63. 나쁜 습관을 끊어 삶을 건강하게 하라

64. 장례식에 참석하여 생명의 소중함을 깨달아라

65. 자신을 일깨우고 행복에 주의를 기울여라

66. 삶은 원래 무한한 가능성을 지니고 있다. 극한에 도전하라

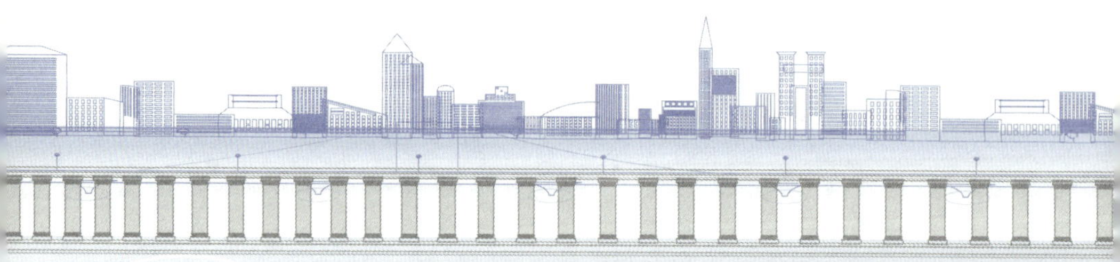

35세 전, 남자가 꼭 해야 할 66가지

66 Things What Men Should Before 35

1부

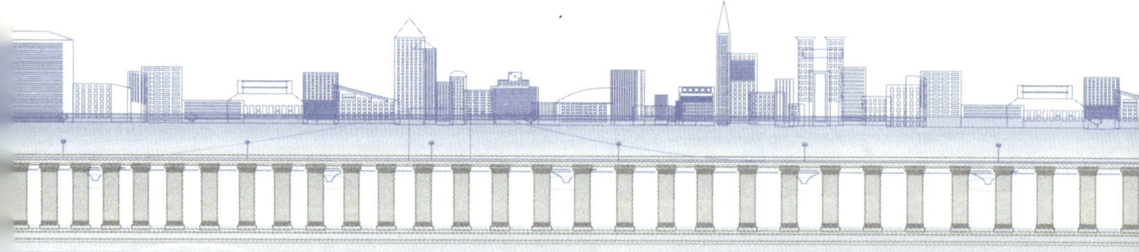

자신의 장점을 축적하라

현대의 남성은 지식경제시대로 나아가고 있다.
남보다 뛰어난 능력과 비상한 지혜를 지녀야
자신의 세계를 종횡할 수 있고 군중을 내려다볼 수 있다.
35세 이전 남자는 하룻강아지 범 무서운 줄 모르고 사회로 진출하거나
사회에서 이미 몇 년을 버텨 약간의 진전을 보았을 수도 있다.
하지만 어쨌든 자신의 장점을 계속 축적하고
여러 분야의 능력을 끊임없이 향상시키는 것은
성공을 추구하는 모든 남자가 반드시 해야 할 일이다.

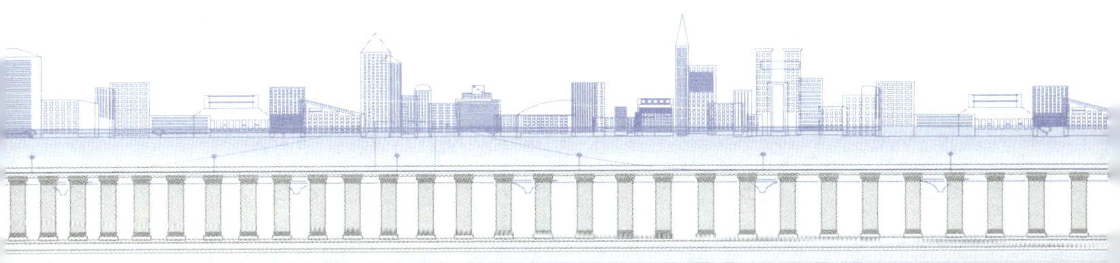

성공의
씨앗을 심어라

남자는 사회에 진출할 때부터 성공한 사람을 주시하는 습관이 생긴다. 인생의 방향, 일처리의 태도, 사상의 출발점과 모든 구체적인 행위가 자신도 모르게 다른 사람의 인상을 마음에 새긴다. 그들은 다른 사람의 경험에 따라 일을 하고, 다른 사람의 기호에 따라 살며, 다른 사람의 규칙에 따라 행동한다. 자신이 위대하다고 생각하는 남자는 전통관념, 사회환경, 현실의 인간관계 네트워크들에서 어떻게 이득을 취하는지 푹 빠져 있으며 항상 성공으로 가는 지름길을 찾고 싶어한다. 결국 그들은 평생토록 바쁘게 돌아다니지만, 줄곧 타인의 그림자 속에서 산 것처럼 자아가 존재하는 의의를 찾지 못한다. 이런 남자는 실패를 피해가기 어렵다. 그들은 다른 사람의 성공모델만 좇을 줄만 알았지 착실하게 자신의 성공의 씨앗을 심지 않았기 때문이다.

인생의 첫걸음은 매우 중요하다. 첫걸음을 잘못 내디디면 영원히 잘못된 길로 들어설 수도 있다.

똑똑한 남자는 35세 이전에 인생의 의의와 생존의 사명을 알 수 있으며,

나아가 자기의 사명을 완수할 수 있는 적절한 일을 찾아낸다. 어떤 남자들은 이런 행운을 만나지 못한다. 그들은 많은 세월에 걸쳐 여러 가지 어려움과 도전을 겪어야 한다. 그래야 비로소 자기 인생의 의의와 사명을 알게 된다. 심지어 어떤 사람들은 죽을 때까지 아무것도 모른 채 살아간다.

50세 전후가 되었는데도 자기 삶의 가치를 찾아내지 못했다면, 정신이 피폐해지고 영혼이 불안해지는 위기감에서 벗어나기 어렵다. 게다가 그런 사람은 원망하거나 한숨만 쉬며 살다가 이 세상을 떠나게 될 것이다.

사업을 하고 싶은 사람에게는 먼저 일정한 자본이 있어야 한다. 이런 자본은 우리 자신에게 있다. 그 자본에는 노력하는 태도, 책임을 지려는 정신, 풍부한 학식 및 탁월한 능력 등이 포함된다.

자고이래로 젊을 때 탄탄한 기초를 마련하지 않은 사람이 나중에 큰일을 성취한 예는 거의 없다.

성공을 거둔 위대한 인물이 만년에 풍성한 수확을 거두는 이유는 그들이 젊었을 때 성공의 씨앗을 뿌렸기 때문이다. 그래서 학문에 대한 노력과 경험의 축적은 남자가 성공을 거두기 위한 가장 중요한 자본이다.

이런 자본은 위기의 순간에 가장 강력한 힘이 된다. 예를 들어 건축설계사는 평소에 그의 지식을 반만 활용하여도 일을 보기 좋게 해낼 수 있다. 하지만 위급하고 중요한 상황이 닥쳤을 때는 자신의 모든 기교, 학식과 경험을 이용해야 한다. 그런 상황에서는 옛날에 쌓아두었던 모든 자본이 명백히 드러난다.

또 다른 예가 있다. 한 장사꾼이 있다. 그는 평소에는 자신의 수완을 크게 드러내지 않아도 되지만, 뛰어난 장사꾼이 되려면 그렇게 해서는 안 된다. 장사꾼은 사업을 확장하거나 경제가 불황일 때를 대비해서 더 충분히 준비하고 더 높은 재주를 연마해야 한다.

같은 이치로 35세 이전의 남자가 사회에 막 진출할 때는 지식, 경험에 대한 상당한 대비가 있어야 한다. 창업 초기라면 어느 정도의 지식으로도 그때그때의 일을 적절히 해낼 수 있을 것이다. 하지만 사업이 커지고 발전하면 모든 지식을 총동원한다 해도 부족할 것이다.

그래서 젊었을 때 시간을 소중히 여기고 각고의 노력을 기울여야 한다. 자신을 위해 귀한 자본금을 축적해야 하는 것이다. 이런 자본은 가치를 매길 수 없는 보물이다. 이런 자본이 있으면 좌절과 실패를 겪는다 해도 충분히 난관을 극복할 수 없으며 재기할 수 있다.

성공하고 싶은 남자는 35세 이전에 성공의 씨앗을 심으라. 그렇지 않으면 앞으로의 인생에서 거둘 수 있는 것이 매우 한정적일 수밖에 없을 것이다. 심지어 아무것도 얻지 못할 수도 있다.

"게으른 자는 마음으로 원하여도 얻지 못하나 부지런한 자의 마음은 풍족함을 얻느니라"(잠언 13:4)

예수께서는 이 땅에 오신 목적을 이루시기 위해 부지런히 먼 길도 마다하지 않고 다니셨습니다. 그 결과 인류구원이라는 놀라운 성공의 열매를 거두었습니다.

당신은 어떤 성공의 씨앗을 심고 있습니까?

존경 받는 일류 품격을 키워라

프랭클린은 이렇게 말했다.

"품격은 인생의 월계관이자 영예이다. 품격은 가장 고귀한 재산이다. 품격은 사람의 지위와 신분을 만든다. 품격은 사람이 가질 수 있는 신뢰와 명예의 총자산이다. 품격은 재산보다 더 큰 위력을 지니고 있다. 품격은 모든 영예를 아무 편견 없이 보장해준다. 개인의 품격은 다른 어떤 것보다도 현저하게 다른 사람이 개인을 신뢰하고 존중해주는 것에 영향을 준다."

성실, 정직, 자비와 같은 인품은 결코 모든 사람의 인생과 밀접한 관련을 맺지는 않는다. 하지만 품격의 가장 중요한 부분이 된다. 옛날 사람들이 "옷과 음식은 부족해도 품격은 선천적으로 자신의 도덕에 충실하다"라고 말한 바와 같다. 이런 품격을 갖춘 남자가 확고한 목표를 가지고 자신의 능력을 발휘한다면 그의 힘은 하늘과 땅을 뒤흔들 정도로 감당할 수 없이 강하다. 남자뿐 아니라 모든 사람은 좋은 품격을 갖는 것을 인생 최대의 목표로 삼아야 한다. 그것이 성공을 얻기 위한 힘이 된다는 것을 알려주는 것도 좋은 방법이다. 강인한 믿음은 성공의 요소가 된다. 믿음은 동기를 안정적으로 유지시키고 끊임없이 계발하도록 만든다. 인생에는 높은 목표가 있어야 한다. 아쉬운 것은 우리 모두가 이 점을 인식하지는 못한다는 것이다.

품격은 나무와 같고 명성은 나무 그늘과 같다. 우리는 항상 나무 그늘만 생각하고 오히려 나무가 근본이라는 사실을 모른다.

미국 사람들의 존경을 받는 링컨 대통령은 자신의 품격에 주의를 기울였다. 그는 모든 유혹을 거절할 수 있었으며 잘못이 있는 무리와 한패가 되려 하지 않았다. 더욱이 부주의하여 잘못된 입장에 서더라도 잘못된 부분을 발견하면 곧바로 고쳤다.

링컨이 변호사로 일할 때 어떤 사람이 변호를 맡아달라며 찾아왔다. 명백히 잘못이 있는 사람을 위해 변호를 해달라는 것이었다. 링컨은 말했다.

"나는 할 수 없습니다. 그렇게 하면 법정에 나가 진술할 때 나는 저절로 언성을 높여 '링컨, 너는 거짓말쟁이야. 거짓말쟁이라고' 라고 말할 겁니다."

한번은 어떤 부인이 변호비 명목으로 큰돈을 링컨에게 주었다. 링컨은 한참 동안 고민하다가 돈을 돌려주었다. 링컨이 그 부인에게 말했다.

"부인의 사건은 아직 심의도 시작하지 않았습니다."

"하지만 이 돈은 당신이 번 돈이에요."

링컨이 대답했다.

"아닙니다. 아니에요. 그것은 옳지 않습니다. 저는 의무를 다할 뿐입니다. 이 돈은 받을 수 없습니다."

링컨은 그 위대한 품격 때문에 사람들에게 지금도 존경받고 기억되고 있다. 그것은 에머슨이 한 말과도 같다.

"미덕은 가장 높은 가치를 지니고 있다. 미덕은 위대한 품격의 힘이다. 모든 가치 가운데 그것은 가장 높은 위치에 있다."

품격은 가장 고귀한 개인의 자산이다. 남자는 설득력이 있고 존경받는 정직, 선량함, 친절, 성실 등의 품격을 지녀야 한다. 그러면 언제 어느 곳이든 인기 있는 사람이 된다. 그런 품격을 지닌 사람은 외모가 잘생겼든 못생겼든, 그가 대하는 사람이 어떤 사람이든, 다른 사람이 기꺼이 사귀고 싶어 하는 사람이 될 것이다. 인류는 감정이 있고 이성도 있는 고등동물이기 때문에, 품격이 고상하고 성실하며 사랑이 넘치는 사람을 보면 누가 알려주지 않아도 그 사람을 존경하게 된다. 위대한 품격은 확실히 기이한 힘을 지니고 있어 모든 사람의 영혼을 감화시키기에 충분한 것이다. 어떤 사람은 다른 사람이 자기 가문이 대단한 것을 알아주길 바라거나 다른 사람에게 자신이 얼마나 부유한지를 떠벌리기 좋아한다. 또 어떤 사람은 다른 사람에게 자신의 박학다식함을 뽐내기도 한다. 하지만 그렇게 하면 정말로 다른 사람을 감동시킬 수 없으며 환영과 존중도 받을 수 없다. 사실 정직한 인격과 좋은 명성이 있다면 언제 어디서든 다른 사람으로부터 주목을 받을 것이다. 품격은 인생이 무궁무진하게 누릴 수 있는 보물이며 자원이다. 품격은 가장 효과적인 자기추천서이다. 일생의 앞날과 운명은 이 자기추천서에 의지해야 한다. 35세 이전의 남자는 젊었을 때 충분한 시간과 공을 들여 다른 사람과 자신에게 유리한 품격을 자신의 것으로 만들어야 한다. 그것은 한평생 누려도 다 쓰지 못하는 재산이 될 것이다.

"믿음과 착한 양심을 가지라"(디모데전서 1:19)
다른 사람의 환영과 존중을 받길 원하는 남성은 자신의 품격에 주의를 기울이는데 시간과 공을 들여야 합니다. 가장 품위 있는 사람은 예수의 성품을 닮은 사람입니다. 예수의 성품을 닮기 위해 어떤 노력을 하고 계십니까?

대중 앞에서 연설을 하고
열등감을 극복하라

많은 젊은이들이 세상에는 가장 좋은 것이 있지만 자신은 평생 그것을 누리지 못할 것이라고 생각한다. 많은 남자는 35세 이전에 큰일을 할 수 있지만 실제로 보잘것없는 일만을 한다. 물론 대부분 35세 이후에도 여전히 평범하게 산다. 그렇게 사는 이유는 그들이 지나친 열등감에 빠져 있기 때문이다. 그들은 원대한 이상이 없으며 굳은 자신감을 갖추고 있지 않다.

많은 35세 이전의 남자들이 열등감에 빠지는 이유는 다른 사람과 자신을 비교하기 때문이다. 열등감은 마음 깊은 곳의 자아를 의심한다는 것을 나타낸다. 열등감을 없애는 가장 좋은 방법은 자신의 마음을 자신감으로 채우는 것이다. 믿음으로 충만하면 자신감이 생길 수 있다. 그러면 자신이 생각하는 것처럼 내가 그렇게 실패자는 아님을 알게 될 것이다.

전문가들은 우리에게 대중 앞에서 연설하려면 많은 용기와 담력이 필요하기 때문에 연설이라는 방법이 열등감을 극복하는 데 효과적이라는 점을 알려주었다.

사실 대중연설은 누구나 두려워한다. 우리 주변에는 생각이 날카롭고 천부적인 재능이 있는 사람이 많다. 하지만 그들은 장점을 발휘하여 토론에 참가할 수 없다. 그들이 참가하기 싫어하는 것이 아니라 자신감이 없기 때문이다. 공공장소나 대중 앞에서 말을 아끼는 사람들은 이렇게 생각한다.

'내 의견은 가치가 없을 거야. 내가 말하면 다른 사람들이 어리석다고 생각하겠지. 아무 말도 하지 않는 편이 좋겠어. 게다가 다른 사람들이 나보다 더 많이 알고 있잖아. 다른 사람들이 내가 아는 게 이렇게 없다는 걸 알게 하고 싶지 않아.'

이런 사람들은 항상 자신에게 다음 차례까지 기다리겠다는 막연한 약속을 한다. 하지만 그들은 그 약속을 결코 실현시킬 수 없음을 분명히 알아야 한다. 침묵을 지킬 때마다 자신감 부족이라는 독소에 우리는 중독된다. 그러면 오히려 점점 자신감을 더 잃게 되는 것이다.

활동적인 상황에서 최대한 자기의 생각을 말하면 자신감이 늘어난다. 어떤 성격의 회의에 참석하든 주도적으로 의견을 발표할 수 있다면 여러 사람 앞에서 발표하는 것은 자신감의 '비타민'이라고 할 수 있다.

● 미국 상원의원 엘모 토마스의 이야기

16살 때, 나는 항상 번뇌, 두려움, 열등감에 빠져 있었다. 내 키는 너무 커서 나이에 맞지 않았다. 지나치게 큰 키 때문에 야구장이나 육상트랙에서 다른 남자아이와 함께 놀 수도 없었다. 같은 반 친구들은 나를 '마른 대나무 장대'라고 부르며 놀렸다. 그것은 다른 사람을 감히 볼 수 없을 정도로 고민과 열등감을 주었다.

번뇌와 두려움에 쓰러지면 나는 평생 폐인이 될 것이라 생각했다. 얼마

지나지 않아 한 사건이 터졌다. 바로 내게 충분한 용기, 희망, 자신감을 준 사건이었다.

그것은 내 인생의 진정한 전환점이었다. 그것은 내가 걱정과 열등감을 극복하여 쟁취한 첫 번째 대승리였다.

인디애나 주에서는 1년에 한 차례 '푸트남 카운티 박람회'를 개최하고 있었다. 그 박람회에는 공개연설대회가 있는데 어머니는 나에게 참가해 볼 것을 권하셨다. 나에는 그것은 그야말로 천지개벽과도 같았다. 심지어 한 사람 앞에 나설 용기도 없는 내가 어떻게 대중 앞에 선단 말인가? 하지만어머니는 나를 믿으셨고 내 앞날에큰 희망이 있다고 생각하셨다. 나는 멋진 연설문을 모두 써서 나무나 소를 청중으로 삼아 백 번 정도 연습했다. 나는 어머니 앞에서 멋지게 해내고 싶었다.

연설할 때 나의 감정은 풍부하였고 감동적이기까지 했다. 환호성을 지르는 청중을 보는순간나는어리둥절해졌다. 나는 1등을 했다. 나를비웃고 '마른 대나무 장대'라고놀렸던 남자아이들은 내 어깨를 치며 말했다.

"엘모, 난진작부터 네가해낼 거란걸 알고 있었어."

어머니는 나를 쓰다듬으며 기쁜 나머지눈물을 보였다. 그 대회의 우승은 내인생의 중대한 전환점이었다. 현지 신문은 1면 머리기사에 내 이야기를 다루었고, 나를 전도가 유망한 청년이라고 말했다. 그렇게 나는 현지에서 명성이 자자하고 누구나 알아주는 인물이 되었다. 물론 더 중요한 것은 삶과 일에 내가 자신감을 갖게 된 것이었다. 그 대회에서 우승하지 않았다면 영원히 미국 상원으로 들어올 수 없었으리라는 것을 나는 잘 알고 있다.

19살이 될 때까지 나는 이미 28차례나 연설을 했다. 22살에 나는 학교 대표로 버틀러(Butler) 대학과 변론대회에 참가했다. 그 연설대회에서 나는 우승했고 교지의 편집장이 되었다.

쉰 살이 되던 해, 마침내 내 평생 최대의 바람을 성취했다. 오클라호마 (Oklahoma) 주의 미국상원으로 가게 된 것이었다. 그리고 마지막에 는 미국 상원의원이 되었다.

지난 일들을 말하는 것은 결코 내 성공을 자랑하기 위해서가 아니다. 번 뇌와 열등감으로 지친, 불쌍한 젊은이들에게 용기와 자신감을 불어넣어 주 고 싶을 뿐이다.

그래서 우리는 대중연설의 기회를 얻어 충분히 자신의 실력을 보여주어 야 한다. 세심한 준비를 통해 멋진 말들을 입에서 줄줄 쏟아내야 하고 청중 을 자신의 열정으로 깊이 감동시켜야 한다. 박수갈채가 파도처럼 밀려올 때 자신에게 이렇게 말하라.

"나는 자신감이 있다. 나는 용감하다. 나는 매력적인 남자이다."

"의인이 외치매 여호와께서 들으시고 저희의 모든 환난에서 건지셨도다" (시편 34:17)
젊음의 상징은 '패기'와 '용기'입니다. 하나님을 의지하면 용기는 저절로 생겨납니다. 의인의 외침을 들으시는 하나님을 의지하며 두려워말고 소리 내어 당신의 주장을 펼치십시오.
당신이 외치는 그 자리에 하나님이 함께 하실 것이라는 사실을 믿습니까?

주관을 갖고 자기만의
독특한 성공개성을 만들라

35세 이전의 남자는 독립적인 품격과 독특한 개성을 만들어야 한다. 독립은 성공을 갈망하는 사람이 반드시 갖추어야 할 자질이며 성공하기 위해 견지해야 할 원칙이다. 여기에는 독립적인 경제능력, 독립적인 인격, 독립적인 사고 등이 포함된다. 지금은 독립, 자유, 개성의 시대이다. 성공에도 주관이 있어야 한다는 전제조건이 있다. 주관이 없이 부화뇌동하는 사람은 성공을 거머쥘 수 없다.

하지만 실제의 삶에서 고의적이든 무의식적이든 많은 남자들이 자신을 숨기고 있다. 더욱이 공공장소나 중요하다고 생각하는 일을 할 때 배우처럼 연기하는 흔적은 더욱 뚜렷하다. 그렇게 하는 이유는 무엇일까? 그것은 자신감이 없고 본래 모습을 유지하도록 지탱시켜줄 충분하고도 커다란 성공을 거두지 못했기 때문이다. 이런 관점에서 보면 성공한 사람만이 본래 모습을 유지할 수 있음을 알 수 있다.

성공의 과정은 자신만의 독특한 개성을 형성하고 유지하는 과정이다. 교황 바오로 8세는 아주 인기가 많은 사람이었다. 그는 가난한 농민의 집에서 태어났다. 그는 몸이 뚱뚱했지만 자신을 숨기지 않았다. 게다가 뚱뚱한 신체의 단점을 회피하려 하지 않았다. 교황이 된 뒤 그는 로마의 감옥을 방문했다. 그곳의 수감자들을 축복할 때 그는 솔직히 이번에 감옥에 온 것이 자신의 조카를 보기 위해서라고 인정했다. 많은 사람들이 그를 예수의 화신이라고 생각했다. 그가 다른 사람의 고통과 기쁨을 어떻게 나누어 가져야 하는지를 알고 있었기 때문이다. 그는 자신의 본래 모습을 잃지 않으려고 했다. 그가 존경받은 이유는 자신을 숨기지 않았기 때문이다.

일상생활에서 남자가 본래 모습을 유지한다는 것은 결코 쉬운 일이 아니다. 사실 많은 사람들이 어쩔 수 없이 자신을 숨긴다. 문화적인 배경 이외에 또 다른 중요한 원인은 바로 그들이 본래 모습을 보이고 유지하도록 지탱시켜줄 충분한 성공을 거두지 못한 것에 있다.

위대한 극작가 셰익스피어는 "당신은 유일한 존재이다"라고 말했다. 개성에 대한 최고의 찬사라고 할 수 있다.

사람의 성장과정은 점점 자아를 인식하고 확립하는 과정이다. 모든 사람은 특정한 개성이 있지만 누구나 그것을 자각할 수 있는 것은 아니다. 또한 그것을 자각한다 해도 바로 자신에게 적합한 그런 종류의 특성을 확립할 수 있는 것도 아니다. 어떤 측면에서 인생은 자아창조의 과정이다. 사람은 자아창조의 과정 속에서 개성을 드러내고 형성하는 것이다. 35세 이전의 남자가 개성을 만들고 유지하는 것은 결코 쉬운 과정이 아니다. 예컨대 우리는 성장 과정에서 거의 모두 모방기를 거친다. 더욱이 예술분야에 종사하는 사람이라면 특히 그렇다. 모방은 천성이며 우리의 능력 가운데 하나이다. 세상을 경험하려고 하거나 일을 시작할 때, 모방은 그런대로 쓸 만한 수단이자 방법이며 심지어 필요한 것이기도 하다. 모방도 우리가 자아를 인식하기 위해 거쳐야 할 과정이기 때문이다. 하지만 모방은 단지 수단일 뿐이며 목적이 될 수 없다. 하나님은 이 세상을 다양성있게 창조했다. 당신을 태어나게 한 것은 당신이 진정한 자신이 되라는 목적에서이다. 어떠한 부화뇌동이라도 그 가운데 한쪽은 그 존재의 의미를 잃게 된다. 우리는 다른 사람을 모방할 수 있지만 절대 자신이 다른 사람이 되어서는 안 된다. 우리가 바로 우리 자신이다. 우리는 스스로 독특한 점을 찾아내야 한다. 자아를 육성해야 하며, 개성을 형성하고 유지해야 한다.

그렇다면 도대체 어떻게 개성을 형성하고 유지하며, 어떻게 자기만의 개성과 매력을 만들 수 있을까?

1. 적극적으로 자아를 형상화하여야 한다.

인생은 풀과 나무처럼 자연적으로 되는 과정이 아니다. 사람은 능동적인 성격을 갖고 있다. 어떤 의미에서 인생은 창조의 과정이며 자아 창조의 과정이다. 그래서 적극적인 태도를 취하고 적극적으로 행동해야 한다. 자기가 희망하는 모양대로 자신을 형상화하여 자신이 되고 싶은 그런 사람이 되어야 한다.

2. 진실한 자아를 받아들여야 한다.

이런 수용에는 모든 결점, 잘못, 단점, 나쁜 습관 및 장점이 포함된다.

물론 우리는 약점과 결점이 우리에게 속한다고 해서 그것이 결코 우리 자신과 같다는 것이 아니라는 것을 분명히 알아야 한다. 결점이 있고 그것을 안다면 우리는 결점을 고치기 위해 노력해야 한다.

3. 가면을 벗어야 한다.

이 문제는 말하기는 쉽지만 실제 행동으로 옮기기는 무척 어렵다. 일상 생활에서 우리는 항상 자신을 표현하는 것과 자신을 보호하는 사이에서 충돌을 일으키고 있다. 한쪽에서 존중받으려는 갈망이 우리에게 자신을 표현하라고 부추기고 있고 다른 한쪽에서는 프라이버시의 보호, 신변안전의 도모 등의 욕구로 인해 진실한 자신의 모습을 드러내지 못하고 있다. 이 문제를 해결하려면 서로 적응하는 사회 문화적인 환경이 있어야 하며 개인의 노력이 필요하다. 또한 성공으로 자아를 증명하고 유지해야 한다.

"미련한 자는 자기 행위를 바른 줄로 여기나 지혜로운 자는 권고를 듣느니라"(잠언 12:15)
하나님은 우리 각자에게 맞는 가장 뛰어난 개성을 주셨습니다. 그것을 개발하려면 하나님의 도우심이 전적으로 필요합니다.
하나님이 주신 개성을 어떻게 사용하기 원하십니까?

서둘러 열정의 불을 붙여라

현대 사회는 경쟁이 치열하다. 35세 이전의 남자는 사회에서 중추적인 역할을 맡고 있으며, 너무 많은 스트레스를 짊어지고 있다. 지나치게 많은 실망감과 무력감이 남자들을 짓누르고 있다.

그들은 항상 타협한다. 불완전한 제도와 타협하고 원만하지 않은 결혼생활과 타협한다. 유행하는 속된 기준과 타협한다. 명예나 이익에 타협한다. 가난과 타협한다. 가식과 타협한다. 너무 많은 타협이 그들의 마음과 몸을 모두 힘들게 한다. 장미꽃 같은 소년은 장성한 뒤 생기가 없는 모습으로 변한다. 어떤 친구는 성인이 된 뒤 자신이 자라 같다는 생각을 하게 되었다고 한다. 매사에 머리를 내밀고 살피며 전전긍긍 조심한다는 것이다.

35세 이전의 열정은 도대체 어디로 갔단 말인가? 친구는 떠나고, 마음의 파도는 일어나지 않으며, 배우자가 바람을 피워도 아무런 느낌이 없다. 미친 듯한 기쁨이 없고 몸과 마음에 넘치는 행복이 없다. 거리를 나설 때마다 생기가 없는 얼굴들이 항상 불을 붙일 수 없음을 아쉬워하는 모습을 본다. 마음이 죽어도 사람은 죽지 않는다. 여전히 매일 밥을 먹고 잠을 잔다. 여전히 돈을 벌고 삶을 영위한다. 하지만 열정이 없다. 숭고함이 없다. 열정과 숭고함이 없는 사람은 영혼이 없는 고깃덩어리가 걸어 다니는 것과 같다. 많은 사람들이 재난이나 시련을 몇 차례 겪은 뒤 열정을 포기한다. 열정을 맹목적이며 유치한 것으로 간주한다. 뜻밖에도 가장 중요한 것을 내버린다. 그러면 이후의 삶은 아무 의미가 없고 무척 평범해진다.

일에도 열정이 없다. 업무능력이 뛰어난 사람이 격려와 칭찬을 받지 못하고 심지어 아부를 잘 떠는 아첨쟁이들이 득세하는 경우를 우리는 흔히 본다. 그래서 어떤 사람은 그런 모습을 보고 맥이 빠져 다시 일에 대한 열정을 불사르지 못한다.

우정에도 열정을 잃었다. 인간관계가 악화되고 있는 오늘날 많은 사람들이 친구를 사귈 때 상대방이 자신에게 유용한지 그렇지 않은지를 계산하고 있다.

심지어 재난이 닥쳐도 남자들의 감정에 불꽃을 피울 수 없다. 자신들에게 빠져나갈 출구가 없기 때문에 다른 사람의 고통을 오히려 고소해한다.

삶에는 우리의 열정을 감소시키는 것이 있다.

우리는 의구심을 갖게 되었다. 어릴 때부터 마음에 자생한 인생에 대한 열정을 마비된 사회가 소리 없이 식어지게 하고 있다. 우리는 더 이상 열정적이지 않다. 모래바람이 조금씩 마음의 오아시스를 삼킨다.

너무 많은 사람에게 현실은 냉혹하게 대한다. 진심으로 행동하지 않고 다른 사람의 열정을 학대한다.

인류든 국가든 개인이든 열정이 없으면 희망이 없다. 열정은 우리를 순수하게 만들 수 있다. 진흙탕을 지나도 오염되지 않는다. 열정은 우리를 평범하고 저속한 것에서 벗어나게 해준다. 열정은 마음의 횃불이다. 횃불이 꺼지면 우리는 진선미(眞善美)와 기적을 믿을 수 없게 된다. 우리는 칠흑 같은 어둠 속으로 빠져버린다. 예술은 낡은 형식에 얽매일 것이고 문학은 일부러 어려운 문자를 쓰며 대중들과 멀어질 것이다. 우리의 얼굴은 마비되어 광채를 잃을 것이다.

많은 일들이 시작하기 전에 끝나버리는 이유는 그 일 자체가 정말 어렵기 때문이 아니다. 가장 중요한 이유는 하려는 의지가 없기 때문이다.

마음이야말로 우리가 성공의 길로 나아가기 위해 넘어야 할 최대의 장애물이다.

열정적인 마음을 지닐 수 없다면, 그것은 가장 무서운 적이 될 것이다.

어떤 일을 진행하고 싶을 때, 아직 그 일의 대략적인 상황을 이해하려고 시도하지 않았다면 직감적으로 그 일이 너무 어렵다고 생각해서는 안 되며 앞으로 다가올 어려움은 자기와는 관계없다는 태도를 유지해야 한다. 이때 부딪쳐볼 생각도 않는다면 그 일을 완수할 생각도 말아야 한다. 그렇게 되면 마음속으로 오랫동안 생각한 계획이 영원한 환상이 되어버린다. 또한 영원히 성취의 날은 오지 않을 것이다.

일이 반 정도 진행되었는데 열정이 식어버린다면 어떻게 해야 할까? 그것은 두말할 필요도 없이 용두사미(龍頭蛇尾)이기 때문에 큰 성과를 거둘 수 없다. 앞의 상황은 시작하기도 전에 끝나버리는 것이고 뒤의 상황은 힘과 노력을 많이 허비했음에도 이루지 못한 것이다. 차라리 그럴 바에는 아예 처음부터 시작하지 않는 것이 낫다.

사고(思考)의 과정은 상상하는 것처럼 그렇게 쉽지 않다. 하지만 행동하는 것보다는 오히려 간단한 일에 불과하다. 사고는 눈 깜짝할 사이의 일이고 행동은 단시간 내에 해낼 수 없기 때문이다. 열정이 없으면 근본적으로 끝까지 밀고 나가는 것은 불가능하다.

언제 어디에서든 왕성한 열정을 유지해야 한다. 그리고 지금 당장 시작하는 것이 좋다.

열정을 생활태도로 바꿀 수 있다면 삶의 철학이 이전보다 더 적극적으로 바뀔 것이다. 더 행복하게 살 수도 있다.

삶의 모든 일에 열정을 갖고 대하라. 다른 사람들이 당신의 마음속에서 나오는 아름다움을 볼 수 있게 하라. 그때부터 친구와 당신의 열정을 나누어주라.

남자는 35세 이전에 열정의 불을 붙여야 한다. 마비된 감각과 게으름과 투쟁해야 한다. 완전히 새로운 자신의 이미지를 만들어야 한다. 이것이 바로 지금 우리가 해야 할 일이다.

성공에 유리한
좋은 습관을 길러라

습관의 힘은 사람을 놀라게 한다. 35세 이전에 형성된 습관은 당신이 얼마나 빨리 성공할지를 결정한다. 개인의 남은 반평생은 습관이 만들어갈 것이다. 하지만 습관은 앞서 살아온 반평생 동안 형성된 것이다.

독일 철학자 실러(Schiller)는 "습관은 가장 좋은 하인이 아니라 가장 나쁜 주인이다"라고 말했다. 우리는 습관이 모든 행동의 요소임을 명심해야 한다. 그래서 습관을 이용해 자신의 효율을 높이고 자신의 가치를 높여야 한다.

사회에서 평판이 좋은 성공한 사람에게 세상 사람들이 왜 실패를 겪게 되느냐고 물어보면 대부분 '나쁜 습관'이라고 대답할 것이다.

절제하는 습관을 기르면 탐욕으로 생기는 악행을 방지할 수 있다. 검소한 습관을 기르면 낭비하지 않을 것이다. 좋은 습관이 있으면 좋은 인간관계를 맺을 수 있다. 나쁜 습관이 있으면 나쁜 인간관계를 맺게 된다. 좋은 습관이 있으면 사업에 성공하기 쉽고, 나쁜 습관이 있으면 사업에 실패한다.

습관의 영향력은 매우 거대하고 깊다.

● 닭의 습관으로 살아간 아기 매

어느 날 사냥꾼이 사냥을 하다가 매의 알을 주웠다. 집으로 그 알을 가져

온 사냥꾼은 암탉이 품고 있는 달걀 속에 매의 알을 함께 두었다.

얼마 지나지 않아 아기 매와 병아리가 함께 부화했다. 암탉의 보살핌으

로 아기 매는 병아리들과 즐겁게 살았다.

아기 매는 물론 자신이 매라는 사실을 몰랐다. 아기 매는 병아리와 함께

닭의 여러 가지 생존기술을 익혔다. 암탉도 아기 매가 매라는 것을 몰랐

기 때문에 다른 병아리들처럼 아기 매를 가르쳤다. 아기 매는 줄곧 닭의

습관에 따라 생활했다. 그들이 생활하는 곳에서 가끔 매가 날아가곤 했

다. 매가 지날 때마다 아기 매는 말했다.

"나도 하늘을 날면 얼마나 좋을까. 언젠가는 나도 저렇게 날아볼 테야."

하지만 암탉은 아기 매가 그렇게 말할 때마다 타일렀다.

"꿈 깨라, 아가야. 넌 병아리야. 날 수가 없단 말이다."

그렇게 해서 아기 매는 죽는 날까지 한 번도 날아보지 못했다. 그가 푸른

하늘을 날 수 있는 날개와 체격을 가지고 있었음에도 말이다.

여기에서 우리는 습관은 비록 작지만 영향력은 실로 대단함을 알 수 있다.

습관이 이렇게 중요하지만 사람들은 항상 소홀히 하고 있다. 게다가 자

기도 모르는 사이에 많은 사람들이 좋은 습관을 기르지 않고 오히려 나쁜

습관을 많이 들이고 있다. 이런 나쁜 습관은 자각이 없기 때문에 부지불식

간에 행동으로 나타난다. 여러 차례 반복되다 보면 습관은 자연스럽게 형

성된다. 나쁜 습관을 극복하고 싶다면 최대한 첫 번째의 시도를 피해야 한

다. 좋은 습관을 기르려면 항상 반복하는 방법을 배워야 한다.

남자는 35세 이전에 반드시 다음의 아홉 가지 악습을 끊어야 한다.

1. 항상 지각하는 습관

출근이나 회의 시간에 항상 늦는 편인가? 지각은 사장과 동료들의 반감을 산다. 지각은 당신이 자기만 생각하는 이기주의자이고 협동심이 부족한 인간이라는 나쁜 정보를 다른 사람들에게 전달한다.

2. 질질 끄는 습관

최종적으로 일을 끝냈다고 하더라도 시간을 지체했다면, 임무를 완수하기에 적합한 사람이 아니었음을 증명하는 것이다. 왜 시간을 지체하게 되는 것일까? 그 일에 흥미가 없기 때문이라면 직업 선택에 문제점은 없었는지 다시 한번 고려해야 한다. 지나치게 완벽을 추구하다가 늦어진 것이라면 틀림없이 일이 지연될 수밖에 없었을 것이다. 사회심리학자들은 일을 질질 끌기 좋아하는 사람들은 모험을 해보거나 실수를 저지르는 것을 두려워하고 실패에 대한 공포로 아무것도 제대로 하지 못한다고 말한다.

3. 원망하고 남을 탓하는 습관

이 습관은 거의 모든 실패한 사람들의 공통점이다. 성공하고 싶은 사람은 좌절에 직면했을 때, 냉정하게 자신에게 닥친 문제를 대해야 하며, 실패의 원인을 분석해야 한다. 나아가 문제 해결의 돌파구를 찾아야 한다.

4. 무조건 다른 사람의 비위를 맞추려는 습관

진정한 직원이라면 자신이 맡은 일에서 생겨나는 문제점을 상사에게 설명하고 상응하는 해결 방법을 제안해야 한다. 상사의 결정에만 무조건 따라서는 안 된다. 관리자는 나름대로 엄정한 상벌 원칙을 가져야 하며 '좋은 게 좋은 거라는 식'으로 일을 처리해서는 안 된다. 그렇게 하면 잠깐 동안 몇몇 사람들의 환심을 살 수 있겠지만, 결국 대다수의 지지를 잃게 될 것이다.

5. 유언비어나 헛소문을 퍼뜨리는 습관

모든 사람은 다른 사람의 평가를 받거나 다른 사람을 평가한다. 하지만 특정인의 유언비어를 좋아라하며 떠벌리는 것은 당장 그만두는 것이 좋다. 세상에는 바람이 새지 않는 담장이 없다. 당신이 오늘 말한 유언비어는 조만간 당사자가 알게 된다. 왜 쓸데없이 돌덩이를 가져와 자신의 발등을 찍으려 하는가? 유언비어나 근거 없는 소문은 못들은 척하며 흘려 넘기는 것이 가장 현명한 처사이다.

6. 남에게 완전무결하기를 강요하는 습관

모든 사람은 일을 할 때 실수를 저지른다. 일을 할 때 문제가 생기면 협조적인 자세로 해결해야지 무조건 완전무결해질 것을 강요해서는 안 된다. 특히 자신이 해낼 수 없는 상황일 때는 자신의 부하직원이나 다른 사람에게 그런 요구를 해서는 안 된다. 자기도 못하는 일을 남보고 하라고 하면 당연히 그들은 반감을 가질 것이다. 그렇게 오랜 시간이 흐르면 그런 사람은 결국 회사에서 권위를 세울 수가 없고, 위신도 잃게 된다.

7. 이랬다저랬다 하는 습관

이미 확정된 일을 자주 바꾸면 부하직원이나 협조적인 직원이 아무 일도 할 수 없다. 당신이 한 약속을 지키지 못하면 모든 사람들로부터 신용을 잃게 된다. 그런 사람은 중임을 맡을 수 없다.

8. 오만하고 무례한 습관

이렇게 하면 다른 사람보다 더 높은 위치에 설 수 없을 뿐만 아니라 반대로 다른 사람들로부터 반감을 사게 된다. 어떤 사람이든 자신을 무시하는 것을 용납하지 않기 때문이다. 오만하고 무례한 사람은 좋은 친구를 사귀기 어렵다. 인맥(人脈)은 금맥(金脈)이다. 젊었을 때 이런 나쁜 습관을 기른 사람은 성공을 거두기 어렵다.

9. 주관이 부족한 습관

사람은 큰 흐름을 따라도 좋지만 주관이 없으면 안 된다. 습관적으로 모두의 의견에 따른다면 생각의 틀이 고정되고 자신의 주관이 없어지게 된다. 있더라도 감히 자신의 주관을 표현하지 못하게 된다. 주관이 없는 사람은 성공할 수 없다.

"또 우리 사람들도 열매 없는 자가 되지 않게 하기 위하여 필요한 것을 예비하는 좋은 일에 힘쓰기를 배우게 하라"(디도서 3:14)
좋은 습관은 효율을 높이고 자신의 가치를 높여주지만 나쁜 습관은 패망의 길로 인도합니다. 하나님에 대해 열심히 배우는 것이 성공을 위한 좋은 습관을 키우는 것입니다.
당신은 하나님이 원하시는 어떤 좋은 습관을 가지고 있습니까?

쉽게 화를 내는 나쁜 정서를 통제하라

징기스칸은 무척 대단한 역사적 인물이다. 그는 일찍이 아시아와 유럽을 넘나들며 제국을 세웠다. 징기스칸이 이렇게 큰 성취를 거둘 수 있었던 것은 그가 화를 잘 다스린 것과 관련이 깊다. 그가 화를 잘 다스렸던 이유는 그의 특이한 경험과 관련이 있다.

● 징기스칸의 특별한 경험

한번은 징기스칸이 사람들을 데리고 사냥을 나갔다. 그들은 이른아침에 출발했지만 점심때가되어서도아무 수확을 거두지 못하자 할수없이 풀이 죽어 막사로 돌아왔다. 징기스칸은 마음이 편치않았다. 그는 가죽주머니와 활, 화살을 몸에 휴대한 후아끼는 매까지 데리고 혼자 다시 산으로 갔다. 불타는 태양 아래 그는 작은 오솔길을 따라 산으로 걸어 올라갔다. 오랫동안 걸어 점점 목이 심하게 말랐지만 징기스칸은 물을 찾을 수가 없었다. 얼마 지나서 그는 골짜기로 들어섰다. 위에서 가는 물줄기가 한 방울씩 흘러내렸다. 징기스칸은 매우 기뻤다. 가죽주머니에서 금속으로 만든 잔을 꺼냈다. 참을성 있게 그는 한방울 한 방울씩 흐르는 물을 받았다. 잔에 물이 7,8부 정도 찼을 때 그는 기뻐하며 잔을 입가로 가지고 갔다.

그런데 물을 마시려고 했을 때 바람이 세차게 불어와 손에 들고 있는 잔이 떨어졌다. 입가의 물도 사라졌다. 징기스칸은 조바심이 나기도 했고 화가 치밀어 오르기도 했다. 그는 머리를 들어 자신의 매가 머리 위에서 맴돌고 있는 모습을 쳐다보았다. 그제야 그는 매가 저지른 짓임을 알아챘다. 그는 무척 화가 났지만 할 수 없이 다시 잔을 들어 마실 물을 받았다.

다시 잔에 물이 7,8부 정도 찼을 때 또다시 바람이 불어 잔이 뒤집혔다. 그것도 징기스칸의 매가 한 짓이었다. 그는 화가 머리끝까지 치밀었다. 징기스칸은 분풀이를 해야겠다고 결심했다.

"좋다. 네 놈이 사리분별을 못하는구나. 나를 귀찮게 했으니 네 놈을 손 봐주어야겠다."

그래서 징기스칸은 소리도 내지 않고 물잔을 주워 처음부터 다시 떨어지는 물을 기다렸다. 물이 7,8부 정도 찼을 때 그는 몰래 칼을 꺼냈다. 칼을 손에 쥔 다음 잔을 천천히 입에 가져갔다. 매는 다시 날아왔다. 징기스칸은 신속히 칼을 들어 매를 죽였다.

하지만 매를 죽이는 것에만 주의를 집중하는 바람에 손에 든 잔을 소홀히 하여 그만 잔이 골짜기 아래로 떨어졌다. 다시 물을 마실 수 없게 되었다. 그는 생각했다.

'여기에서 물이 흘러 내려오는 걸 보니 위에 물이 고인 곳이 있을 거야. 호수니 샘물일지도 모르니까.'

그는 목마름의 고통을 잠시 참으며 기력을 다해 위로 올라갔다. 고생한 끝에 마침내 산꼭대기에 다다랐다. 정말 그곳에는 물이 고인 연못이 있었다.

징기스칸은 몹시 흥분했다. 즉시 허리를 굽혀 물을 실컷 마시고 싶었다.

그런데 갑자기 그의 눈에 연못가에 죽어 있는 큰 독사 한 마리가 들어왔다. 그것을 보고 그제서야 그는 깨달았다.

"이제 보니 매가 내 목숨을 구했구나. 번번이 물이 든 잔을 엎었던 건 독
사 때문에 오염된 물을 마시지 못하게 하려던 것이었어."

갈증을 참으며 다시 막사로 돌아온 징기스칸이 자신에게 말했다.

"오늘부터 나는 화가났을 때 절대 어떤 결정도 내리지 않을 것이다."

그 결심은 그의 대업을 달성하는 데 커다란 도움이 되었다.

톨스토이(Lev Nikolaevich Tolstoi)는 "분노는 다른 사람에게 피해를
주지만 최대의 피해자는 바로 자신이다"라고 말했다. 사람이 일단 분노에
빠지게 되면, 이성을 잃게 되어 맑은 정신으로 정확한 판단을 내리기 어렵
다. 즉 실수나 어리석은 일을 저지를 확률이 크게 높아지는 것이다.

지혜로운 사람이나 성공한 사람들은 절대 분노에 포위당하지 말고 분노
에 좌지우지 당하지도 말라고 경고한다. 예컨대 칸트(Immanuel Kant)
는 "화를 내는 것은 다른 사람의 잘못으로 자신을 벌하는 것이다"라고 말했
고, 피타고라스(Pythagoras)는 "분노는 어리석음으로 시작하여 후회로
끝난다"라고 말했다. 걸핏하면 화를 내서 다른 사람에게 상처를 주거나 자
신에게 상처를 주는 사람과 함께 하고 싶은 사람은 없다. 효과적으로 화를
억제하는 방법을 익히는 것은 매우 높은 인생의 수양일 뿐 아니라 사회에서
살아남고 발전하는 데 없어서는 안 될 능력이다.

자신의 영향력을 형성하고
리더의 자질을 키워라

일반적으로 세상에는 두 부류의 사람이 있다. 하나는 리더이고 다른 하나는 추종자이다. 성공을 꿈꾸는 날부터 선택한 분야에서 리더가 될 것인지 아니면 추종자가 될 것인지를 우리는 결정해야 한다. 추종자가 되면 아무런 영광도 가질 수 없으며 평생 어떤 성취도 이룰 수 없다. 몇몇 의견이 서로 크게 맞지 않는 친구를 데리고 어떤 목적을 이루기 위해 일할 때는 리더의 대열에 서야 한다. 남자의 성공과 재산축적은 자신이 일하는 분야에서 리더가 됐을 때부터 시작된다.

리더십은 사실 영향력의 문제이다. 성공한 사람은 다른 사람에게 영향을 주고 다른 사람이 자신을 따라오게 만드는 사람이다. 그런 사람은 다른 사람을 끌어들여 함께 일할 수 있다. 그는 주위의 사람들을 격려해가며 자신의 이상, 목표, 성공을 향해 나아가는데 협조하도록 만든다.

성공을 추구하는 남자가 35세 이전에 자신의 리더십과 지도자적 자질을 키우는 데 주력해야 할 5가지는 다음과 같다.

1. 열정으로 다른 사람을 감화시켜라

에머슨은 "유사 이래로 어떠한 위대한 과업도 열정 때문에 성공하지 못한 경우는 없다"라고 말했다.

누구나 정신이 충만하고 열정이 넘치는 사람과 사귀고 싶어 한다. 열정은 생기, 활력, 성실, 자신감, 우의, 사랑, 미소를 의미한다. 정열은 다른 사람을 끌어들이고 감동시키며 다른 사람에게 호감을 줄 수 있는 전제조건 가운데 하나이다. 정신이 나태하고 매사에 의욕이 없으며 자신감 없는 사람을 누가 가까이하려 하겠는가?

열정과 자신감으로 가득 차든 정신이 나태하고 매사에 의욕이 없든, 이런 정서나 정신 상태는 우리의 신체 행동이나 언어에 반영된다. 신체 행동이 바로 우리가 말하는 보디랭귀지이다. 보디랭귀지는 다른 사람에게 주는 시각적인 인상이다. 시각적인 인상은 다른 사람에게 주는 전체적인 인상의 절반 이상이나 되는 중요한 비중을 차지한다. 그래서 우리는 자신의 행동거지에 주의를 기울여 성공의 열정으로 가득 차게 만들어야 한다. 그 때에 비로소 거대한 열정이 있으며, 영혼을 감동시킬 수 있으며, 위대한 사업을 성취할 수 있다.

2. 힘을 빌리는 방법을 알고 단체의 협력을 중시하라

한 사람의 힘은 항상 한계가 있다. 성공은 30%가 자신에게, 나머지 70%가 다른 사람에게 의존한다. 인맥은 금맥이다. 리더의 자질을 갖춘 남자는 자신의 노력뿐만 아니라 다른 사람의 노력을 통해 이상을 실현시켜야 한다.

미래에 꿈을 실현시킬 수 있다고 생각하는 당신이 지금 몇몇 의견이 서로 맞지 않는 친구들을 통합시킬 수 없다면 미래와 관련하여 설계한 여러 가지 청사진은 한낱 빈 종이에 불과하다. 모든 리더나 사장은 단체를 조직하는 방법으로 자신의 위대한 꿈을 실현시켰다.

아래에 있는 사람은 자신의 힘을 사용하고, 중간에 있는 사람은 다른 사람의 힘을 사용하고, 가장 높이 있는 사람은 다른 사람의 지혜를 사용한다. 자신의 힘만으로는 성공할 수 없다. 반드시 다른 사람의 힘에 의존하거나 그 힘을 빌려야 한다. 다른 사람의 힘을 빌릴 때는 당신이 먼저 리더십을 갖추어야 한다. 이것은 자연의 법칙이다. 물론 이런 리더십은 실천하는 가운데 단련되어 자연스럽게 형성된다. 하지만 외재적인 수단을 통해 억지로 만들어지는 것은 아니다.

3. 결단력을 가져라

35세 이전의 남자는 담력지수가 높아야 한다. 담력지수는 한 사람의 담력, 식견, 지략을 반영한다. 위기가 닥쳤을 때 동요하지 않고, 결사의 각오로 일에 임하며, 나서야 할 때 팔을 걷어붙이는 것 등이 모두 '담력지수'의 좋은 해석이다. 일정한 조절능력이 없으면 쉽게 시도하지 않는 것이 현재 창업자의 수칙 가운데 하나이고 창업자의 기본 요구사항이다.

유명한 경제학자 리이닝은 그가 쓴 글에서 기업가의 자질을 언급했다. 그는 진정한 기업가는 세 가지 측면에서 이야기할 수 있다고 생각했다.

우선 멀리 보는 안목이다. 다른 사람이 쉽게 발견하지 못한 기회를 찾아낼 수 있어야 한다. 그 다음은 용기와 식견이다. 과감하게 결정을 내려야 한다는 것이다.

마지막은 조직력이 있어야 한다. 바로 여러 생산요소를 한데 결합시켜 높은 효율을 내는 생산력을 만들어내야 한다. 세 가지 조건에 부합해야 기업가라고 할 수 있다.

결단력은 성공하는 사람의 필수요소이다. 이런 능력은 다른 사람의 담력이나 지략과 함께 결합하는 것이다.

4. 다른 사람의 잠재력을 응집하고 발휘시킬 수 있는 능력을 가져라

세심한 사람이라면 성공한 사람에게 많은 사람의 능력을 한데 모으는 능력이 있다는 사실을 발견할 것이다. 그들은 배경이 다르고, 신앙이나 종교가 다르며, 나이가 다르고, 경력이 다른 사람을 한데 모아 공통된 인식을 수립하고 행동을 통일시킨다. 이것은 정말 대단한 일이 아닐 수 없다. 많은 경우, 이것은 성공하는 사람이 갖추어야 할 능력 가운데 하나이다.

이것을 해내려면 하나의 목표를 수립해야 한다. 그 목표는 또한 전체 구성원의 공동 목표여야 한다. 동시에 다른 사람을 좋아하고 격려하는 법을 배워야 한다.

미국의 위대한 심리학자 윌리엄 제임스(William James)는 "인류의 본성이 가장 갈망하는 것은 다른 사람의 호감을 얻는 것이다. 그래서 다른 사람의 잠재력을 발휘하게 만드는 가장 좋은 방법은 다른 사람을 좋아하고 격려하는 것이다"라고 지적했다.

5. 다른 사람에게 권한을 이임하는 방법을 배워라

다른 사람에게 권한을 이임하는 방법을 배우려면 적합한 사람을 선별하고 그들을 신임하는 법을 알아야 한다. 많은 사람들이 다른 사람에게 권한이나 권력을 넘겨주려 하지 않는다. 그래서 시종 종속적인 지위에 박혀있다. 적절한 권한이임은 성공의 반을 차지한다. 일이 크든 작든 자신이 직접 알아보려 하거나 권한이임을 모르는 사람은 영원히 큰일을 해낼 수 없다. 그래서 35세 이전에 당신은 권한이임의 방법을 배워야 한다. 이 방법의 전문가가 되는 것이 가장 좋다. 바꿔 말하자면 적합한 사람을 선별하여 그들을 신뢰하고 그들의 손발을 자유롭게 풀어주어 일을 시켜야 한다는 것이다.

프랑스의 나폴레옹 황제는 많은 사람들이 숭배하는 영웅이다. 그는 "잠재된 능력으로 길을 열어라"라는 명언을 남겼다. 그러한 사상은 많은 사람들을 그의 휘하에 모이게 했고, 역사에 길이 빛날 업적을 남기게 했다.

물론 이런 자질들이 타고나는 것은 아니다. 후천적으로 단련되고 키워지는 것이다. 35세 이전은 사업을 위해 종횡무진 활약하는 시기이다. 빨리 성공하고 부자가 되고 싶다면 인생의 길에서 이런 리더의 소질을 하나하나 갖추어 나가야 한다.

"나라는 죄가 있으면 주관자가 많아져도 명철과 지식 있는 사람으로 말미암아 장구하게 되느니라"(잠언 28:2) 리더는 타고난 것이 아니라 만들어지는 것입니다. 하나님의 명철과 지식을 의지하면 가장 영향력있는 리더의 자질을 갖춘 남자가 될 것입니다.
당신은 하나님의 영향력 아래 있는 사람입니까?

매력을 수련하라,
진정한 사나이가 되라

여성의 매력은 남자의 눈과 마음을 현혹시키기에 충분하다. 마찬가지로 남자의 매력도 여성에게 동일한 효력을 발생시킨다. 이런 상황은 누가 가르쳐주지 않아도 알 수 있다. 하지만 매력은 언제나 수수께끼이다. 게다가 여성 앞에서 잘난 체하는 남자는 매력의 결여로 속으로 무척 고민하게 될 것이다. 또한 자신에게 적합한 가장 좋은 방법을 찾기 위해 고심할 것이다.

남자의 매력이 얼마나 큰지는 대부분의 경우, 남자의 기질에 달렸다. 기질이 좋을수록 강한 매력을 발산한다. 매력은 사람의 정신상태, 말, 행동 등에서 나타나며 밖으로 사람들에게 전달되는 질감이다. 눈 속의 푸른 소나무나 파도 속의 암초와 같이 때때로 그들의 강인함과 굳건함이 드러난다. 매력이 없는 사람의 이미지는 평범하고 신비롭지 못하다. 매력이 풍부한 사람과 접촉하면 영특함, 우아함, 용기, 듬직함, 심오함을 느낄 수 있다. 친근함, 존경심, 동경심을 불러일으킬 뿐 아니라 아름다운 느낌도 준다.

사실 매력이 풍부하다고 불리는 남자라고 모두 똑같은 것은 아니다. 그들의 외모도 다를 뿐 아니라 더 중요한 것은 성격, 사상, 태도, 생활습관도 모두 다르다는 점이다. 그들의 차이는 가정환경, 경험 및 선천적인 소질이 다르기 때문이다. 그렇기 때문에 남자의 세계는 복잡하고 다양한 색채를 지니고 있는 것이다.

강, 바다, 산, 하늘 등이 합쳐져 입체적인 객관의 세계가 만들어진 것처럼 자유분방함, 민첩함, 강직함, 집념, 용감 등이 남자의 매력을 만든다. 남자의 매력도 객관의 세계처럼 드넓음, 높음, 심원함, 웅장함 등을 지니고 있다. 그래서 어떤 수단을 통해 자신의 매력을 증가시키려는 남자가 유명한 사람이나 스타를 그럴듯하게 모방하여 목적에 이루려는 것은 어리석은 짓이다. 자신의 조건을 충분히 이해한 다음 장점을 발휘해야 한다. 중국 고대 여성이 '효빈'(效嚬, 덩달아 남의 흉내를 내거나 남의 결점을 장점인 줄 잘못 알고 본뜨는 일 – 중국 월나라의 미인 서시[西施]는 속병이 있어 항상 얼굴을 찡그리고 있었는데, 어느 못생긴 동시[東施]라는 여자가 얼굴만 찡그리면 예뻐지는 줄 알고 자기도 얼굴을 찡그리고 있었다는 고사에서 유래되었다. – 역자 주)을 교훈으로 삼았듯이 지금의 남성도 그렇게 해야 한다.

여성들은 남몰래 '매력이 풍부하다'나 '매력이 없다'는 말로 그녀들의 시야에 들어온 남자를 평가한다. 그러나 그것은 결코 여성들이 남자의 매력을 평가하는 것에 통일된 척도가 있다는 의미는 아니다. 같은 시대, 같은 사회적 환경에서 여성들은 일치하는 견해를 만들어낼 수 있다. 하지만 그녀들 개개인의 마음에는 자신만의 계산기나 평가기준이 있다. 그것으로 마음에 드는 사람의 매력을 계산하는 것이다. 그녀들의 그러한 '척도'는 그녀들의 성격, 기질, 사상, 이상에 따라 달라진다. 어떤 여성은 항상 외모가 준수하고 몸집이 장대한 남자가 '귀엽다'고 한다. 하지만 '귀엽다'라는 말이 그녀들의 마음이 그 남자에게 쏠렸다는 것을 의미하지는 않는다. 보편적으로 여성들은 외모가 잘생긴 사람에게 깊이 끌리지는 않는다.

옛날에 일본의 영화배우 다카쿠라 켄(高倉健)이 여성들에게 인기를 끌었지만 그가 외모로 팬을 사로잡은 것은 아니었다. 그는 냉혹하고 침착하며 강인한 기질을 가진 역을 잘 소화해냈다. 바로 그렇기 때문에 다카쿠라 켄은 여성 팬의 '진정한 사나이'가 될 수 있었다.

힘과 강인함은 남자를 대표하는 대명사처럼 쓰여진다. 섬세하고 연약한 여성이 가장 필요로 하는 힘도 바로 '사내대장부'의 힘이다.

35세 이전의 남자는 자신의 매력 없음을 아무리 원망해봐야 아무 소용이 없다는 것을 알아야 한다. 적절히 발굴해 낸다면 잠재력은 무궁무진하다. 그러나 한 사람이 모든 대상에게 매력을 발산할 수는 없다.

지금 이 순간, 이 장소의 테두리 안에서 당신은 다른 사람들의 주목을 끌지 못하는 배역을 맡았을 수도 있다. 빛을 내뿜었지만 다른 사람이 주목한 것은 당신이 아니라 다른 사람인 것이다. 당신을 좋아하는 사람이 없는 것이다. 이때에는 물론 매력을 말할 가치가 없다.

아마도 환경을 바꾸면 당신은 스타가 될 수도 있을지 모른다. 누구도 작은 항아리에 갇혀 답답해지는 걸 원하지 않으니까 말이다. 그런 환경을 떠날 수 없을 때에는 생활범위를 확장해야 한다. 그래야 매력이 원래의 범위를 뛰어넘어 발산될 수 있다. 또한 그렇게 해야 몸에서 나오는 독특한 광채를 찾고 있는 지혜로운 사람의 눈에 뜨일 수도 있다.

"너희 안에 이 마음을 품으라 곧 그리스도 예수의 마음이니"(빌립보서 2:5) 매력의 척도는 외모에 의해서 결정 나는 것이 아니라 품성, 인격, 기질, 가치관에 따라 정해집니다. 그리스도의 마음을 품은 당신이야말로 가장 매력 있는 남성입니다.
당신은 예수의 품성을 닮은 매력있는 남자입니까?

멋진 화술을
연마하라

사회에서 한자리를 차지하고 싶은 35세 이전의 남자라면, 더 좋은 인맥을 갖고 있어야 한다. 또한 좋은 화술도 없어서는 안 된다. 좋은 화술은 특수한 마력을 지닌다. 뛰어난 언어표현은 가족을 더 가깝게 하고, 정을 더 깊게 만들며, 사랑을 더 짙게 한다. 또한 낯선 사람을 친구로 만들 수 있다. 좋은 화술을 지닌 선생님은 학생들의 존경을 받을 수 있다. 말을 잘하는 청년은 젊은 아가씨의 사랑을 얻을 것이다.

좋은 화술을 지닌 사람은 혀가 연꽃처럼 찬란하고 말이 술술 나오는 사람만을 가리키지는 않는다. 화술이 좋다는 것은 장소나 상황에 맞게 적절한 말을 구사하여 좋은 인연을 맺고, 분명하고 정확하게 의사를 표현하는 것이다. 그것은 다른 사람과 효과적으로 의사소통을 하여 일을 순조롭게 처리하고 쌍방 모두에게 득이 되는 것을 의미한다.

지위가 낮으면 그 사람의 말도 가볍게 여겨진다는 말이 있다. 말을 바꾸면, 사람의 말이 가벼우면 지위가 낮아진는 말이 성립될 수 있다. 말에 힘이 없고 무게가 없는 사람은 자연히 다른 사람들로부터 무시를 당한다. 다른 사람들이 중요하게 생각하지 않는 사람은 본인 스스로 열등감을 느끼게 될 것이다. 다른 사람들에게 존중받지 못하는 사람은 인생이 무의미하게 생각될 것이다. 무시를 당하거나 존중받지 못하는 사람은 일을 할 때도 실수를 연발하고 심지어 마음을 털어놓을 사람도 찾기 어렵다.

사람을 즐겁게 하는 모든 예술 가운데 말하기의 예술이 으뜸이다. 언어를 통해야 비로소 습관으로 둔해진 감각기관이 새로운 재미를 느낄 수 있다.

좋은 화술은 평생 써도 끝이 없는 자원이다. 좋은 화술은 재능을 드러나게 하고 다른 사람을 기쁘게 해주며 다른 사람을 설득시킬 수 있다. 독일의 시인 하이네는 이런 말을 남겼다.

"언어의 힘은 무덤에서 죽은 사람을 깨울 수 있고 산 사람을 매장시킬 수도 있다. 난쟁이를 거인으로 변하게 할 수 있으며, 거인을 철저하게 쓰러뜨릴 수도 있다."

태어나면서 언변이 뛰어난 사람은 이 세상에 없다. 사람들에게 경탄을 자아내게 하는 연설가나 웅변가에게도 그런 행운은 주어지지 않았다. 사실 화술은 다른 재능과 같다. 하루하루 훈련하고 연습해야 얻을 수 있는 것이다.

아나운서, MC, 연기자 등은 언어 구사의 전문가이다. 하지만 그들 대부분은 어릴 때 말을 잘하지 못했다. 그런데 어떻게 입으로 밥을 먹고 사는 것일까? 바로 자신의 화술이 뛰어나지 못하다고 인정했기 때문이다. 그래서 그들은 다른 사람보다 더 열심히 자신의 표현기술을 향상시키려 노력한 것이다.

이런 현상은 기업에서도 똑같이 나타난다. 한 조사에 따르면 실적이 가장 좋은 직원과 가장 나쁜 직원은 거의 모두 성격이 내성적이고 말주변이 없는 사람인 것으로 나타났다. 또한 반대로 성격이 외향적이고 말주변이 좋은 사람은 대부분 업무실적이 평범한 것으로 나타났다. 왜 그럴까? 연구에서 찾아낸 바로는 성격이 내성적인 사람은 종종 사물을 깊이 파고들어 연구하는 스타일일 가능성이 높았다. 예컨대 그들이 하나의 일을 완수한 뒤에 그들은 득과 실을 검토하고 그 가운데에서 실패의 원인을 찾아냈으며 일을 성사시킬 핵심요소를 찾아내기 위해 새로운 시도를 했다. 그들은 이렇게 점점 자신의 성공경험을 축적한 것이다. 그래서 엘리트사원과 이야기를 나누다보면 그가 조용하고 말수가 적지만 오히려 사람을 끌어당기고 기꺼이 그 사람에게 설득당하고 싶다는 느낌이 들 것이다.

많은 사람들이 친구와의 모임같은 비공식 자리에서는 항상 유머러스하게 말하여 인기를 끌 수 있다. 하지만 공식적인 회의에 참가하면 그들은 꿀 먹은 벙어리처럼 침묵을 지키는 경우가 많다.

그 이유는 그들이 익숙하지 않은 사람과 이야기를 나눌 때 몸이 부자연스럽고 자기가 말실수나 하지 않을까 걱정하기 때문이다. 그렇게 되면 생각에 집중할 수 없고, 분명하게 자신의 생각을 표현할 수 없다. 심지어 자기가 무슨 말을 하는지도 모른다. 요컨대 그들은 공식 장소에서 적절한 말을 할 수 없어서 좋은 화술을 구사한다고 말할 수 있다.

여러분도 마음은 굴뚝같은데 몸이 따라주질 않는다는 느낌이 들었던 적이 있을 것이다. 그렇다. 말하기에 앞서 자유자재로 문제를 생각하여 논리적으로 생각을 정리한 후 말할 수 있기를 바란다. 또한 시장이든 사교적인 장소이든 태연자약하게 대중 앞에서 연설문을 자연스럽게 발표할 수 있기를 바란다. 하지만 우리는 실수가 두렵고 사람들에게 웃음거리가 되는 것이 두렵다. 지나치게 다른 사람의 평가에 신경을 쓰다보면 심리적인 스트레스가 이루 말할 수 없을 정도로 가슴을 짓누르게 된다. 그러면 홀가분하게 자기 의견을 표현할 수 없게 된다.

유명한 연설가도 처음 카메라 앞에 서면 긴장하여 대사를 거의 잊어버리는 지경에 이른다. 하지만 그들은 평소의 엄격한 훈련을 통해 난관을 극복해나가며 연설을 할 때마다 자신감을 축적한다. 나아가 성공을 거두게 된다. 그래서 화술이 좋지 않은 것은 노력하지 않았다는 증거이며, 결국 핑계에 불과한 것이다.

우리는 항상 '이번 방법이 이상적이지 못한 건 무엇 때문일까?', '다른 더 좋은 방법은 없을까?'라는 생각을 염두에 두어야 한다. 이렇게 근본적인 문제를 캐다보면 여러 가지 경험이 생기고 여러 차례의 시도와 체험을 통해 말하기의 기교를 터득할 수 있다. 이밖에도 신문 구독, 영화감상, 다른 사람의 말 귀담아 듣기 등도 말하기의 기교를 익히고 개인의 표현력을 향상시키는 좋은 방법이다.

요컨대 한 사람이 무리로부터 받아들여지려면 무리의 규칙을 준수해야 한다. 우리는 이런 규칙들을 익힌 뒤 자유자재로 언어를 사용할 수 있으며 말하기가 유쾌한 일이 될 수 있다. 동시에 우리는 공식화된 인사말에 머물러서는 안 되며, 단계적으로 높은 목표를 향해 나아가야 한다. 일단 자신의 생각이 모든 사람들의 인정을 받거나, 이야기하는 과정에서 자신이 사람을 대하거나 처세하는 것이 능숙하다고 생각되면 말하는 것이 정말 중요하다는 것을 알게 될 것이다. 그러면 인간관계에서의 유용한 무기를 가진 것처럼 가는 곳마다 순조롭게 일이 풀릴 것이다. 그뿐 아니라 놀라운 사실 하나를 알게 될 것이다. 원래 자신의 말하기 능력을 향상시키는 것이 그렇게 간단하다는 것을.

"지혜자의 입의 말은 은혜로우나 우매자의 입술은 자기를 삼키나니 그 입의 말의 시작은 우매요 끝은 광패니라"(전도서 10:12~13)
마음을 움직이는 멋진 말을 하는 남자가 되고 싶으십니까? 매일 성경과 좋은 책을 읽으십시오. 언젠가 당신은 입만 열면 멋진 말을 하는 사람으로 바뀌어있을 것입니다.
당신은 멋진 말을 하기 위해 어떤 지혜를 축적하고 계십니까?

배움의 길은 끝이 없다. 항상 자기계발에 힘써라

지금 사회의 모든 것이 끊임없이 변화하고 있다. 게다가 발전·변화의 속도도 계속 빨라지고 있다. 이 사회에서 유일하게 변하지 않는 것이 바로 변화이다. '내가 잘 모르는 것이 아니라 이 세상이 너무 빨리 변화한다'라는 자조 섞인 말이 나올 만도 하다.

35세 이전의 남자가 이 세상의 변화에 적응하려면 이 사회의 속도를 따라가야 한다. 열심히 공부하고 게다가 학습법도 터득해야 한다. 그래서 학습능력은 성공하는 사람이 반드시 갖추어야 할 능력이며, 미래의 신세대 성공인의 첫 번째 특징이다.

위엔따(遠大) 에어컨 그룹의 회장 장위에(張躍)는 자산 2억 달러를 보유하고 있으며, 창업 했을 때 그의 나이 겨우 25살이었다. 장위에의 좌우명은 이랬다.

"부지런히 지식을 추구하자. 물론 여기서 말하는 지식은 낡아빠진 지식이 아니라 생활방식의 인식, 품위와 느낌을 포함한다. 이것은 개인의 성공 여부를 결정하는 중요한 사항이다. 지식에서 아름다운 느낌을 찾아내고 누리는 것을 터득하자."

전국 민영기업가 우수대표인 리우한위엔(柳漢元)은 퉁웨이(通威) 그룹의 회장이었다. 18년 동안 사업을 하면서 회사를 중국 최대의 수산물 사료 및 주요 축산물 사료의 메이커로 키웠다. 퉁웨이 그룹은 직원이 4천 명에 이르고 세계 수산업의 대표주자가 되기 위해 노력하고 있다. 2002년, 『포춘』(Fortune)지는 40세 이하의 가장 성공한 사업가에 그의 이름을 올려놓았다. 아시아에서는 총 13명이 그와 같은 영광을 누렸다. 그런 규모의 기업 회장으로서 리우한위엔의 시간은 긴장의 연속이다. 그의 사무실 책상 위에는 항상 그가 검토해야 할 각양각색의 비즈니스 서류가 수북이 쌓여 있었다. 하지만 아무리 바쁘고 그가 하늘 끝이나 바다 끝에 있어도 매월 말에 베이징 대학으로 가는 것을 거르진 않았다. 베이징 대학에는 현직 CEO만을 대상으로 개설된 EMBA반이 있는데 리우 회장은 그 수업에 출석하여 공부를 했다.

그런 CEO들도 그렇게 열심히 공부하는데 일반 사람들은 어찌 공부를 게을리 할 수 있겠는가?

"세상사를 통찰하면 모든 것이 학문이고 사람의 정을 훤히 알면 곧 글이 된다."(世事洞明皆學問, 人情練達卽文章)

이것은 『홍루몽』(紅樓夢)의 저자 조설근(曹雪芹)이 세상사의 무상함과 인정의 단맛과 쓴맛을 모두 맛본 다음 쓴 심오한 깨달음이다. 모든 사람에게 인생은 교육을 받는 시기이다. 사회는 대학이다. 진정한 대학이다. 우리가 만나는 모든 사람, 접촉하는 모든 사물이 우리에게 풍부하고 직접적인 경험을 제공한다.

"늙어 죽을 때까지 배워야 하며 칠순이 되어도 배우기에는 늦지 않다"라는 말이 있다. 사람이 받는 교육은 시간의 단계나 장소의 구분이 없다. 현실 사회에서 나온 지식과 경험은 더욱 유용한 경우가 많다. 사람들은 언제 어디에서든 유익한 지식을 얻을 가능성을 갖고 있다. 게다가 학교에서 교육받는 학생들에 비해 사회에 진출한 성인의 학습능력이 훨씬 뛰어나다. 그들은 체험, 성숙한 이해력, 정확한 판단력을 더 많이 갖고 있기 때문이다. 그래서 같은 것을 보고도 더 깊이 잘 이해하며, 교육 받는 것에 대한 파악력과 응용력이 더 민첩하고 교묘하다.

미국의 유명한 잡지인 『석세스』(Success)의 창업자 겸 잠재능력 성공학자인 오리슨 스웨트 마든 박사는 이렇게 말했다.

"당신이 이미 서른 살이 넘었고 상응하는 교육도 받지 못했다 하더라도 그것 때문에 실망할 필요는 없습니다."

이것을 설명하기 위해 마든 박사는 다음의 예를 들었다.

옛날에 어떤 사람이 게으르고 돈을 헤프게 쓰는 땅주인으로부터 땅을 샀다. 거래를 할 때는 이미 5월 말이었다. 게으른 땅주인은 이른 봄에 밭을 갈고 씨를 뿌리지 않았기 때문에 이웃 사람들은 새 땅주인에게 이렇게 일러주었다.

"봄은 이미 지나갔으니 야채를 심는 것 이외에 다른 것을 심어봐야 아무 소용이 없어요, 지금은 너무 늦었거든요."

　하지만 새 땅주인은 머리가 좋고 재주가 뛰어난 사람이었다. 그는 다른 사람의 의견에 따라 좌지우지되는 사람이 아니었다. 그는 성장이 비교적 더딘 여러 가지 작물을 심었다. 결국 그는 풍성한 수확을 거두었다. 게다가 다른 이웃보다 더 많은 수확을 거두었다. 왜냐하면 오랫동안 방치되어 있었던 땅이라 토질이 비옥했고, 새 땅주인도 아주 부지런하고 유능했기 때문이다.

　마든 박사는 이런 일은 밭을 가는 것에만 국한되는 일이 아니며 인생의 여러 측면에서도 나타날 수 있다고 말했다. 그는 초등학교도 다니지 못한 청년을 알고 있었다. 하지만 나중에 역사 책과 유명한 작가의 작품을 많이 읽어 역사학 전문가가 되었다. 게다가 글쓰기에 저력이 있어 그 분야에서는 독보적인 경지에 이르렀다.

　이 성공학 대가는 우리에게 중요한 사실을 일깨워주고 있다. 당신이 정말 위로 올라가려는 욕망이 있고 어렸을 때 공부를 하지 못한 손실을 보상받고 싶다면, 매일 만나는 모든 사람이 당신의 지식을 넓혀줄 수 있다는 점을 명심해야 한다. 예컨대 당신이 인쇄공을 만났다면 그는 당신에게 인쇄 기술과 관련한 많은 지식을 알려줄 수 있을 것이다. 미장이를 만났다면 그는 당신에게 건축과 관련된 기술을 알려줄 수 있을 것이다. 평범한 농부를 만나도 그에겐 농지를 경작한 경험이 있기 때문에 농사짓는 일을 알려줄 수 있다. 그들은 모두 세상의 이치를 많이 가르쳐 줄 수 있다.

　　교문을 나서는 젊은이에게 '자기계발'이나 '충전'은 시대적인 요구사항이 되었다. 학습은 한 번 고생해서 영원히 편해지는 것이 아니다. 35세 이전에 성공하고 싶은 남자라면 끊임없이 새로운 지식을 습득해야 한다. 그렇지 않으면 시대 발전의 걸음을 따라잡을 수 없으며, 사회에서 도태되는 불운을 피할 수도 없다.

"그러나 너는 배우고 확신한 일에 거하라 네가 뉘게서 배운 것을 알며 또 네가 어려서부터 성경을 알았나니…"(디모데후서 3:14-15)
우리는 이 땅에 사는 동안 끊임없이 배움에 힘써야 합니다. 그 배움이 주님을 향한 열정으로 가득하다면 하나님의 능력이 당신과 함께 할 것입니다.
당신은 어떤 자기 계발을 하여 하나님을 기쁘시게 해드릴 수 있습니까?

실패를 체험하고 좌절을
받아들이는 법을 배워라

당신이 이미 30세가 넘었는데도 사업이나 일에 아직 어떤 중대한 좌절도 겪지 않았다고 하여 행운이라고 생각하지 말기 바란다.

모든 사람은 40세 이전에 최소한 한번은 실패를 맛보아야 한다. 이런 실패는 작은 실망이 아니며 일을 엉망으로 만들어놓은 정도도 아니다. 또한 좋은 일자리를 그만둔 것도 아니며 해고를 당한 것은 더더욱 아니다. 반드시 심각한 실패여야 한다. 큰 모험을 해봐야 심하게 추락할 것이다. 무겁게 추락할수록 나중에 더 높이 오를 수 있다.

실패가 닥쳤을 때 실패에서 교훈을 얻을 정도로 나이를 먹었다면 좋은 일이지만 아직 젊다 하더라도 상관없다. 정신을 가다듬고 먼지를 훌훌 털어 다시 출발하면 된다.

"어떤 부모들은 자식이 실패할까 걱정하지만 나는 내 아이가 서른 몇 살이 되도록 실패를 경험하지 못할까 걱정이다. 20대에 작은 실패의 경험에서 배운 교훈이 없다면 나중에 성인이 되어서도 큰 승리를 쟁취할 수 없다."

이 글은 현재까지 세계 최대를 자랑하는 신문 『유에스에이 투데이』(USA

Today)를 창간한 알 누하스(AI Neuharth)의 자서전에서 발췌했다. 『유에스에이 투데이』는 사실을 말해줄 뿐 '오늘의 화제'를 언급하지는 않는다. 알 누하스는 고집스럽게 권위 있는 기관으로부터 성공이 불가능하다고 인정받은 일을 했다. 그것은 미국에서 전국적으로 발행되는 신문을 만드는 것이었다. 결국 그는 그 일을 해냈다.

그래서 남자는 세상에 나왔다면 실패를 받아들이는 방법을 배워야 한다. 성공으로 향하는 길은 항상 순조로울 수 없고, 승리를 쟁취하려는 사람은 대가를 지불해야 하기 때문이다. 비바람을 경험하지 않고 어찌 무지개를 볼 수 있단 말인가. 마음대로 쉽게 성공하는 사람은 없다.

35세 이전의 남자는 뜨거운 피가 끓는 사나이이다. 혈기가 왕성하기 때문에 실패를 두려워할 필요가 없다. 젊고 기력이 넘치기 때문에 실패를 감당할 수 있다. 어떠한 어려움이 닥친다 해도 쉽게 물러서면 안 된다. 어떤 고난이 닥친다 해도 쉽게 포기해선 안 된다. 그것은 해뜨기 직전의 가장 어두운 순간이기 때문에 그것을 뚫고 지나가면 밝은 빛을 볼 수 있을 것이다.

1832년 링컨은 일자리를 잃어 무척 마음이 아팠다. 하지만 그는 정치가가 되고 싶었다. 주(州) 의원이 되고 싶었다. 안타깝게도 그는 선거에 실패했다.

일 년 동안 그는 두 번이나 충격을 받았다. 그것은 그에게 틀림없는 고통이었다. 그는 회사를 차리는 일에 착수했다. 하지만 채 일 년도 안 되어 회사는 파산했다.

1835년 링컨은 약혼했다. 하지만 결혼을 몇 개월 앞두고 약혼녀가 불행히도 세상을 떠나고 말았다. 그것은 링컨에게 실로 엄청난 충격이었다. 그는 몸과 마음이 모두 지쳐 몇 개월 동안 자리에서 일어나지 못했다. 1836년 그는 신경쇠약에 걸렸다. 1838년 그는 건강상태가 양호해졌다고 판단하고 주 의회의 의장 선거에 나가기로 결정했다. 하지만 그는 실패했다. 1843년 링컨은 다시 미국 국회의원 선거에 출마했다. 하지만 여전히 성공을 거두지는 못했다.

그는 여러 차례 도전했지만 번번이 실패했다. 회사도 파산했고, 연인도 세상을 떠났으며, 선거에도 실패했다. 당신이 이 모든 것을 겪었다면 포기하겠는가? 그런 일들이 당신에게 중요한 것인데도 말이다. 하지만 링컨은 포기하지 않았다. 그는 '실패하면 어떻게 하지?'라는 말도 하지 않았다. 1846년 그는 다시 국회의원 선거에 출마하여 마침내 당선되었다. 2년의 임기는 금방 지나갔다. 그는 연임해야겠다고 결심했다. 그는 자신이 국회의원으로서 뛰어났었다고 생각했다. 유권자들이 계속 자신을 뽑아줄 것이라 믿었다. 하지만 결과는 유감스럽게도 그의 참패였다. 그 선거에서 그는 금전적인 손실을 많이 입었기 때문에 그 주(州)의 토지관리인이 되려고 신청했다. 하지만 주정부는 그의 신청을 받아주지 않았다. 신청을 거부한 통지문에는 이렇게 쓰여 있었다.

"본 주(州)의 토지관리인이 되려면 탁월한 재능과 비범한 머리가 요구됩니다. 당신의 신청은 아직 그런 요구사항을 충족하지 못하고 있습니다."

거듭 이어진 실패였다. 그런 상황이라면 당신은 계속 노력하겠는가, 아니면 '나는 실패했어' 라고 주저앉겠는가?

하지만 그는 패배에 굴복하지 않았다. 1854년 그는 상원의원 선거에 출마했지만 또 실패했다. 2년 뒤, 미국 부통령 지명선거에서도 상대방에게 패했다. 또 2년이 흐른 뒤, 그는 다시 상원의원 선거에 출마했으나 실패했다.

링컨은 인생의 대부분을 분투하고 진취적으로 노력하면서 보냈다. 그는 9차례 실패했고, 3차례 성공했을 뿐이다. 세 번째의 성공으로 그는 미국의 제16대 대통령으로 선출되었다.

그렇게 거듭되는 실패도 링컨의 강한 신념을 꺾어놓지는 못했다. 오히려 실패는 링컨을 격려하고 채찍질하는 작용을 했다.

윌리엄 제임스는 다음과 같이 지적했다.

"실패한 뒤에 우리는 깃발을 재정비해야 할 뿐만 아니라 세 번째, 네 번째, 다섯 번째, 여섯 번째, 심지어 일곱 번째의 노력을 준비해야 한다. 모든 사람의 체내에는 거대한 힘이 축적되어 있지만 그 힘을 개발하고 사용할 줄 모르면 아무 의미가 없다."

인생의 여정에서 모든 사람은 좌절과 실패를 경험하며, 이것은 요령껏 피해갈 수도 없는 것이다. 아브라함 링컨은 실패와 맞닥뜨렸을 때 물러서거나 도망치지 않았다. 그는 끝까지 밀고나갔으며 노력했다. 그는 시종 충분한 자신감을 잃지 않으며 운명에 도전했다. 노력을 포기하는 것은 전혀 생각하지도 않았다. 그는 위축되어 앞으로 나아가지 않을 수도 있었다. 하지만 그는 물러서지 않았다. 그래서 멋진 인생을 맞이할 수 있었던 것이다.

실패는 우리에게 앞으로 나아갈 힘을 준다. 실패는 성공의 방향을 가리킬 수 있다. 남자는 35세 이전에 실패를 두려워해서는 안 된다. 실패를 철저히 체험하고 그 속에서 교훈을 찾고 실패의 원인을 분석해내야 한다. 그 다음 고개를 들고 길을 나서라. 틀림없이 자신에게 속한 세상을 밟을 수 있을 것이다.

"생각건대 현재의 고난은 장차 우리에게 나타날 영광과 족히 비교할 수 없도다"(로마서 8:18)
하나님께서는 당신의 실패를 영원한 실패로 만드시지 않고, 더 큰 일을 해낼 수 있는 기회가 되게 하실 것입니다. 인류구원이라는 큰일을 위해 예수님께 고난을 허락하셨던 것처럼 말입니다. 좌절을 더 큰 희망으로 받아들이는 긍정적인 믿음을 가지고 있습니까?

멋진 남성이 되기 위해 35세 이전에 꼭 해야 할 일에 대해 살펴보셨나요?
이제 본문과 같은 멋진 삶으로 남자다움을 보여주었던 성경의 남성들을 통해 당신의 모습을 점검해보십시오.

최고의 멋진 CEO 다윗

1. 변화시키는 리더십을 소유한 다윗

다윗은 계속적인 자기 변신을 꾀하면서 경쟁력을 높여갔습니다.
목동에서 왕실의 악사로, 사울의 측근이 되어 무기를 맡은 자가 되기도 하였지요. 사울과의 갈등으로 추방당하여 요단 서편 산지의 남단 지역에 은거 생활을 하기도 했으나(삼상 25:2-43), 직업군인으로 용병대장으로의 변신은 그의 장래 발전에 결정적인 영향을 미쳤습니다.

2. 하나님을 두려워한 멋진 리더 다윗

밧세바와의 간음 사건으로 선지자 나단의 책망을 받았을 때 곧바로 자신의 죄를 인정하고 하나님의 용서를 구하여 영성을 회복하는 모습을 보였습니다(삼하 12장).

3. 포용력을 가진 매력 있는 왕 다윗

왕이 된 후에도 자신을 괴롭혔던 사울의 몰락한 왕조를 찾아 선대하는 넓은 인품의 소유자입니다(삼하 9:1-13). 또한 민심을 수습하는 데 탁월한 리더십을 발휘하였습니다(삼하 3:31-4:12).

4. 카리스마적 리더십을 발휘한 다윗

- 하나님께서 인정한 리더 (삼하 5:2)
- 이스라엘 장로들이 원했던 리더 (삼하 5:1-3)
- 하나님의 영감으로 지도력을 발휘한 리더 (삼상 16:3)
- 골리앗을 물리친 영웅적 리더 (삼상 18:6-7)

5. 기도와 찬양으로 하나님을 기쁘게 한 리더 다윗

다양한 인생 경험으로 리더의 자질을 키워갔던 다윗처럼 당신도 35세 이전에 풍부한 경험의 기회를 붙잡아 미래의 진정한 리더가 되십시오.

다윗 따라잡기

1. 당신이 발전할 수 있었던 소중한 경험을 적어보고, 앞으로 꼭 경험하고 싶은 것은 무엇인지 적어보십시오.

나이	경험했던 일	나이	경험하고 싶은 일
세		세	
세		세	
세		세	

2. 하나님께 인정받을 수 있는 리더가 되기 위해 나에게 꼭 필요한 것은 무엇일까요? 아래의 그림 외에 당신에게 꼭 필요한 것이 무엇인지 적어보십시오.

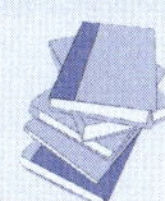

- ____
- ____

3. 당신은 얼마나 포용력있는 남자인가요?
   - 상대방이 이유를 알 수 없는 내용으로 당신에게 다짜고짜 화를 내며 따집니다. 몇 분 동안 상대방의 말을 들어줄 수 있습니까?(　　분)
   - 도로 위에서 30분 동안 운전을 할 때 당신은 끼어드는 차량을 몇 번이나 양보할 수 있습니까?(　　분)
   - 당신의 애인이 혹은 아내가 쇼핑을 하자고 할 때 당신은 몇 시간 동안 아무 불만없이 따라다닐 수 있습니까?(　　시간)
   - 당신의 후배가 혹은 부하직원이 실수를 저질렀을 때 웃어주며 위로해줄 수 있습니까?(예, 아니오)
   - 당신에게 사사건건 방해가 되어왔던 친구 혹은 지인이 곤경에 처했을 때 당신은 아무 조건없이 도와줄 수 있나요?(예, 아니오)

   〈각 문항에 표시한 다음 친구들과 생각을 나눠보세요.〉

4. 다윗의 영적 카리스마적 리더십은 어디에서 왔습니까?(삼하 5:1-3)
   - 다윗의 용기있는 카리스마는 언제 입증되었나요?(삼상 18:6-7)
   - 다윗의 겸손함을 노래한 시편을 읽고 겸손의 카리스마를 배워보세요.(시 142편, 57편, 34편)

2부

자신의 인간관계를
관리하라

인간관계는 큰 재산이다.
인간관계를 잘 만들고 활용하는 남자는
물 만난 물고기나 날개 단 호랑이와 같은 인생을 살 것이다.
두각을 나타내는 남자는
항상 35세 이전에 자신의 인간관계 네트워크를 구성해놓으며
나아가 사교적인 면에서 팔방미인이 되어 있다.
35세 이전의 남자는 자신의 매력을 진실하게 표현하면서
지혜롭게 성공의 꿈을 계획하고 있어야 한다.

인맥을 구축하라

인맥을 언급하면 나쁜 뜻으로 이해하는 사람이 있다. 하지만 그것은 단면만을 보고 생각하는 것이다.

인맥 자체는 잘못이 없다. 그것은 중성이다. 관건은 그것을 어떻게 구축하고 운용할 것이냐에 있다. 인맥을 구축할 때 일정한 도덕기준에 위배되지 않으면 인맥도 법률제도의 규정에 어긋나지 않을 것이다. 그런 인맥에게 무슨 죄가 있겠는가? 건전한 도덕기준과 법률제도에 부합하는 인맥을 구축하는 것은 국가, 사회, 단체에 도움이 된다. 개인의 성공에도 없어서는 안 될 필수요소이다.

외국의 성공학에는 '우정의 네트워크'라는 말이 있다. 그들은 다른 사람을 좋아하고 다른 사람이 자신을 좋아하게 만드는 사람이야말로 세계에서 가장 성공한 사람이라고 생각한다. 성공한 사람은 대부분 폭넓은 교제를 좋아하고 '우정의 네트워크'를 형성했다. 예를 들어 당신이 어떤 사람에게 자신을 찾아줄 몇몇 친구를 소개해달라고 부탁했다. 그 사람이 실패한 사람이라면 그는 어렵게 한두 사람을 소개시켜 줄 수 있을 것이다. 게다가 그 사람들의 주소와 전화번호도 간신히 얻어냈을 것이다.

성공한 사람은 다르다. 그들은 한 다스의 친구를 소개해줄 것이다. 게다가 길고 긴 리스트를 뽑아줄 것이다. 리스트에는 각양각색의 친구들이 있기 때문이다. 여기에서 우리는 성공한 사람과 실패한 사람이 교우관계에서 어떤 차이를 보이는지 알 수 있다.

미국 대통령을 역임했던 시어도어 루즈벨트(Theodore Roosevelt)는 "성공의 첫 번째 요소는 어떻게 인맥을 만드는지를 아는 것이다"라고 말했다.

미국에서 어떤 사람이 2000여 명의 직원을 두고 있는 고용주에게 다음과 같은 설문조사를 한 적이 있다.

"귀사에서 최근 해고한 직원 세 명의 자료를 검토하신 뒤 답변해주십시오. 그들을 해고한 이유가 무엇입니까?"

어떤 지역이든 어떤 분야의 고용주이든 2/3의 대답은 모두 "그들은 다른 사람들과 어울리지 못하는 사람들이기 때문에 해고되었습니다"라는 것이었다.

큰일을 해낸 재계의 많은 인사들이 인간관계가 개인의 성공에 중요하다는 사실을 인식하고 있다. 미국 모 철도회사의 회장을 역임했던 A. H. 스미스는 "철도의 95%는 사람이고 5%가 철이다"라고 말했다. 미국 성공학의 대가 카네기는 오랜 연구 끝에 "전문지식은 성공의 15%를 차지하고 나머지 85%인 인간관계가 성공을 결정한다"는 결론을 내렸다.

어떤 분야에 종사하든 인간관계를 어떻게 처리해야 하는지 배워야 한다.

성공의 길을 85% 걸어갔다면 개인 행복의 길을 99% 걸어간 것과 같다. 미국의 석유왕 존 데이비슨 록펠러(John Davison Rockefeller)는 "이 세상에서 다른 능력을 얻는 것보다 나는 더 큰 대가를 치루더라도 사람과 어울리는 능력을 갖고 싶다"라고 말했다.

미국의 한 조사기관에서 나온 보고에 따르면, 남자는 35세 이전에 좋은 인맥을 갖지 못하면 정상적인 사람보다 9년 내에 사망할 확률이 2배나 높다고 한다. 이것은 인간관계가 나쁘면 여러 가지 심리적·생리적 문제를 야기할 수 있음을 말해주고 있는 것이다. 그러니 한시바삐 인맥을 구축하기 바란다. 인맥은 각기 다른 친구로 구성된다. 과거에 알던 지기(知己), 가까이 지내는 새 친구, 남자친구, 여자친구, 선배, 동년배나 후배, 지위가 높은 친구, 지위가 낮은 친구, 하는 일이 다른 친구, 특기가 다른 친구, 다른 지역출신의 친구 등이 있을 수 있다. 이런 인맥이야말로 완전하고 폭넓은 인맥이다. 인맥에는 각양각색의 친구가 있어야 한다. 그들은 다른 시각에서 다른 도움을 줄 수 있다. 물론 당신도 그들이 무엇을 필요로 하느냐에 따라 다른 도움을 줄 수 있다. 그래야 인맥이 갖추어야 할 특징이 생긴다. 인맥의 '맥'(脈)이라고 하는 것은 맥이 갖추어야 할 특징이 적용되기 때문에 그 용어가 생겨난 것이다. 이런 맥에서 친구의 구성은 점(点)도 있고 면(面)도 있어야 하며 분포가 균일해야 한다.

어떤 사람의 교우관계는 이렇지 못하다. 그들의 교제범위는 무척 협소하다. 분포도 매우 균일하지 않다. 자신이 익숙한 범위 내에서 몇몇 사람만을 알 뿐이다. 이런 사람들의 종사분야와 특기는 비교적 단순하다. 그러면 표준적인 인맥을 만들 수 없다.

사람들은 장점을 서로 보완한다고 말한다. 인맥의 구조도 그런 방법을 적용해야 한다. 당신은 한 측면에 장점이 있으면서 동시에 다른 측면에는 단점을 갖고 있다. 간단하게 비교하면, 당신이 저술과 강연을 잘한다면 꼭 의식주 등의 각 분야에 모두 정통할 필요는 없다는 것이다. 정통하지 못한 영역이나 전혀 모르는 영역은 그런 분야에 정통한 사람의 도움을 받아야 한다. 친구의 구조가 너무 단일하면 이런 보완이나 도움을 받기가 어렵다. 장점으로 서로 보완한다는 것은 바로 그런 이치를 설명하는 것이다. 장점을 이용하여 다른 사람의 단점을 보완해주고, 다시 바꾸어 다른 사람의 장점을 이용해 당신의 단점을 보완해주는 이치이다. 이렇게 되려면 교우관계가 너무 단순해서는 안 된다. 자신이 종사하는 업계나 같은 취미를 가진 사람들과만 어울리면 안 된다는 뜻이다. 당신에게 있는 어떤 분야의 특기, 기호, 장점이 다른 특기, 기호, 장점을 지닌 사람과 연결될 수 있어야 한다. 그래야 인맥의 결합구조와 원칙에 부합한다.

동고동락할
좋은 친구를 사귀어라

남자는 35세 이전에 친구가 없어서는 안 된다. 친구가 많으면 길을 가기가 수월하다. 모든 사람에게는 동고동락할 친구가 필요하다. 개인의 힘은 자연계나 사회에서 너무 미약하다. 친구 사이에 생기는 협력은 막강한 힘을 만들 수 있다.

이런 협동정신은 고대부터 전해 내려온 것이지만, 사회 풍습의 변화에 따라 사람들의 협동에 점점 금전을 통한 유대가 생겼다. 하지만 그것은 마음의 교류가 아니다. 이렇게 되면서 협동의 범위가 넓어졌지만 다른 한편으로 협동의 효율에 손실을 입었다. 돈이 없으면 사람들은 사회에서 한 걸음도 떼지 못한다. 사회는 그렇게 냉혹하다.

우정은 다르다. 진정한 우정은 말하지 않아도 마음으로 이해하고 서로 신뢰하는 관계이다. 우정의 가치는 평가할 수 없다. 친구 사이는 감정으로 유대를 맺으며 높은 단계의 협동을 통해 숭고한 목표에 다다른다.

인생에 우정이 없으면 진수성찬에 좋은 술이 빠진 것과 같다. 그야말로 옥에 티라고 할 수 있다. 절망할 때 친구가 내민 뜨거운 손은 최대의 위로와 격려를 준다. 이렇게 되면 우정은 지고한 경지에 오르게 된다. 이것을 우리는 '의'(義)라고 부른다.

진정한 사나이는 '의'라는 미덕을 갖고 있어야 한다. 친구를 위해 '위로는 칼산, 아래로는 불바다'인 곳으로 뛰어들 수 없다면 권위와 호소력이 있을 수 없다. 또한 당신이 아무리 강해도 다른 사람의 인정을 받을 수 없을 것이다. 어쩌면 당신의 적이 될 수도 있다.

진정한 우정은 하늘에서 내려주는 것이 아니다. 자신이 쟁취하는 것이다. 당신이 진심으로 다른 진심과 교환하려고 할 때 위대한 우정은 비로소 탄생한다. 물론 거대한 유혹과 맞닥뜨렸을 때 진심도 배신당할 수 있다. 우리는 이것을 비열한 행위라고 하며 때로 인지상정(人之常情)이라고도 한다. 그래서 이런 상황의 발생을 미연에 방지하기 위해 모든 친구를 진지하게 선택할 필요가 있다.

• 변치않은 옛 우정

한 부자가 있었다. 어렸을 때 그의 집은 몹시 가난했다. 그는 어릴 때부터 굶주림과 궁핍 속에서 살아야 했다. 하지만 그가 평생토록 잊지 못하는 것은 친구들이 그를 사심 없이 진정으로 도와주고 보살펴준 것이다. 친구들의 손에 사탕이 두 개 있으면 하나는 꼭 그에게 주었다. 찐빵이 하나 있으면 반으로 나누어 그에게 주었다. 가난과 굶주림 속에서 이것보다 더 소중한 것이 있을까?

순식간에 30년이 흘렀다. 그때 부자는 중년에 접어들고 있었다. 밖으로 이리저리 뛰어다닌 그는 가난에서 걸어 나와 믿음직하고 영리하며 매력이 남보다 뛰어난 기업가가 되었다. 어느 날 그는 어린 시절 떠나온 고향이 그리웠다. 그래서 그는 불타는 태양이 높이 걸린 날 고향으로 갔다.

그날 그는 마을 전체를 둘러보았다. 작은아버지, 형제자매들에게 여러 해 동안 부모님을 보살펴준 것에 고마움을 전했고, 모든 집에 선물도 보냈다. 밤에 부자는 고향 집 응접실에서 상다리가 휘도록 음식을 차리고 손님을 맞았다. 잔치에 온 사람은 모두 어린 시절 그의 친구들이었다.

모두 시끌벅적하게 떠들면서 먹고 마시고 있는데 문이 열렸다. 한 옛 친구가 문을 열고 들어왔다. 손에는 술병 하나가 들려 있었고 그는 이미 술에 취한 상태였다. 이어서 그가 말했다.

"미안하네. 내가 늦었군."

모두 그 친구가 요새 형편이 어렵다는 사실을 알고 있었다. 그의 형편은 부자의 어린 시절에 뒤지지 않았다.

부자는 몸을 일으켰다. 친구가 든 술병을 받았다. 그는 친구를 자기의 옆자리에 앉혔다. 친구의 눈에서 눈치 채기 힘든 당혹스러움이 스쳐지나갔다.

부자는 직접 잔을 잡았다. 그는 술병을 들고 말했다.

"오늘 우리 모두 이 술을 마시는 거 어떤가?"

부자는 말하면서 모두의 잔에 술을 가득 따라 주었다. 그들은 단숨에 잔을 비웠다.

"맛이 어떤가?"

부자가 물었다. 잔치에 참석한 사람들은 모두 서로의 얼굴만 빤히 바라보면서 아무 말도 하지 않았다. 그 친구의 얼굴은 빠일개졌다. 그리고 고개를 푹 숙였다.

부자는 한눈에 응접실 전체를 훑어보고는 잠시 말이 없다가 천천히 입을 떼었다.

"근래 내가 여러 곳을 돌아다니고 각양각색의 술을 먹어보았네만 오늘 술처럼 이렇게 맛있고 나를 감동시키는 건 없었네."

말을 하면서 부자는 몸을 일으켰다. 술병을 들고 그는 다시 모두에게 술을 따라주었다.

"다시 건배하세!"

술을 다 마신 뒤에 부자의 눈이 어느새 촉촉이 젖어있었다. 그 친구도 감정을 억제하지 못하고 눈물을 흘렸다.

그들이 마신 것이 어찌 술이었겠는가? 그 술병에 담긴 것은 술이 아니라 분명 물이었다.

세상에 이보다 더 감동적인 장면이 있겠는가? 또 이것보다 귀한 물건이 있겠는가? 친구가 가난 때문에 열등감이나 자괴감에 빠지게 하지 않기 위해 물을 마시면서도 부자는 친구의 체면을 살펴주려 했다. 그 물병은 정말 태산보다 무겁고 세속을 초월한 우정을 담고 있었다.

동고동락할 수 있는 친구가 몇 명 있는 남자는 인생에서 가장 위대한 성취를 한 것이라고 할 수 있다.

"많은 친구를 얻는 자는 해를 당하게 되거니와 어떤 친구는 형제보다 친밀하니라"(잠언 18:24)
하나님은 당신의 외로움, 근심, 고통을 가장 잘 아시고 위로하시며, 기쁘고 행복한 순간에 동고동락하십니다.
당신은 가장 참된 친구인 하나님과 동행하는 사람입니까?

'사교공포증'을 극복하라

사회는 일종의 대학교이며 사교는 배우기 까다로운 과목이다. 35세 이전의 남자로서 사회에 입지를 구축하고 더 발전하고 싶다면 사교라는 과목을 필수적으로 이수해야 한다. 이 과목은 통과하지 못하면 영원히 졸업하지 못하는 것과 같으며 사회에서 활개치고 다니기 어렵다. 하지만 사회의 교류에서 실패한 사람이 성공한 사람보다 훨씬 많다. 다른 사람과 사귀는 것은 정말 그렇게 어려운가?

낯선 사교적인 장소에서 90% 이상의 사람이 다른 사람이 자발적으로 인사하고 말을 걸어와 주길 기다린다. 극히 소수의 사람만이 다른 사람의 앞으로 걸어와 손을 내밀면서 자기를 소개한다. 이런 현상에는 사실 사교의 성공과 실패를 좌우하는 특별한 비밀이 담겨져 있다.

미국 대통령 루즈벨트는 사람 사귀기의 전문가였다. 대통령에 당선되기 전에 그는 파티에 참석한 적이 있었다. 그는 잘 알지 못하는 여러 사람들이 자리에 앉아 있는 것을 보았다. 어떻게 이런 낯선 사람들을 자신의 친구로 만들까하고 루즈벨트는 한참 고민했다. 마침내 좋은 방법이 떠올랐다.

루즈벨트는 자신이 아는 기자를 찾아냈다. 거기에서 자신이 알고 싶은 사람의 이름, 상황 등을 자세히 물었다. 그런 다음 루즈벨트는 주도적으로 앞으로 나아가 그들의 이름을 불렀고, 그들이 재미있어 하는 일을 함께 이야기했다.

그것은 무척 성공적이었다. 그 후로도 루즈벨트는 그 방법을 적절히 활용하여 대통령선거에서 승리할 수 있게 도와줄 유력한 지지자들을 많이 얻었다.

거리낌 없이 다른 사람과 사귀는 방법은 사람들이 반드시 익혀야 할 생존 기술이다. 이것은 자신의 교제범위를 넓혀주고 삶을 더 풍성하게 해준다. 주도적으로 낯선 사람에게 인사를 하고 연락을 유지하는 루즈벨트의 방법은 여러 유명한 사람들이 흔히 쓰는 방법이다.

하지만 이것은 보통 사람들에게는 그리 쉽지 않다. 실제 생활에서 많은 남자들에게는 '사교공포증'이 있다. 그것은 주로 주도적으로 다른 사람에게 우정의 손길을 내밀려하지 않는 것에서 나타난다. 사실 큰 인물과 보통 사람의 가장 중요한 차이는 큰 인물이 보통 사람보다 아는 사람이 훨씬 많다는 데 있다. 큰 인물에게 아는 사람이 훨씬 많은 이유는 낯선 사람들과 사귀는 것을 즐기기 때문이다. 이런 관점에서 보면 큰 인물이 되는 것도 결코 어려운 일은 아니다. 적극적으로 낯선 사람에게 손을 내밀면 되는 것이다.

하지만 잘 생각해보면 우리의 친구들도 처음에는 다 낯선 사람이 아니었는가? 바로 그렇기 때문에 휘트먼은 "세상에 낯선 사람은 없다. 다만 아직 잘 알지 못하는 친구가 있을 뿐이다"라고 한 것이다. 운이 좋다면 낯선 사람과의 만남이 평생 이어지는 우정으로 발전할 수도 있다.

그래서 우리는 '사교공포증'을 효과적으로 극복해야 한다. '사교공포증'은 낯선 사람과 사귀는 최대의 걸림돌이다.

'사교공포증'을 극복하려면 먼저 열등감을 극복해야 한다. 어떤 사람이 늘 우유부단하게 망설이고 위축되어 있어 보이면 다른 사람들은 그를 정말 무능한 사람이라고 여겨 교제를 꺼린다. 열등감은 자신을 고독하고 겁쟁이로 만들 뿐 아니라 심리적인 압박을 가져온다. 열등감을 극복하는 방법에는 여러 가지가 있다. 가장 효과적인 방법은 '자기암시'이다. 예를 들면 낯선 사람과 교제하는 것이 두렵다고 느껴질 때 자신에게 이렇게 말하는 것이다.

"내 사교적인 능력은 아직 충분하지 않지만 다른 사람도 처음에는 나처럼 똑같이 두렵고 떨릴 거야. 무슨 일을 하든지 처음부터 잘할 수는 없는 거 잖아. 여러 번 하다보면 더 잘하게 될 거야. 솔직히 다들 그렇잖아."

문제의 핵심은 당신이 과감하게 낯선 사람과 교제하려는 첫걸음을 내딛느냐에 있다. 다른 사람이 당신과 적극적으로 교제하려고 할 때의 감동을 떠올린다면, 다른 사람과 알고 지내는 것이 얼마나 즐거운 일인가를 알게 될 것이다.

다음은 낯선 사람과 우정의 문을 여는 몇 가지 방법이다.

1. 솔직하게 당신의 느낌을 말하라

처음 파티에서 당신은 '이런 파티에 참석하는 건 너무 부끄러운데'라는 생각을 할지도 모른다. 어떤 상황에서든 담담하게 "전 부끄러움을 많이 타는 편이에요"라거나 "여기에서는 아는 사람이 없어요"라고 말하는 편이 죽어라고 침묵을 지키고 있다가 비우호적으로 자리를 떠나는 것보다는 훨씬 낫다. 좋은 수다쟁이는 늘 기지와 담력이 풍부하고 성실하게 다른 사람을 대하는 사람이다. 게다가 우리가 진실하게 이야기를 나눈다면, 다른 사람들도 자유롭게 자신의 생각을 말할 것이다.

2. 주위의 사물을 이야기하라

당신이 말을 재미있게 한다면 주위에 눈길을 끌만한 사물이 있는지 둘러보라. 예를 들어 파티에서 당신이 적극적으로 화제를 찾아 경직된 국면을 타개하고 싶다면 낯선 사람에게 "칵테일에 대해 어떻게 생각하세요?"라고 말해보자. 이렇게 하면 이야기를 나누기 위한 생동감 있는 화제를 찾아낼 수 있다.

3. 상대방에 관한 일들을 이야기하라

우리는 한 여성이 한눈에 보기에도 낯선 사람에게 "얼굴이 굉장히 귀여우시네요"라고 알려주는 소리를 들을지도 모른다. 우리는 대부분 그렇게 말할 용기는 없지만 "당신이 들어올 때부터 저는 당신을 보고 있었어요, 당신이 방으로 들어오는걸 보고 저는…"이라고 말하거나 "당신이 읽고 계신 책을 저도 좋아해요"라고 말할 수는 있을 것이다.

4. 물어보라

잊을 수 없는 대화는 보통 질문에서 시작한다. 예를 들면 다른 사람에게

"하시는 일은 어떤가요?"라고 물어보면 질문을 받은 사람들은 열렬한 반응을 보일 것이다.

5. 대답을 경청하라

좋은 대화의 절반은 경청이다. 즉 상대방의 말을 귀 기울여 듣는 것이다. 경청이 없다면 진정한 대화라 할 수 없다. 경청도 하나의 예술이다. 새로운 친구가 말을 할 때는 정신을 집중하여 그를 봐야 한다. 적극적인 반응을 보이고 상대방이 계속 말을 하도록 격려해야 한다. 그러면 경청은 더 이상 피동(被動)이 아니라 주동(主動)으로 바뀌며 엄연한 탐험이 된다. 좋은 대화는 불쾌한 대화와 정반대로 서로를 발견하고 이해하는 것이다.

낯선 사람에게 손을 내밀거나 주도적으로 자신을 소개할 때 당신은 피동적인 것보다 그곳에 서 있는 것이 훨씬 홀가분하고 자유롭다는 사실을 알게 될 것이다. 일단 이런 행동이 습관이 되면 더욱 시원스럽고 자연스러워질 것이며 친구도 점점 많아질 것이다. 사업도 점점 순탄하고 발전할 것이다.

주위 사람들을 칭찬하라

남자이든 여자이든, 귀하든 천하든, 사람은 모두 칭찬을 듣고 싶어 한다. 동시에 이런 칭찬은 사람들의 능력이나 성취감, 자신감을 배가시킨다. 이것은 확실히 사람들을 감동시키는 효과적인 방법이다. 하지만 칭찬이 적절하지 못하면 귀중한 물건이 가치를 모르는 사람의 수중으로 들어가는 것처럼 효과가 반감되거나 오히려 상대방의 반감을 살 수도 있다. 그것은 칭찬의 기교를 제대로 익히지 못했기 때문이다. 35세 이전에 주위 사람들을 적절히 칭찬하는 방법을 익히지 못한 사람은 인간관계를 엉망으로 만들어 놓을 가능성이 크다.

존 데이비슨 록펠러(John Davison Rockefeller)는 사람과의 교제에서 진심으로 다른 사람을 칭찬할 줄 알았다. 또한 그는 그것으로 좋은 인간관계를 만들어갔다. 한번은 록펠러와 함께 일하는 에드워드 베드퍼드(Edward Bedford)가 남미에서 거래를 하다가 100만 달러에 이르는 손해를 보았다. 그래서 베드퍼드는 의기소침한 채 록펠러를 만나기 위해 돌아왔다. 록펠러는 베드퍼드의 과실을 질책할 수도 있었지만 그는 그렇게 하지 않았다. 록펠러는 그가 최선을 다했다는 사실을 알고 있었다. 그래서 록펠러는 베드퍼드를 칭찬해줄 다른 화제를 찾았다. 록펠러는 베드퍼드를 자기 사무실로 불러 말했다.

"이번 일로 자네는 60%의 투자금융을 절약했을 뿐 아니라 우리에게 경종을 울려 주었네. 우리는 줄곧 노력하고 있어. 게다가 거의 모두 성공을 거머쥐었지. 아직 실패의 쓴맛도 맛보지 못했고 말이야. 이번 일로 우리는 잘못과 결점을 더 잘 발견할 수 있고 더 큰 승리를 쟁취할 수 있을 거야. 우리가 항상 사업이 가장 잘 되는 시기에만 있을 순 없지 않은가."

록펠러의 몇 마디 말은 베드퍼드의 마음을 훈훈하게 했다. 베드퍼드는 다시 일어나기로 결심했다.

다른 사람을 칭찬하는 사람은 다른 사람을 감격하게 만들 수 있다. 삶은 물리학에서 나오는 에너지 불변의 법칙을 준수하고 있다. 매일 행복하게 가정 생활을 하고 싶다면 언제든 아내에게 집안일을 못한다고 비난해서는 안 된다. 또한 아내가 집안일을 잘하고 못하는 것에 대해 부모님이나 다른 사람과 비교해서도 안 된다. 반대로 아내를 칭찬해야 한다. 자신이 그런 아내에게 장가든 것을 행운이라고 생각해야 한다. 고기를 태우든 요리가 눌어붙든 잔소리를 하지 말아야 한다. 차라리 지금 한 음식이 평소보다 덜 향기롭다고 해야 한다. 그래야 아내는 모든 것을 더 열심히 하려고 노력할 것이고 예전 모습으로 돌아가려고 할 것이다. 하지만 갑자기 그렇게 해서는 안 된다. 갑작스럽게 칭찬하면 아내는 의아해할 것이다. 아내에게 웃어 보이면서 부드러운 말로 칭찬해야 한다. 집에서도 그렇게 해야 하지만 밖에 나가서 다른 사람들과 교제할 때는 더더욱 그렇게 해야 한다. 그러한 태도를 35세 이전의 남자가 반드시 갖고 있어야 한다. 이것은 물론 가식적인 태도를 취하라는 말이 아니다. 칭찬의 정도를 잘 파악하라는 말이다. 물론 칭찬은 교제의 언어이자 행위예술이다. 절대 입에서 나오는 대로 지껄이는 아첨이나 비위를 맞추는 말이 아니다.

다음은 칭찬할 때 유의사항이다.

1. 시기가 적절해야 한다

일상생활에서 동료, 친구, 가족의 장점은 언제든지 드러날 수 있다. 개별적인 경우 우담화가 잠깐 나타났다가 사라져 없어지는 것처럼 될 수도 있다. 그래서 다른 사람을 잘 칭찬하는 사람은 항상 시기를 놓치지 않고 칭찬하여 상대방과 같이 있는 사람의 호감을 산다. 이것은 사람의 마음을 정복하는 효과를 낼 수 있다. 퇴근한 뒤에 현관을 들어섰을 때 아내가 먼저 집에 돌아와 저녁식사를 준비해놓은 모습을 떠올려보자. 당신이 정을 듬뿍 담아 아내를 바라보면서 "식탁 위의 음식을 보니 배가 고픈 걸"이라는 말에 아내의 마음은 기쁨으로 넘칠 것이다.

2. 내용이 교묘해야 한다

칭찬은 보통 두 사람이 얼굴을 맞대고 있을 때 이루어진다. 그래서 내용은 구체적이어야 하고 대상은 분명해야 한다. 때로는 칭찬하려는 것을 직접적으로 언급하지 않아도 상대방은 이미 이심전심으로 무엇을 가리키는지 알고 있는 경우가 있다.

3. 동기가 순수해야 한다

다른 사람을 칭찬하는 이유는 칭찬하려는 대상에게 그럴만한 가치가 있기 때문이다. 칭찬하는 자체는 다른 사람에 대한 호감과 부러움이다. 동기는 순수해야 하고 태도는 성실해야 한다. 진심에서 나온 것이 아니라면 다른 사람에게 가식적인 인상을 주며 당신의 본심은 의심받게 될 것이다. 그렇게 되면 우리는 아무런 보답을 받을 수 없을 뿐만 아니라 심지어 냉대나 괄시를 받게 될 것이다. 때로 속에 없는 말이나 인사치레의 칭찬은 칭찬하는 본인도 난처할 뿐만 아니라 칭찬받는 사람이 어떻게 생각해야할지 몰라 어리둥절해지는 상황을 만든다.

4. 정도껏 해야 한다

상대방을 칭찬할 때의 핵심은 적당하게 칭찬하는 것이다. 분수에 맞다는 느낌을 주어야 하는 것이다. 등도자호색부(登徒子好色賦)의 "1푼을 늘이면 너무 길고, 1푼을 줄이면 너무 짧다"라는 말을 여기에 적용하면 칭찬의 '정도'를 어떻게 조절해야하는지를 설명할 수 있다. 확실한 것은 분에 맞아야 한다는 것이다.

연락이 끊겼던
옛 친구를 찾아라

어느 비 내리는 주말, 마침내 방을 청소하기로 결심했다. 장롱의 밑바닥부터 책꽂이의 가장 높은 곳을 포함한 집안 전체를 청소하기로 한 것이었다. 청소를 하면서 뜻밖에 옛날 물건들을 여러 개 발견했다. 모두 옛날 친구들과 관련이 있는 물건들이었다. 친구들의 주소록, 옛날 사진, 편지, 오래 방치해 두었던 선물 등. 순식간에 이렇게 세월이 많이 지나가 버렸다. 먼지가 쌓인 옛날 일들이 마치 어제처럼 느껴졌다. 추억은 창밖의 몽롱한 안개비 같았다. 강을 사이에 두고 멀리서 바라볼 수 있지만 다시 되돌아갈 수는 없었다. 그럼 익숙한 얼굴과 친근한 목소리는 다시 보고 들을 수 없는 걸까? 친구들은 어디에 있을까? 하늘 끝 멀리 가 버렸을까, 아니면 지척 가까운 곳에 있을까?

물처럼 평정했던 마음에 순간 파도가 일렁였다. 아련한 추억이 마음을 요동치게 했다. 그래서 오래 되어 이미 무용지물이 되어버린 주소록 수첩을 꺼내들고 친숙한 이름을 찾았다. 그들이 아직 옛날에 살던 그곳에 살고 있을까?

남자로서의 고난을 겪고 무수한 세월을 흘려보낸 뒤에는 마음껏 속마음을 털어놓을 친구가 그리 많지 않게 된다. 거리낌 없이 마음에 담아둔 말을 들어줄 수 있는 사람은 동창뿐이다. 동창은 친구가 될 수 있다. 하지만 친구가 반드시 동창인 것은 아니다. 세상이 화살처럼 빨리 흘러감에 따라 동창들이 맡은 역할이 많고, 영역이 넓으며 전방위적이라는 사실을 알게 될 것이다. 이번 생애의 유일한 지기(知己)는 아마 동창 가운데 있을 것이다. 동창은 영원한 친구가 되거나 아내 또는 매부가 될 수도 있다. 동창 사이는 나중에 의사와 환자, 선생님과 학부형, 판매자와 구매자, 상사와 부하직원, 심지어 경찰과 범죄자의 관계가 될 수도 있다.

사실 삶의 영역은 동창이 많을수록 범위도 넓다. 서로 감정이 무덤덤하더라도 옛날의 추억을 생각할 수 있다. 최소한 잘 아는 사이가 아니던가!

기억을 잃어버린 사람 외에는 추억을 간직하지 않은 사람은 없다. 사람의 추억이라는 것은 세월이 아무리 흐른다 해도 쉽게 사라지지 않는다. 졸업한 지 얼마나 지났는가? 5년, 10년, 아니면 20년? 손가락을 튕기는 시간만큼 짧은 순간? 졸업한 날부터 우리는 공기처럼 도시의 구석구석에 스며든다. 청춘, 열정과 지혜는 각자의 세상에서 백발이 될 때까지 바뀌고 성장하며 진보할 것이다. 매일의 잡다한 일상사가 반복되고 한 해가 지나면 다시 새로운 한 해가 올 것이다. 삶, 일, 결혼, 아이, 끝이 없는 집안일, 헤아릴 수 없는 업무. 삶의 범위는 갈수록 좁아질 것이다. 어느 순간 돌이켜볼 때 비로소 대다수의 친구들과 선생님과 이미 연락이 끊겼음을 알고 우리는 놀란다. 옛 기억은 점점 먼지 속에 묻히고 웃는 얼굴도 점점 굳어진다. 과거를 잃어버린 사람이 어떻게 오늘과 내일에 얼굴을 마주할 수 있겠는가?

졸업할 때 우리는 아쉬운 마음을 달래며 "10년 후에 우리 다시 만나자"라고 말한다. 지금은 이미 12년, 15년이 지나갔다. 다시 만나지 않는다면 아마 평생 후회할 것이다. 그럼 하루라도 시간을 내자. 모든 잡다한 일을 제쳐두고 이미 잃어버렸던 어린 시절의 세월을 다시 나타나게 하자. 옛날의 풍경을 잠시 붙들어두자. 세월이 우리의 모습을 완전히 바꿔놓겠지만 우리가 옛날 일을 위해 건배하는 순간 모든 것은 이미 이익을 초월한다. 세속에 오염되지 않은 순수한 감정은 노력한다고 찾아낼 수는 없는 것이다.

연락이 끊긴 동창과 친구를 찾아보자. 곤란한 일이나 번거로운 일이 생겼을 때 동창을 찾아 도움을 청하는 것은 도리에 어긋나는 일이 아니다. 인심이 예전 같지 않은 시대이긴 하지만 동창 사이에 부탁하는 것은 더욱 더 친밀감을 느끼게 해주는 것이다. 옛 동창도 있는 힘을 다해 사심 없이 도와줄 것이다. 서로 그 사이에 존재하는 행복과 짙은 정을 느낄 수 있다.

"평강이 네게 있을지어다 여러 친구가 네게 문안하느니라 너는 각 친구 명하에 문안하라"(요한3서 1:15)
당신이 지내온 과거는 결코 우연이 아닙니다. 그 과정에는 지금의 당신이 있게 하기 위한 하나님의 섭리가 있었습니다. 하나님이 인도하셨던 과정에 감사하는 마음으로 연락하고 싶은 친구는 누구입니까?

영향력있는 사람과 교분을 쌓아
성공에 이르는 길을 닦아라

일류인 사람과 교분을 쌓는 목적은 자신도 일류가 되기 위해서이다. 남자가 처한 사회적인 환경에서 최고의 위치에 서 있는 일류 인물과 교분을 쌓을 수 있다면 그의 사상, 장점, 성공의 방법 등을 배울 수 있기 때문에 자신을 발전시키는데 큰 도움이 된다. 저명인사 가운데에도 이름값도 못하는 사람이 있지만 대부분은 재능이 있다. 그들의 경험이나 관점의 핵심을 자신의 것으로 만들 수 있다면 당신의 삶에 틀림없이 커다란 도움이 될 것이다.

저명인사와 교분을 쌓으면 더 절실한 도움을 받을 수 있다. 남자가 사업으로 성공하는 것에 뜻을 두었다면, 먼저 재계의 저명인사와 접촉할 방법을 강구해야 한다. 그들과의 만남을 통해 좋은 신뢰관계를 구축해야 한다. 일단 신뢰관계가 구축되면 그들은 '이 사람을 위해 인재가 될 수 있게 기회를 주어야겠군' 이라고 생각할 것이다. 그러면 당신의 장래에 큰 변화가 생길 것이고 심지어 단계적으로 환골탈태(換骨奪胎) 하게 되어 저명인사의 사회로 걸어 들어가게 될 가능성도 있다. 당신은 아직도 유명한 사람이 막

대한 영향력을 갖고 있으며 그들의 칭찬 한마디가 얼마나 이익을 가져다주는지 깊이 깨닫지 못하고 있을 수도 있다.

심리학에서는 일종의 '경향심리'라는 것이 있다. 즉, 명망 있는 인사와 교분을 쌓고 숭배하며 기대려는 심리를 말한다. 절대 다수의 사람이 이런 심리를 갖고 있으며 정도의 차이가 있을 뿐이다. 그것은 사회적 지위를 높이고 저명인사와 대등하게 교류하고 싶은 심리가 누구에게나 있음을 반영하는 것이다.

저명한 공공관계 전문가는 이렇게 말했다.

"사업을 발전시키려면 인간관계를 소홀히 여겨서는 안 된다. 세심하게 주의를 기울이고 적절히 활용한다면, 인간관계는 점에서 면으로 갈 수 있으며 나아가 커다란 나무로 발전할 수 있을 것이다. 커다란 나무가 있으면 우리는 그 나무의 그늘 아래에서 휴식을 취할 수 있고 커다란 나무가 주는 이익을 앉아서 누릴 수도 있다. 사업을 해나갈 때 사회적 지위가 높은 사람일수록 인간관계는 더 중요하다. 하지만 그것 때문에 늘 소개서를 들고 중요한 사람을 만나러 쫓아다닐 수는 없다. 그 사람도 당신을 만나줄 시간이 항상 있는 것도 아니다. 각계의 저명인사들은 항상 일정이 빠듯하기 때문에 만나준다 해도 5분이나 10분 정도의 짧은 시간밖에 할애해주지 않을 것이다. 그렇게 짧게 대화를 나누면 깊이 있는 이야기를 할 수가 없다. 그래서 그런 사람들과 깊이 있는 대화를 나눌 기회를 만들려면 다른 방법을 써야만 한다."

한 유명한 기업가는 '동행하는 방법'으로 많은 사회의 저명인사와 교분을 맺었다. 그는 자신의 경험을 이렇게 들려주었다.

"저는 출장을 갈 때마다 퍼스트클래스를 탔습니다. 비행기 객실이라는 폐쇄된 공간은 잡무나 전화로 시달리지 않아도 되거든요. 게다가 한동안 대화를 나누기에도 적합하고요. 뿐만 아니라 퍼스트클래스에 타는 사람은 대부분 저명인사니까요. 원하기만 하면 주도적이고 적극적으로 그 사람들과 안면을 틀 수 있지요. 저는 그래서 먼저 그들에게 '잠깐 이야기할 수 있을까요?'라고 말을 걸지요. 비행기 안에서는 확실히 할 수 있는 일이 별로 없으니까요. 그래서 상대방도 보통 거절하지는 않습니다. 저는 그렇게 각 분야의 최고라는 분들을 비행기 안에서 사귀게 되었습니다."

저명인사와 사귀고 싶은 것도 인지상정이라 할 수 있다. 남자는 위축되지 말고 용기와 지혜로 저명인사와 교류하여 내적으로나 외적으로 끊임없이 자신을 발전시켜야 한다. 스스로 저명인사의 대열에 들어가도록 만들어야 한다.

"지혜 있는 자의 교훈은 생명의 샘이라 사람으로 사망의 그물을 벗어나게 하느니라"(잠언 13:14)
어떤 사람을 만나느냐에 따라 당신의 인생도 달라질 수 있습니다. 주어진 모든 기회를 놓치지 마십시오. 예수께서도 자신의 목표를 위해 사람과의 만남을 소중히 생각하셨음을 명심하십시오.
당신을 위해 하나님이 보내주신 사람은 누구입니까?

당신 때문에 상처 받은 사람에게
'죄송합니다' 라고 말하라

이해와 우정 처럼 사과도 인생의 장에서 없어서는 안 되는 부분이다. 교제에서 사람들은 다른 사람의 진심어린 사과를 얻거나 예술적으로 다른 사람에게 미안함을 표시하고 싶어 한다.

미안함을 표시하면 위기에서 벗어날 수 있고 곤경에서 빠져나올 수 있으며 다친 상처를 치유할 수 있다. 뿐만 아니라 손상된 관계를 회복할 수도 있으며, 그것으로 우정을 공고히 할 수도 있고, 새로운 인간관계를 더 깊게 발전시킬 수도 있다.

사과를 할 때는 용기가 필요하다. 자신의 잘못과 실수를 똑바로 볼 수 있는 용기가 없다면 적절하게 다른 사람에게 사과를 하기 어렵다. 자신의 행위에 대해 용감하게 책임을 지는 것은 자아를 향상시키고 다른 사람들이 함께 책임을 떠안으려는 마음을 갖게 할 수 있다. 고개를 숙이고 허리를 굽혀 사과하면 인생의 단계를 한 단계 더 높일 수 있다. 사과는 진심으로 후회하는 것이다. 사과하는 행위는 자신을 비하하는 것이 아니며 인격의 완벽함이지 비굴해지는 것도 아니다. 그것은 인격의 완벽함을 드러내는 것이다. 또한 그것은 성격의 성숙이지만 존엄성의 상실은 아니다.

사과를 하는 것은 무던함 속에 삶의 진실을 내포하고 있다. 능숙하게 사과하는 기술을 활용하려면 먼저 진실해지는 법을 배워야 한다. 자신에게 성심성의(誠心誠意)가 있어야만 합당한 이치로 다른 사람을 설득하고 풍부한 감정으로 다른 사람을 감동시킬 수 있다. 그래야 사과의 목적을 달성할 수 있다.

● 지혜로운 아버지의 교육

성질이 못된 사내아이가 있었다. 그래서 그의 아버지는 못 한 자루를 사내아이에게 주면서 화가 날 때마다 뒤뜰에 있는 울타리에 못을 하나씩 박으라고 말했다. 첫날 그 사내아이는 울타리에 못 37개를 박았다. 그 후로 매일 박는 못의 개수가 줄어들었다. 사내아이는 자신의 성질을 억제하는 것이 못을 박는 것보다 쉽다는 것을 알게 되었다.

마침내 어느 날 사내아이는 인내심을 잃고 성질 부리는 짓을 하지 않게 되었다. 사내아이는 아버지에게 그 사실을 말했다. 아버지는 이제부터는 화를 참을 수 있을 때마다 박혀있는 못을 하나씩 빼라고 지시했다. 하루하루 시간이 흘렀다. 결국 사내아이는 아버지에게 박혀있던 모든 못을 빼냈다고 말했다.

아버지는 사내아이의 손을 잡고 뒤뜰로 갔다. 아버지가 말했다.

"정말 잘했다. 내 아들, 착하구나. 하지만 함부로 화를 내면 이 못이 박혔던 자리처럼 흔적이 남게 된단다. 네가 칼로 다른 사람을 찌르면 네가 아무리 사과한들 그 상처는 영원히 남게 될 거야. 말을 해서 생긴 상처도 실제 상처처럼 사람들이 받아들이기 힘들단다. 그 점을 명심해라."

때로 우리는 퇴짜를 맞거나 거절당하는 것이 두려워 사과를 하지 않는다. 사람을 난처하게 만드는 이런 상황이 전혀 발생하지 않으리라는 법도 물론 없다. 하지만 그 가능성은 무척 적다. 다른 사람을 이해하고 용서하면 마음의 원한을 없앨 수 있다. 원한은 영혼을 좀먹는 존재이기 때문에 가슴에 담아 두면 좋지 않다.

그럼 어떻게 사과하는 것이 좋을까?

1. 입으로 말하기 곤란할 때는 다른 방법으로 대신하라

사과하는 말을 입 밖으로 내기 껄끄럽다면 다른 방법으로 대신해도 괜찮다. 여자친구와 말다툼을 한 뒤 꽃다발을 주면 그때의 좋지 않은 감정이 얼음 녹듯이 풀릴 것이다. 작은 선물을 음식접시 옆이나 베개 옆에 두는 것도 자신이 후회하고 있음을 나타내기에 괜찮은 방법이다. 대화를 하지 않고 접촉하는 것만으로도 감정을 전달할 수 있다. '비언어적 방법'의 정교함을 저평가해서는 안 된다.

2. 사과할 때 수치심을 갖지 말라

사과할 때 수치심은 금기이다. 사과는 진실과 성의를 나타낸다. 위인도 가끔은 사과를 했다. 처칠(Winston Churchill)은 처음에 트루먼(Harry S. Truman)을 좋지 않게 생각하고 있었다. 하지만 나중에 처칠은 트루먼에게 그를 과소평가했다고 말했다. 칭찬으로 사과를 대신한 것이다.

3. 진심으로 사과하라

사과할 때 정말 후회한다는 의사가 없다면 마음이 후련하거나 개운하지 않을 것이다. 사과는 진심에서 나와야 한다.

4. 정정당당하게 사과하라

사과는 정정당당해야 한다. 비굴해서는 안 된다. 잘못을 바로잡으려 하는 것은 존경받을 일이다.

5. 제때에 사과하라

어떤 사람에게 잘못한 부분이 있어 사과하고 싶을 때는 바로 실천에 옮길 방법을 생각해야 한다. 시간을 끌수록 말을 하기가 어렵고 나중에는 후회막급한 상황에 처할 수도 있다. 편지를 쓰거나 전화를 걸어 미안함을 표시하라.

6. 싸우지 않고 서로 편안히 지내기 위해 잘못을 인정하지는 말라

당신에게 잘못이 없는데 싸움을 그만두고 편안하게 지내려고 잘못을 인정해서는 안 된다. 이런 자존심도 없는 행위는 누구에게도 좋을 것이 없다. 동시에 깊은 유감과 사과를 분명하게 구분할 줄도 알아야 한다. 예컨대 당신이 상사이고 어떤 부하직원이 자신이 맡은 직무를 감당하지 못한다고 가정해보자. 그것 때문에 그 직원을 해고해야 한다면 유감스럽게 생각할 수는 있지만 사과할 필요는 없는 것이다.

"너를 송사하는 자와 함께 길에 있을 때에 급히 사화하라 그 고발하는 자가 너를 재판관에게 내어주고 재판관이 관예에게 내어주어 옥에 가둘까 염려하라"(마태복음 5:25)
자신의 잘못과 실수를 용기있게 고백하십시오. 먼저는 주님께 용서를 구하고 자신 때문에 상처받은 사람을 찾아가 진심으로 용서를 구하는 당신은 진정 사나이 중에 사나이입니다. 당신 때문에 상처받은 사람은 없는지 기억해보십시오.

상대방의 이름을 기억하라

"**호**랑이는 죽어 가죽을 남기고 사람은 죽어 이름을 남긴다"라는 속담이 있다. 사람들이 자신의 이름을 얼마나 중요하게 생각하는지를 알 수 있는 말이다. 하지만 거의 모든 사람이 "성함이 뭐라고 하셨죠? 내 기억력 좀 봐. 항상 다른 사람의 이름을 까먹는다니깐. 죄송한데 성함을 다시 말씀해주시겠어요?"라는 말을 듣는다. 문제는 상대방의 이름이 생각나지 않을 때 상대방이 당신으로부터 중요시되고 있다고 생각하겠냐는 것이다.

사람들은 자신의 이름을 중요하게 생각하기 때문에 사회에 나가 사람을 사귈 때는 다른 사람의 이름을 기억해야 한다. 이것이 성공적인 사회진출의 첫 번째 비결이다. 절대로 두 번씩이나 상대방의 이름을 물어보는 결례를 범해서는 안 된다.

대다수의 덜렁거리는 남자들은 이 점을 소홀히 한다. 우리의 덜렁맨들은 다른 사람의 이름을 기억하는 사소한 일에 많은 시간과 정력을 쏟고 싶어하지 않는다. 게다가 그들은 구차하고 옹색한 변명을 늘어놓는다.

"나는 너무 바쁘거든요!"

결국 다른 사람과 친해질 수 있는 기회를 놓쳐 버린다.

다른 사람과의 거리를 좁히고 친밀한 관계를 갖기 위해 많은 사람들은 '큰일'의 힘을 빌리려 하고 그것으로 '생사의 교제', '막역한 관계'를 형성하려고 한다. 하지만 우리 주위에 위인이나 저명 인사는 극히 드물고, 평범한 사람이 대다수를 차지하고 있음을 잊어서는 안 된다. 그들은 하늘과 땅을 뒤흔들 큰일을 해낼 수 없는 사람들이다. 모든 사람이 혁혁한 업적을 만들어낼 수는 없다. 평범한 사람이 언제나 다수를 차지하기 때문에 똑똑한 사람은 굳이 '대단한 일'을 찾으려고 하지 않으며 늘 사소한 일에서 다른 사람과 가까워지려고 한다. 게다가 큰일을 하고 싶다고 할 수 있는 성질의 것도 아니며, 작은 일보다 하기가 쉬운 것도 아니다.

만나는 모든 사람의 이름을 기억하라. 그것은 다른 사람을 존중하는 출발점이며 자신의 인간관계를 창조하는 첫걸음이다.

● 짐 프라이의 성공 이유

짐 프라이는 10살 때 불의의 사고로 아버지가 돌아가셨다. 돌아가신 아버지는 그에게 어머니와 두 남동생을 남겨주었다. 가정형편이 어려웠기 때문에 어쩔 수 없이 학교를 중퇴할 수밖에 없었다. 그는 벽돌공장에서 일을 하며 돈을 벌었다. 그는 학력이 변변치 못했지만 아일랜드 특유의 열정과 솔직함으로 가는 곳마다 환영을 받았고 나아가 정계에 진출하게 되었다. 사람을 기억하는 그의 비범한 능력은 가장 경탄을 자아낼 만하였다. 그는 상대방의 전체 이름을 기억했고 한 글자의 오차도 없었다.

그는 고등학교도 가보지 못했지만 46살이 되던 해에 대학 네 곳에서 명예학사학위를 받았다. 게다가 민주당의 요직에 올랐으며, 결국 통신부 장관까지 역임했다.

한번은 기자가 그에게 성공의 비결을 물었다. 그는 대답했다.

"그거야 열심히 일하면 되지요, 아주 간단해요."

기자는 의구심이 들어 말했다.

"농담하지 마세요."

그가 되물었다.

"그럼 당신은 내가 성공한 이유가 뭐라고 생각합니까?"

기자가 말했다.

"제가 듣기론 한 글자의 오차도 없이 친구 1만 명의 이름을 모두 부를 수 있다고 하던데요."

그는 즉시 대답했다.

"아닙니다. 당신이 틀렸습니다. 내가 부를 수 있는 이름은 최소한 5만 명입니다."

이것이 바로 짐 프라이가 남보다 뛰어난 점이었다. 그는 처음 사람을 만나면 먼저 그 사람의 전체 이름, 가정환경, 하는 일, 정치적인 입장 등을 자세히 파악했다. 그에 따라 먼저 그에 대한 대략적인 인상을 만들었다. 그다음에 그 사람을 만나면 얼마나 오래 떨어져 있든 그의 어깨를 토닥이며 인사말을 주고받았다. 상대방의 아내와 아이에 대해 물어보기도 하고 그가 근래에 하고 있는 일에 대해 묻기도 했다. 그런 능력이 있었기 때문에 사람들이 그를 친근하게 생각한 것도 무리는 아니었다.

나폴레옹의 조카이자 프랑스 국왕 나폴레옹 3세는 자신이 만났던 모든 사람의 이름을 기억할 수 있었다. 평소 정치적인 일에 바빴던 그가 어떻게 그 많은 사람들의 이름을 기억할 수 있었을까? 그 비결은 과연 무엇일까? 말하자면 무척 간단하다. 그는 상대방의 이름을 분명하게 알아듣지 못하면 "죄송하지만 당신의 이름을 잘 못 알아들었습니다"라고 말했다. 상대방의 이름이 특이하면 그는 다시 "철자법이 어떻게 되나요?"라고 물었다. 이야기를 나누면서 그는 자신의 인상을 더욱 깊게 하기 위해 일부러 상대방의 이름을 언급했다. 그리고 몰래 상대방의 겉모습, 표정, 반응 등에 주의를 기울여 상대방의 여러 가지 특징을 기억했다.

에머슨은 "완벽한 품격은 무수히 작은 희생으로 얻어진 것이다"라고 말했다. 이러한 목표에 도달하려면 결코 한두 차례의 시도로는 부족하며 상당 기간 노력한 것이 축적되어야 가능하다.

우리는 사람들이 자신의 이름을 가장 중요하게 생각하고 듣고 싶어 한다는 점과 다른 사람이 존중해주길 바라고 있음을 명심해야 한다.

"…주께서는 수효대로 만상을 이끌어 내시고 각각 그 이름을 부르시나니 그의 권세가 크고 그의 능력이 강하므로 하나도 빠짐이 없느니라"(이사야 40:26)
한번 택하신 자의 이름뿐만 아니라 그에 관한 모든 것을 놓치지 않고 기억하시는 것은 하나님의 일하시는 방법입니다. 당신도 이런 하나님의 방법을 본받아 성공의 전당에 입성하십시오.
당신은 얼마나 많은 사람의 이름을 기억하고 있습니까?

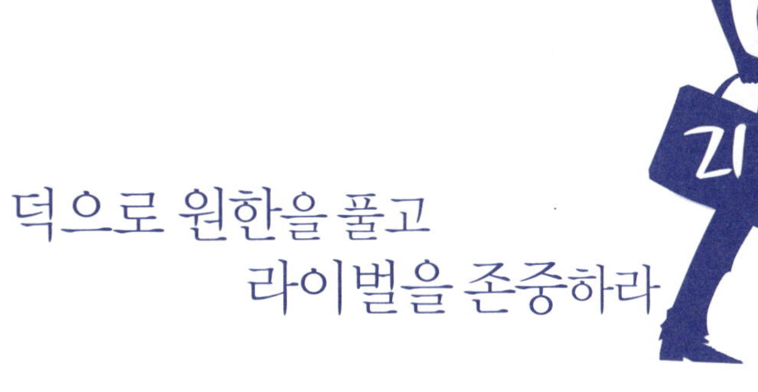

덕으로 원한을 풀고
라이벌을 존중하라

우리에게는 친구가 있어야 하지만 라이벌도 필요하다. 친구는 감정적으로 가장 좋은 격려가 되고, 라이벌은 이성적으로 가장 큰 자극을 준다. 라이벌의 자극을 잘만 사용하면 가장 중요한 성공의 방법을 배울 수 있다.

우리의 감정은 친구가 필요하며 지식에는 라이벌이 있어야 한다. 서로 경쟁하는 라이벌이 있어야 오래도록 지속적인 성장을 할 수 있다.

맹자는 "적이 없이 나라는 항상 망한다"라고 말했다. 체코 작가인 카프카(Franz Kafka)는 "진정한 라이벌은 많은 용기를 불어넣어준다"라고 말했다. 라이벌을 잘 대하면 남자의 본 모습과 생존의 지혜를 보여줄 수 있다.

원한으로 원한을 대하면 원한은 영원히 존재할 것이고, 사랑으로 원한을 대하면 원한은 자연스럽게 없어질 것이다.

● 라이벌에게 기회를 주라고요?

카알은 벽돌을 파는 장사꾼이었다. 라이벌과의 경쟁 때문에 그는 곤경에 처하게 되었다.

라이벌은 카알의 판매구역에서 건축설계사와 하청업자를 정기적으로

방문했다. 라이벌은 그들에게 카알의 회사는 믿을 수 없고 벽돌의 품질
도 떨어진다면서 장사도 곧 중지될 처지에 놓여 있다고 말했다.

그의 마음에는 알 수 없는 불길이 치솟았다. 정말 벽돌로 그 라이벌 뚱보
의 머리통을 박살내놓아야 화가 풀릴 것 같았다.

어느 일요일 아침, 카알은 교회에서 설교를 듣게 되었다. 설교의 주제는
고의적으로 자신을 괴롭히는 사람에게 은혜를 베풀라는 것이었다. 카알
은 설교의 한마디 한 마디를 깊이 새겼다. 카알은 목사에게 지난주 금요
일에 자신의 라이벌 때문에 25만 달러 상당의 주문을 놓쳤다고 말했다.
하지만 목사는 오히려 그에게 덕으로 원한을 갚고 적을 친구로 만들어야
한다고 그에게 말해주었다. 게다가 목사는 여러 가지 사례를 들면서 자
신의 이론을 증명했다.

그날 오후에 카알은 다음 주의 일정표를 작성하고 있었다. 그때 그는 버
지니아(Virginia) 주에 사는 한 고객이 새로 사무실 건물을 짓기 때문
에 벽돌이 필요하다는 것을 알게 되었다. 하지만 고객이 지정한 벽돌은
카알의 회사가 제조하여 공급할 수 있는 모델이 아니었다. 오히려 카알
의 경쟁업체가 판매하는 제품과 유사했다. 카알은 온통 헛소리만 나불
거리는 경쟁자가 그 사업기회에 대해 아무것도 모른다는 사실도 확신하
고 있있다.

카알은 한참을 고민했다. 목사의 충고가 카알의 뇌리를 자꾸만 맴돌았
다. 결국 목사의 충고가 잘못된 것임을 증명하기 위해서라도 카알은 그
주문을 라이벌에게 주어야겠다고 생각했다. 그래서 카알은 라이벌의 집
으로 전화를 걸었다.

카알은 예의바르게 직접 그에게 버지니아 주의 주문건에 대해 알려주었

다. 한참 동안 라이벌은 꿀 먹은 벙어리처럼 아무 말도 하지 않았다. 하지만 그가 카알의 도움에 감격해한다는 것만은 분명했다. 카알은 또 버지니아 주의 하청업자에게 전화를 걸어두겠다고 약속했다. 게다가 라이벌이 그 주문을 받을 수 있도록 추천해주었다.

나중에 카알은 매우 놀랄 만한 결과를 얻었다. 라이벌이 카알에 관련한 거짓말을 퍼뜨리고 다니는 것을 중단했을 뿐만 아니라 심지어 자신이 처리할 수 없는 거래를 카알이 맡을 수 있게 양보하기도 했다. 그렇게 그들 사이에 드리워졌던 어두운 그림자는 밝게 개이게 되었고 카알은 예전보다 훨씬 기분이 좋아진 것을 느낄 수 있었다.

덕으로 원한을 갚고 적을 친구로 만드는 것은 다른 사람에게 상처를 주지 않고 사용할 수 있는 상책(上策)이다. 그렇게 하면 라이벌을 친구로 만들 수 있다.

가장 좋은 공부는 라이벌과 싸우다가 라이벌에게 한방 먹었을 때에 얻어진다. 이것은 결코 고의적으로 적에게 한방 실컷 두들겨 맞으라는 뜻이 아니다. 한방 얻어맞은 순간에 절대 고통, 긴장, 분노 때문에 손발이 흐트러져서는 안 된다. 그것은 가장 중요하다. 고통 속에서 또 다른 쾌감을 느낄 줄 알아야 한다. 어떤 사람에게 절묘한 비법이나 수가 있으면 결국 당해낼 재간은 없다. 하지만 그 속의 오묘한 이치를 추론해볼 수는 있다. 상처가 심할수록 더 많은 것을 깨달을 수 있고 더 새롭게 자신을 단련하고 바꿀 수 있다.

대다수의 사람들이 라이벌과 적을 항상 동일 선상에 놓거나 심지어 완전히 같은 것으로 간주한다. 그래서 라이벌도 쉽게 원수가 되어버린다. 사실적과 원수가 많을수록 배울 것도 많다. 상대방이 당신을 망하게 하려면 틀림없이 자신의 역량을 총동원할 것이기 때문이다. 그들이 혼신의 힘을 다할 때가 당신이 가장 많은 방법을 전수해줄 때이다. 적이 당신을 화나게 하고 상처를 주기 위해 사용하는 수단은 그 어떤 스승도 당신에게 가르쳐줄 수 없는 것이다. 그래서 라이벌이 있으면, 아주 강한 라이벌일수록 속으로 기뻐해야 한다. 매일 그 라이벌을 자세히 살펴보고 감상하며 라이벌에게서 배우는 것이 좋다.

라이벌이 있어야 위기감이 생기고 경쟁력이 생길 수 있다. 라이벌이 있어야 어쩔 수 없이 강해지기 위해 노력할 것이고 혁신을 하며 진취적으로 행동할 것이다. 그렇지 않으면 잡아먹히고 대체되며 도태되는 것을 기다리는 수밖에 없다.

라이벌을 잘 대하라.

때때로 우리를 시상식 위로 올려 보내주는 사람은 친구가 아니라 바로 라이벌이다.

가장 거절하기 어려운 사람에게 '아니오' 라고 말하라

마음 같아서는 상대방에게 '아니오'라고 해야 하는데 그 말을 뱃속으로 꿀꺽 삼켜버리는 경험을 해보았을 것이다. 그러면 대개 집에 돌아와서 생각할수록 이게 아니었는데 하는 생각이 들면서 자신을 이렇게 자책할 것이다. '그때 그 사람의 부탁을 거절 했어야 하는 건데'라거나 '난 아무짝에도 쓸모가 없어. 진짜 속마음을 말하지 못하다니'라고 말이다. 결국에 가서는 불안하고 기가 죽어 한참을 찜찜 해할 것이다.

왜 아니라고 말을 할 수 없는 것일까? 그것은 다른 사람의 기분을 상하게 하고 싶지 않기 때문이다.

하지만 우리가 굴욕적이라고 느끼면서까지 다른 사람을 기쁘게 해봐야 그들을 우리에게 보답을 하지는 않는다. 심지어 이용하는 것이 버릇처럼 될 수도 있다. 그렇게 시간이 흐르다보면 불평불만이 마음 가득 쌓이게 될 것이다. 그것은 자신에게도 미안한 일이지만 주위의 사람도 연루시키는 것이다. 당신의 불쾌감이 그들에게 스트레스를 받게 할 것이기 때문이다. 그럼 'YES' 와 'NO' 사이의 정도는 어떻게 파악해야 할까?

실제의 삶에서는 '아니오'라고 말해야 할 상황이 아주 많다. 예를 들면 이렇다.

친구가 늦은 밤에 공항까지 데려다 달라고 부탁하는 상황을 가정해보자. 친구는 택시를 타고 공항에 갈 수도 있다. 친구를 공항까지 바래다주면 잠을 자는 시간도 늦어져 방해를 받을 것이고, 그 다음날의 업무에도 영향을 줄 것이다. 그러면 당신은 거절할 방법을 찾는 것이 좋다. 물론 때마침 그쪽으로 가는 길이라 그 친구가 가는 길에 차를 태워 달라는 것이고 몇 분만 그를 기다려주면 되는 것이라면 최대한 친구를 도와주어야 한다.

거절하는 것이 결코 직접적으로 '아니오'라고 말해야 한다는 것은 아니다. 일정한 전략을 수립하여 상대방에게 충격을 덜 주어야 한다는 말이다.

구체적인 방법에는 다음과 같은 것이 있다.

1. 유머러스하고 완곡하며 함축적으로 거절하라

일을 할 때는 원칙을 만들어야 한다. 원칙에 부합되지 않는 일은 해서는 안 된다. 어떤 사람이 당신에게 무엇을 요구하는데 그것이 원칙에 맞지 않는 것이라면 해줄 수 없다고 말해야 한다. 이것이 원칙을 고수하는 것이다. 화목함을 유지하기 위해 입장을 번복해서는 안 된다. 어떠한 관계이든 거절해야 할 때는 거절해야 한다. 하지만 동시에 말하는 방식에 있어서도 융통성을 발휘할 줄 알아야 한다. 인간관계의 유형과 특징에 맞추어야 하고, 의사소통의 내용, 장소, 시간 등이 달라짐에 따라 융통성 있는 전략을 짜야 한다.

프랭클린 루즈벨트는 대통령이 되기 전에 해군에서 중요한 직책을 맡고 있었다. 한번은 그의 친한 친구가 루즈벨트에게 해군이 가러비 해의 작은 섬에 잠수함기지를 건립하는 계획에 대해 물었다. 루즈벨트는 주위를 둘러본 다음 낮은 목소리로 물었다.

"비밀을 지킬 수 있나?"

"물론이지."

그러자 루즈벨트가 웃으며 친구에게 말했다.

"그래? 나도 그렇다네."

이렇게 프랭클린 루즈벨트는 완곡하면서도 함축적인 방법으로 거절했다. 그의 말에는 유머의 정취가 담겨있으며 루즈벨트의 세련된 솜씨를 볼 수 있다. 친구 앞에서도 기밀유지의 원칙을 지켰을 뿐만 아니라 친구를 난처하게 만들지도 않았다. 아주 훌륭한 언어로서의 교제효과를 거둔 것이다.

2. 대안을 제시하며 거절하라

하지 말아야 할 것을 대신하기 위해서는 실천 가능한 것을 제안해야 한다. 다른 사람이 부탁한 일을 자신이 도와줄 수 없을 때는 이유나 도리를 분명히 밝힌 다음, 그것을 대신하거나 보완할 다른 방법을 생각하여 도와주어야 한다.

일반적으로 사람들에게는 보상심리라는 것이 있다. 당신이 생각한 것이 비록 이상적인 방법이 아니라고 해도 당신은 이미 최선을 다한 것이다. 상대방도 그것에 만족감을 느낄 것이다.

3. 얼버무리는 방식으로 거절하라

얼버무리는 방식으로 거절하는 것은 가장 흔하고 일반적으로 사용하는 거절의 방법이다. 얼버무리는 것은 말 그대로 확실한 거절의 말을 하지 않은 상태에서 부탁하는 사람을 피하는 것이다. 얼버무리기는 일종의 예술이다. 잘만 사용하면 좋은 효과를 거둘 수 있다. 예를 들면 이런 것이 있다.

한번은 장자(莊子)가 감하후(監河候)에게 돈을 빌려달라고 부탁했다. 감하후는 장자에게 적당히 얼버무리며 말했다.

"좋소. 그런데 시간이 걸릴 것 같습니다. 내가 빌려준 돈을 돌려받으면 빌려주겠소. 다 돌려받으면 금자 300냥을 빌려주리다."

감하후의 얼버무리기 수법은 정말 고단수가 아닐 수 없다. 그는 빌려주지 않겠다고 하지도 않았지만 지금 당장 빌려준다고도 하지 않았다. 시간이 좀 지난 다음, 빌려준 돈을 돌려받았을 때 다시 빌려준다고 했다.

이 말은 몇 가지 의미를 내포하고 있다.

첫째는 '나에겐 지금 돈이 없기 때문에 당장 당신에게 돈을 빌려줄 수 없다'는 의미이다.

둘째는 '나도 부자는 아니다'는 의미이다.

셋째는 '얼마간의 시간이 흐른다 해도 확실하지는 않으니 때가 되었을 때 빌려줄지 말지를 다시 논의하자'는 의미이다.

장자는 감하후의 말을 듣고 그 뜻을 간파하였으나 탓할 수는 없는 노릇이었다. 감하후가 빌려주지 않겠다고 하지 않았고 나중에 다시 이야기하자면서 희망을 남겨놓았기 때문이다.

4. 잠시 한발 물러선 다음 핑계를 대서 거절할 기회를 노리라

직장 내의 갈등, 충돌, 고통은 대부분의 사람을 전쟁 상태에 빠뜨릴 것이

다. 큰 것을 잡기 위해 일부러 놓아주는 수법을 이용하여 공격의 칼날을 피하고 직접적인 대응을 하지 않으면 자유롭고 원만하게 갈등을 해결할 수 있다. 일단 공격의 칼날을 피하면 일이 원래 그렇게 간단한 것이었음을 알게 될 것이다.

시대의 요구를 잘 아는 사람이 영웅이 된다. 갈등의 소용돌이에 있거나 갈등의 초점에 있을 때는 잠시 한발 물러선 다음 핑계를 대서 거절할 기회를 노려야 한다.

"타인을 위하여 보증이 되는 자는 손해를 당하여도 보증이 되기를 싫어하는 자는 평안하니라"(잠언 11:15)
우선순위가 확실하면 지혜롭게 거절할 줄도 알게 됩니다. 인생의 목표를 주님 안에서 세우고 해야 할 일과 하지 않아야 될 일을 구분할 줄 아는 남자가 되십시오.
당신의 우선순위는 무엇이며 거절해야할 일은 무엇입니까?

인생의 은사를 찾아뵈어라

아름다운 교정을 떠난 지 오랜 시간이 흘렀다고해도 삶이 바쁘겠지만 어느 순간엔가 학생시절에 있었던 일들이 생각나지 않는가? 또 선생님이 말씀하셨던 말들이 기억나지 않는가?

다음에 나오는 이야기는 우리에게 다시 선생님의 존재를 떠올리게 만든다.

● "우리를 용서하십시오."

저녁 7시가 넘어서 샤바노프는 기차역을 향해 걸어갔다. 그가 무궤도전차 역 근처에 다다랐을 때 고개를 드니 자신이 다녔던 초등학교가 보였다. 그 초등학교는 거무튀튀한 4층짜리 건물이었다. 그 건물은 여전히 원래 자리에 서 있었다. 그가 어린 시절에 보았던 것처럼 오랜 전 그때 그 모습이었다.

그는 감동과 호기심으로 그 어두운 건물을 보고 있었다. 갑자기 그는 오른쪽 창문에 빨간색 등불의 빛이 비춰지는 걸 눈치 챘다. 설마 마리아 선생님이 아직도 거기에 계신단 말인가?

마리아 선생님은 그의 초등학교 시절 수학교사였다. 예전에 여기에 사셨던 것이다. 그는 일찍이 마리아가 총애하는 학생이었다. 마리아는 그가 수학분야에 재능이 뛰어났기 때문에 전도가 유망할 것이라고 확신했다.

샤바노프는 나무 그늘이 있는 길을 따라 걸어갔다. 마리아 선생님은 지금 거기에 사시는걸까? 아직 살아 계신 걸까? 지금은 어떻게 지내고 계실까? 기억 속에는 마리아 선생님과 연관된 여러 가지 일들이 있었다.

샤바노프는 조심스럽게 계단을 올랐다. 그는 문을 두드리고 싶었지만 문은 열려 있었다. 들어가서 살피니 방에는 사람이 없었다.

그의 뒤에서 누군가 말하는 사람이 있었다.

"거기 누구세요?"

샤바노프는 고개를 돌렸다. 문 입구에 키가 그리 크지않고 마른 여인이 서 있었다. 그는 즉시 그녀가 마리아 선생님이라는 것을 알아보았다.

샤바노프는 낮은 목소리로 말했다.

"선생님, 저 알아보시겠어요?"

그녀는 몇 초 동안 그를 위아래로 자세히 훑어보았다. 약간 놀란 표정으로 말했다.

"파샤 샤바노프…. 파샤! 앉아라, 여기 앉아. 탁자 앞에 앉아. 파샤! 네가 왔구나."

그들은 탁자 옆에 앉았다. 마리아 선생님은 기뻐하며 말했다.

"그래, 파샤. 먼저 네 얘기부터 들려주렴. 무슨 일을 하고 있니? 하는 일은 어때? 하지만 네 일에 관해선 나도 많은 걸 알고 있단다. 신문에서 봤거든. 네가 쓴 책을 나도 읽었어. 너 결혼은 했어?"

그녀는 허둥지둥 한꺼번에 많은 질문을 그에게 퍼부어댔다.

"나는 아주 똑똑히 기억한단다. 너희 반은 재능 있고 장난꾸러기 사내아이가 무척 많았지. 너와 베쟈 쓰네키리에프 사이의 우정이 기억나는구나."

"마리아 선생님, 선생님이 제게 대수(代數)에서 2점 주신 거 기억하세요? 5학년 때의 일 같은데."

"기억하지. 그건 네가 숙제를 해오지 않았기 때문이지. 수학과목을 넌 특히 잘했지. 하지만 넌 게을렀어."

그녀는 찻잔에 물을 따르고 차 스푼을 넣었다. 나는 묻고 싶은 것이 있었다.

"미샤 세이첼은 기억하세요?"

마리아 선생님이 천천히 말했다.

"그 아인 기자가 됐단다. 전국 각지로 출장을 가거나 해외로 파견되지. 난 항상 그 애가 쓴 기사를 읽어. 항상 보고 싶기도 하고."

"그 친구가 온 적이 있나요?"

"아니."

"베쟈가 우랄에서 공장장이 됐데요. 마리아 선생님, 선생님을 찾아온 친구가 있었나요? 저희 반 친구들을 만나신 적 있어요? 크리샤 사모이로프를 만난 적이 있어요. 그 친구는 연기자가 되었어요. 선생님이 크리사에게 재능이 있다고 말씀하신 거 기억하세요?"

"파샤아, 난 영화에서 그 아이를 봤을 뿐이야."

"설마 그 친구도 오지 않았나요?"

"그래, 온 적이 없단다."

"마리아 선생님, 전 정말 궁금해요. 선생님에게 편지를 보내온 사람이 있나요?"

그녀가 말했다.

"파샤, 편지를 보내온 사람은 없어. 크랭 시빌차이프가 항상 여기로 오지. 그 아인 불행하지. 항상 온단다."
스승과 제자는 침묵을 지키며 아무 말도 하지 않았다. 샤바노프는 몹시 부자연스러웠다.

침묵 속에서 그는 마리아 선생님이 책꽂이를 보는 모습을 보았다. 그도 선생님을 따라 책꽂이를 보았다. 첫 번째 책꽂이에 자신이 쓴 비행기제조 분야의 책이 보였다.
"마리아 선생님, 제가 책에 사인을 해도 될까요?"
샤바노프는 책에 무슨 말을 써넣었는지 기억나지 않았지만, 선생님과 어떻게 헤어졌는지는 똑똑히 기억했다. 마리아 선생님은 집 밖으로 나와 그를 배웅했다. 그는 침묵을 지켰고 선생님도 잠시 말이 없었다. 잠시 후, 갑자기 선생님이 물었다.
"파샤, 네가 쓴 저작물에서 나의 노고가 약간이라도 들어 있니?"
그는 우물쭈물 말했다.
"마리아 선생님, 무슨 말씀을 하신 거예요? 선생님이 아니었다면……."
그녀는 직접 그의 눈을 보며 말했다.
"넌 내가 기뻐하지 않는다고 생각하니? 아니다. 너처럼 귀한 손님이 나한테 와주었으니 나는 내일 학생들에게 말할 거란다. 가봐라, 파샤. 네가 더 많은 성공을 거두길 기도할게. 행복해라……."

그들은 그렇게 헤어졌다. 그는 빠르게 공원의 길을 걸어갔다. 뒤를 돌아보니 마리아 선생님은 아직 계단에 서 계셨다.
모스크바로 돌아오는 길에 샤바노프는 아무래도 평정을 되찾을 수 없었다. 마음에 수치심이 불길처럼 타올랐다.

기차가 큰 역에 멈추었을 때 샤바노프는 무거운 마음으로 객차에서 내렸다. 학교주소로 마리아 선생님에게 전보를 쳤다. 전보에는 몇 글자가 적혀 있었다.

"우리를 용서하십시오."

뉴욕의 어느 자동차에서 "이 문장을 읽을 수 있다면 당신의 초등학교 선생님에게 감사하시오"라는 문구를 발견한 적이 있다. 그 말은 자동차 바퀴보다도 더 빠른 속도로 사람들을 감동시키는 말이었다. 스승을 존경하고 가르침을 중요하게 생각하는 것은 인류의 전통적인 미덕이다. 교사가 학생에게 미치는 영향은 부모가 자식에게 미치는 영향의 다음이다. 제자는 지위가 아무리 높고 재산이 얼마나 많든 선생님의 가르침과 은혜를 잊어서는 안 된다. 선생님의 은혜에 감사할 줄 모르는 사람이 정과 의리를 중요하게 여길 리 만무하다.

초등학교부터 모든 학업을 마칠 때까지 우리는 십 몇 명에서 심지어 수십 명의 선생님을 만나게 된다. 그들 가운데 어떤 선생님은 당신에게 간곡한 교훈을 주셨고, 어떤 선생님은 당신을 조카처럼 여겼을 것이다. 또 어떤 분은 사상이나 기술을 전수해주기도 했을 것이다. 그들에 대해 당신도 자녀가 부모를 대하듯 해야 하며 평생 존경심을 더해가야 할 것이다.

그들 가운데는 심지어 당신을 가르치는 커리큘럼에 참여하지 않았던 사람도 있다. 하지만 어떤 특수한 경우, 그들의 연설이나 몇 마디 선의의 비평은 학업이나 인생에 도움을 주었을 것이다. 그래서 우리는 그들에게 감사해야 한다. 몇 년이 지난 뒤의 어느 날 우연히 그분과 만난다면 그에게 다가가 감사를 표시하라.

"잘 다스리는 장로들을 배나 존경할 자로 알되 말씀과 가르침에 수고하는 이들을 더할 것이니라"(디모데전서 5:17)
신앙의 가르침으로 하나님의 백성이 되도록 도운 당신의 스승에게 감사의 마음을 전하십시오.
당신의 신앙은 누구를 통해 전수되었습니까?

다윗의 진실된 친구 요나단

1. 덕망과 지도자적 자질을 갖춘 요나단

덕망을 갖춘 사람을 사람들은 친구로 삼고 싶어 합니다. 그런 면에서 요나단이야말로 친구가 되고 싶은 1순위의 남자일 것입니다. 요나단은 이천 명의 군사를 지휘하여 블레셋의 수비대를 격파할 정도로 군사적 지략이 뛰어난 사람이며(삼상 13:2), 사울이 블레셋과의 전쟁에서 뒤로 물러나 있을 때 구원은 하나님께 있음을 믿고 블레셋에 대항할 만큼 굳건한 믿음과 용기를 지닌 사람입니다(삼상 14:1~15). 또한 사울왕의 금식령을 어겨 죽게 되었을 때 백성들의 변호로 생명을 구하게 될 만큼 덕망과 지도자적 자질을 갖춘 남성입니다.

2. 정의로운 요나단

다윗에 대한 시기와 질투에 눈이 먼 사울이 정당한 이유도 없이 다윗을 죽이려 할 때 부자지간의 정에 얽매이지 않고 사울의 잘못을 지적하고 다윗의 목숨에 대해 항변할 정도록 정의로운 남성입니다(삼상 19:1~7). 사나이 중의 사나이 요나단은 탁월한 인간관계의 중심에 서있는 인물입니다.

3. 자기 목숨보다 친구를 사랑한 요나단

자기의 생명 같이 친구 다윗을 사랑하고 그를 지키고자 끊임없이 애썼으며 사울 앞에서 생명을 다해 변호하였습니다. 또한 다윗이 도망 다닐 때 그를 위로하며 격려해 주었던 것으로 보아 긍휼과 자비를 아는 남성임에 틀림이 없습니다(삼상 20:1~42, 23:15~18).

4. 하나님의 섭리에 순종한 요나단

왕자인 자신이 왕이 되지 못하고 다윗이 왕이 된다는 사실을 알고서도 아버지 사울처럼 시기하거나 질투하지 않고, 다윗을 왕으로 세우시는 하나님의 섭리에 순종하였던 겸손하고 순종적인 남성입니다(삼상 20:13~17).

요나단 따라잡기

인간관계를 억지로 관리하려면 그 관계는 부실하여 언젠가는 끝이 나게 됩니다. 그러나 먼저 요나단과 같은 자질을 갖춘다면, 당신은 천하를 얻을 만큼의 좋은 사람들을 많이 만날 수 있을 것입니다.

1. 아래 원은 인간관계를 나타내는 그림입니다. 각 문항에 해당하는 친구 혹은 아는 사람은 몇 명인지 적어보십시오.

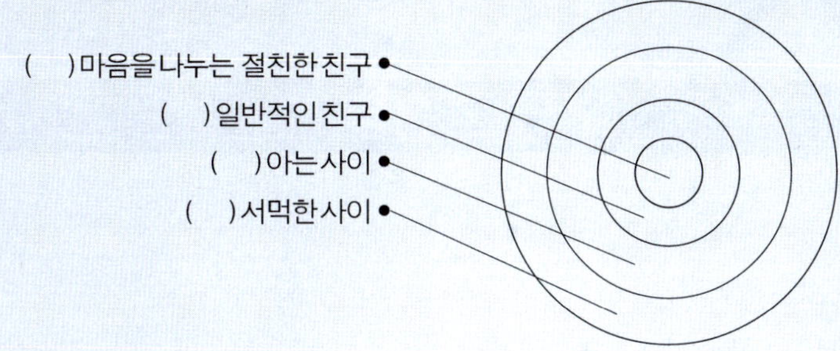

2. 좋은 사람들을 많이 사귀기 위해 당신이 갖추어야 할 덕목은 무엇일까요?

- ____
- ____
- ____

3. 당신의 부족한 부분을 보완하기 위해 오늘부터 실천해야 할 사항은 무엇일까요? (예, 부족한 유머를 위해 매일 유머집 한 권씩을 읽는다 등)

- ____
- ____
- ____

3부

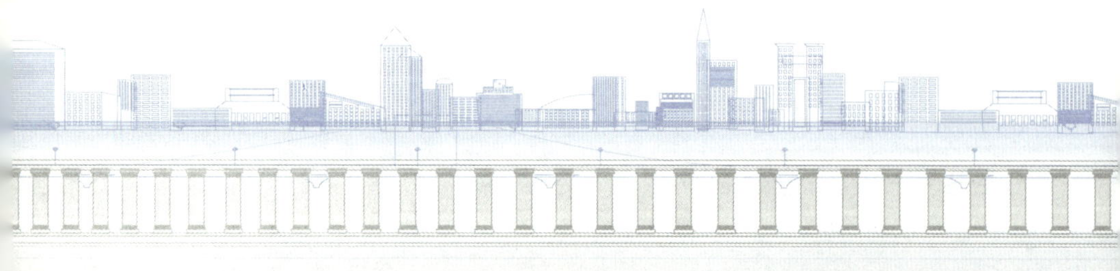

자신의 감정을
경영하라

남자는 겉으로 강하고 차갑게 보이지만,
속마음에서 오히려 뜨거운 정이 용솟음치고 있다.
남자는 의협심이 있으면서도 사랑이 있고, 힘이 있으면서도 부드럽다.
세월이 화살처럼 흘러 순식간에 인생의 35번째 해가 되어
과거를 돌이켜보았다고 생각해보자.
열렬히 사랑해보았는가?
사랑하는 여인에게 꽃을 보낸 적이 있는가?
아이를 하루 종일 잘 보살핀 적이 있는가?
당신은 슬프게 울어본 적이 있는가?
만약 지금까지 물어본 질문의 대답이 모두 '아니오'라면
이런 일들을 앞으로의 인생계획에 편입시키는 것이 좋다.

사랑을 믿고
열렬히 사랑해보라

사랑이 오면 어떻게 될까?

고요함은 장미의 꽃봉오리와 같다.

속삭임은 희박한 공기에 대고 말한다.

발걸음은 너무나 가볍다.

그녀가 이미 왔는지 모른다.

사랑이 왔을 때는 열렬하게 사랑하자.

상처를 받을지도 모르지만 그것은 인생이 성숙해지는 방법이다.

● **" 곱사등이는 제게 주세요. "**

모세 멘델스존은 독일의 유명한 작곡가인 멘델스존의 할아버지이다. 그의 외모는 극히 평범했다. 키도 작았을 뿐만 아니라 곱사등이였다. 그는 아름다운 포시를 만나자마자 즉시 어찌 할 수 없는 사랑에 빠졌다.

하지만 포시는 언제나 정면으로 그를 보는 것조차 거절했다. 이별할 때 모세는 용기를 내어 부끄럽게 그녀에게 말했다.

"인연은 하늘이 맺어준다는 걸 믿나요?"

포시는 바닥을 주시하며 말했다.

"믿어요."

그런 다음 모세에게 되물었다.

"당신은요?"

모세는 대답했다.

"태어나기 전에 하나님이 남자에게 미래에 어떤 여자와 결혼해야 하는지 알려주신다는 거 알고 계세요? 내가 태어날 때 하나님은 내 신부가 곱사등이라고 알려주었어요. 저는 하나님께 간청했지요. '하나님, 제발 곱사등이는 제게 주시고 아름다운 얼굴을 제 신부에게 주십시오.' 라고 말이에요."

포시는 그 말을 듣고 깊이 감동하여 모세에게 손을 내밀었다. 나중에 포시는 모세의 가장 사랑하는 아내가 되었다.

사랑을 믿는가? 사랑해본 적은 있는가? 사랑의 신 큐피트가 쏜 화살이 마음에 꽂혔다면 장미꽃 향기를 맡을 수 있는가? 사랑은 장미처럼 아름다움이 철철 넘친다. 참지 못하고 손을 내밀어 꺾으려 할 때는 장미의 가시가 두 손을 찔러 상처를 낼 것이고 피처럼 붉은 장미는 마음을 고통스럽게 할 것이다. 고통 없이 어떻게 사랑의 달콤함을 알 수 있겠는가? 고통 없이 어떻게 사랑의 쓴맛을 알 수 있겠는가? 진정한 사랑을 해보지 못한 사람은 마음이 공허한 사람이다. 그런 사람의 사상에는 생동감이 풍부하지 않다. 그런 사람의 인생에는 다채로움이 없다.

35세 이전의 남자라면 사랑이 왔을 때 불꽃같은 사랑을 해보라. 아마도 당신은 상처를 받을 것이다. 열렬한 사랑은 말이 없는 결말이 될 것이고 평범함으로 돌아갈 것이지만, 모험이 진정한 사랑을 성취했다면 영혼은 진정한 행복을 얻을 것이다. 그것은 어떠한 위험을 무릅쓰더라도 가치가 있는 것이다.

행복을 위해 한번 모험을 해보는 것이 어떠한가?

"사랑 안에 두려움이 없고 온전한 사랑이 두려움을 내어 쫓나니 두려움에는 형벌이 있음이라 두려워하는 자는 사랑 안에서 온전히 이루지 못하였느니라"(요한1서 4:18)
사랑의 힘은 두려움도 물리치고 고난도 뛰어넘습니다. 그 힘의 근원이 하나님으로부터 시작된다면 더 큰 힘을 발휘할 수 있습니다. 당신은 어떤 기준에 맞추어 사랑을 하십니까?

사랑하는 사람에게
러브레터를 써라

따이왕수(戴望舒, 1905.3.5 - 1950.2.28)의 〈비의 골목(雨巷)〉이라는 시가 있다. 그 시는 몽롱한 사랑에 대한 우울한 시적 정취를 지니고 있다.

기름종이 우산을 받쳐 들고 홀로 외로이/ 길고긴 시간을 한참을 방황하고 있다/ 적막한 비의 골목/ 나는 만나고 싶다/ 정향화(丁香花)와 같이 근심과 분노를 이어주는 아가씨를/ 그녀에게는/ 정향화와 같은 색깔이 있고/ 정향화와 같은 향기가 있으며/ 정향화와 같은 근심이 있다/ 빗속에서 슬픈 원망이 있다/ 슬픈 원망은 다시 방황한다.

그녀는 적막한 비의 골목을 방황하고 있다/ 기름종이 우산을 받쳐 들고/ 나처럼/ 나처럼/ 묵묵히 가고 있다/ 냉담하고 처량하며 또 낙심한 표정으로

그녀는 묵묵히 다가간다/ 다가갔다가 다시 뛰쳐나온다/ 한숨과 같은 눈빛/ 그녀는 흩날렸다/ 마치 꿈처럼/ 마치 꿈처럼 쓸쓸하고 멍하다/ 꿈에

서처럼 흩날린 적이 있다/ 정향나무의 나뭇가지처럼/ 내 곁에는 이 여인이 흩날리고 있다/ 그녀는 조용히 멀어져 간다. 아주 멀리/ 허물어진 울타리에 다다르면/ 비의 골목으로 들어간다/ 비는 구슬픈 노래에서/ 그녀의 색깔을 없애고/ 그녀의 향기를 없앴다/ 흩어졌다. 심지어 그녀의/ 한숨과도 같은 눈빛도/ 정향화와 같은 근심도

기름종이 우산을 받쳐 들고 홀로 외로이/ 길고 긴 시간을 방황하고 있다/ 다시 적막한 비의 골목/ 나는 흩날리고 싶다/ 정향화(丁香花)와 같이/ 근심과 분노를 이어주는 아가씨를

젊었을 때 정향화(丁香花) 같은 여자를 만났다. 불꽃같은 사랑의 폭풍을 만났다. 함께 사랑했고 울고 웃었다. 모든 것이 시간으로 점점 잊혀졌다. 주의하지 않았던 어떤 순간에 최초의 떨림이 생각나는가? 아직 보내지 않고 오랫동안 간직하고 있는 러브레터가 있는가? 혹은 수많은 우여곡절을 겪은 끝에 연인은 가족이 되었을 수도 있다. 하지만 뜨겁게 사랑한 그때의 감정은 세월이 지남에 따라 옅어질 것이다. 때로 사랑의 허무함을 의심하게 되는 것도 피할 수 없는 일이다. 이때 무의식적으로 옛날의 러브레터를 읽어보면 만감이 교차하는 느낌이 들면서 심장이 뛸 것이다. 그때의 언약은 영원히 소중히 여길 가치가 있다.

그래서 35세 이전의 남자는 정향화와도 같은 여자를 만났을 때 심장의 박동을 장미처럼 아름다운 언어로 바꾸어야 한다. 러브레터를 써라. 결혼의 전당으로 곧 걸어 들어갈 남자는 정성껏 러브레터를 써야 한다. 뜨겁게 타오르는

사랑과 평생의 언약을 표현해야 한다. 그 다음 성혼선언문 사이에 끼워두라. 성혼선언문은 여러분을 소중히 보관할 것이다. 하지만 자주 열어보진 않을 것이다. '결혼생활'이라고 불리는 배가 모진 풍파를 만났다면, 이 신성한 선언문과 러브레터를 펼쳐 읽어보라. 격정의 세월이 마치 어제와 같을 것이다.

● '마르크스와 예니'의 러브레터

나의 사랑하는 이에게:

나는 또 당신에게 편지를 쓰오. 외롭기 때문이라오. 괴로움을 느끼기 때문이기도 하오. 나는 항상 마음속으로 당신과 이야기를 나누고 있소. 하지만 당신은 전혀 그것을 모를 거요. 들을 수 없으니 나에게 대답할 수 없소. 당신이 오지 않았다 하더라도 내가 갖고 있는 사진이 나에겐 극히 유용하오. 당신이 정말 내 앞에 있는 것 같소. 나는 진심으로 당신을 사랑하오. 머리부터 발끝까지 당신에게 키스하고 당신 앞에서 무릎을 꿇고 탄식하며 '부인, 사랑하오'라고 말하고 싶소.

잠깐의 이별은 유익한 것이오. 왜냐하면 자주 접촉하면 단조로워질 것이고 나아가 사물 사이의 구별이 없어질 것이기 때문이오. 심지어 보물의 탑 근처는 그렇게 높아 보이지 않을 것이오. 일상생활의 잡다한 일에 너무 가깝게 접촉하면 지나치게 팽창할 것이오. 열정도 그렇소. 일상의 습관은 가까움 때문에 한 사람을 완전히 끌어들일 수 있고 그것은 열정으로 나타나는 것이오. 그것의 직접적인 대상이 시야에서 사라져야 비로소 그것도 더 이상 존재하지 않게 되니까 말이오. 깊은 열정과 그 대상의 가까움은 일상의 습관으로 나타날 것이오. 하지만 이별의 마술과도 같은 영향력 아래에서는 커지거나 다시 고유의 힘을 갖게 될 것이오. 나의 사랑이 바로 그렇소. 당신에 대한 사랑은 당신이 내 곁에서 멀리 떨어져 있을 때 비로소 그것의 진면목을 나타낸다오. 거인과도 같은 면모를 말이오. 이 사랑에 나의 모든 정력과 감정을 집중했소. 나는 이번에 또 내 스스로가 진정한 사람이라고 느끼게 되었소. 왜냐하면 이처럼 강렬한 열정을 느꼈으니 말이오. 당신은 미소 지을 것이오, 내 사랑. 당신은 물어보겠지. 왜 내가 갑자기 이렇게 끊임없이 말을 하는지 말이오. 하지만 나는 당신의 그 따스하고 순결한 마음을 내 마음에 단단히 붙일 수 있다면 아무 말도 하지 않을 것이오. 한 마디도 하지 않을 것이오. 나는 입술로 당신에게 키스할 수 없소. 그저 문자의 도움을 빌어 문자로 키스를 전달할 뿐….

솔직히 세상에는 많은 여성이 있소. 게다가 무척 아름다운 여성도 많지. 하지만 어디에서 내 인생에서 가장 강렬하고 아름다운 추억을 떠올릴 수 있는 그런 모습을 찾을 수 있겠소?

잘 있으시오. 나의 사랑. 수천수만 번 당신과 아이들에게 키스를 보내며.

(지은이주 : 칼 마르크스와 옌니의 사랑은 이미 사람들로부터 회자되어 오고 있다. 『자본론』을 썼으며 무산계급 혁명사업에 평생을 바친 위인도 이렇게 열렬하고 섬세한 러브레터를 썼던 것이다. 항상 여러 곳을 돌아다녔기 때문에 아내 곁에 있어주지 못한 마르크스는 아무리 바빠도 펜을 들어 옌니에게 자신의 사랑을 표현했다. 이 러브레터는 마르크스가 영국 맨체스터에서 엥겔스와 함께 일할 때 옌니에게 보낸 것이다.)

사랑하는 여인에게
꽃을 보내라

여인은 꽃과 같다. 사랑은 꽃과 같다. 꽃과 같은 여인과 꽃과 같은 사랑에게는 남자의 정성과 보호가 필요하다. 꽃이 해설자라면 여인의 무한한 염원을 알아야 한다. 그래서 사랑하는 사람에게 꽃을 보내는 것을 잊으면 안 된다. 꽃은 넘치는 사랑을 상징한다. 꽃은 당신의 사랑을 오랫동안 향기롭게 할 것이다. 꽃은 평범한 삶에 무궁한 시적 정취를 보태 줄 것이다.

〈꽃송이의 의미〉

1송이 : 첫눈에 반했어요, 당신은 나의 유일한 존재, 유일한 사랑, 마음에 당신밖에 없어요

2송이 : 당신 속에 내가 있다, 내 속에 당신이 있다, 마음과 마음이 통한다, 세상에는 너와 나 단 둘이다

3송이 : 사랑해, 영원히 변치 말자, 달콤한 사랑을 마음속에

4송이 : 맹세, 언약

5송이 : 원망도 후회도 없다

6송이 : 순조롭고 뜻대로 된다, 모든 것이 행복하길 바랍니다

7송이 : 구혼, 축복, 무궁한 축복

8송이 : 미안해, 용서해줘

9송이 : 영원함, 서로 오래도록 사랑함, 견고한 사랑

10송이 : 완벽함, 완벽한 당신, 완벽한 사랑

11송이 : 너를 제일 사랑해, 일편단심, 너만을 제일 사랑할 거야

12송이 : 비익조가 날다, 구혼, 원만한 결합, 마음과 마음이 통하다

13송이 : 몰래 사랑하는 사람

17송이 : 좋은 만남과 좋은 헤어짐, 우리의 사랑을 여기에서 끝내자

20송이 : 두 사람이 모두 서로 즐겁길 원해, 영원히 당신을 사랑해

21송이 : 내 최고의 사랑

22송이 : 두 사람이 모두 서로 즐겁길 원해

24송이 : 24시간 언제나 그리워

30송이 : 말이 필요 없는 사랑

33송이 : 사랑해, 매우 사랑해

36송이 : 나는 네 거야, 낭만적인 마음은 모두 너 때문이야

44송이 : 죽을 때까지 변하지 않아, 변치 않는 맹세, 만고불변의 맹세

50송이 : 후회 없는 사랑

55송이 : 원망과 후회는 없어

56송이 : 나의 사랑

57송이 : 나의 사랑, 나의 아내

66송이 : 순조로움, 모든 일이 잘됨

77송이 : 재회의 기쁨, 구혼, 연인의 만남, 만남에 인연이 있다

80송이 : 보상

88송이 : 죄송함의 보상, 모든 실수를 만회하려는 마음

99송이 : 오래도록 서로 의지함, 영원함, 영원한 사랑, 영원히 서로 사랑함

100송이 : 백년해로, 1만 년 동안 너를 사랑할게, 100% 사랑

101송이 : 너는 내 유일한 사랑

108송이 : 구혼, 나한테 시집와, 끝이 없는 사랑

111송이 : 끝이 없는 사랑

123송이 : 자유연애

144송이 : 날마다 널 사랑해, 살아서도 죽어서도 너를 사랑해

365송이 : 매일 널 보고 싶어, 매일 너를 사랑해

999송이 : 영원함, 사랑은 끝이 없어, 영원히 서로 의지하며 살자, 죽어도 변하지 않아, 끝이 없는 사랑

사랑의 시련을
경험해보라

사랑은 영원히 아름다운 모습이 아니다. 마음 내키는 대로 영원을 말하는 것도 아니다. 진정한 사랑은 비 온 뒤의 무지개이다. 고통의 시련을 경험한 뒤, 눈물을 머금은 꽃의 웃는 얼굴이다. 당신은 사랑에 빠졌는가? 당신은 진정한 사랑의 시련을 겪었는가?

● "왜 제 곁에 다가오시는 거죠?"

뉴욕 중앙기차역 안내데스크의 시계가 사람들에게 현재 시각이 5시 54분임을 알려주고 있다. 키가 큰 젊은 중위가 햇볕에 검게 그을린 얼굴을 위로 향해 들었다. 그의 가늘게 뜬 눈이 시계를 주시하고 있었다. 그의 마음은 극렬하게 뛰고 있었다. 6분이 더 지나면 그는 13개월 동안 그의 삶에서 특별한 자리를 차지한 그 여인을 만날 수 있을 것이다. 그는 그녀를 한 번도 본 적이 없었다. 하지만 그녀가 그에게 쓴 글은 그에게 무궁무진한 힘을 주었다.

더욱이 전투가 가장 치열했던 그날 그녀의 편지는 그에게 용기와 격려를 불어넣어 주었다.

"당연히 두려울 거예요…. 용감한 사람도 두려워하니까요. 다음번에 중위님께서 자신에게 의구심이 들면 저는 이렇게 요구할 거예요. 내가 당신에게 낭송하는 목소리를 듣고 있으라고 말이에요.”

“맞아요. 죽음의 그림자가 드리운 골짜기를 걸어도 저는 조금도 재난을 두려워하지 않을 거예요, 당신이 나와 함께 있으니까요.”

그는 그런 말들이 자신에게 새로운 힘을 주었다는 것을 분명히 기억하고 있다.

지금 그는 그녀의 진짜 목소리를 들으려고 한다. 다시 4분이 더 흐르면 6시이다. 젊은 아가씨가 그의 옆을 스치고 지나갔다. 브랜포드 중위의 가슴이 뛰었다. 그녀는 꽃 한 송이를 달고 있었다. 하지만 그것은 그들이 약속한 붉은 장미가 아니었다. 게다가 그녀는 자신이 늙었다고 말했었다. 그는 훈련소에서 읽은 『인류의 속박』이라는 책을 떠올렸다. 그 책은 온통 그 여성의 필적으로 가득했다. 그는 줄곧 믿기지 않았다. 여성이 그렇게 남자의 마음을 부드럽고 섬세하게 파악할 수 있다는 사실을. 그녀의 이름은 장서에 새겨져 있었다.

‘해리스 메닐’

그는 뉴욕 시의 전화번호부를 한 부 구해 그녀의 주소를 찾아냈다. 그는 그녀에게 편지를 보냈다. 그녀가 답장을 보내왔다. 이틀날 그는 배를 타고 출국했다. 하지만 그 후로도 그들은 편지를 주고받았다.

13개월 동안 그녀는 충실하게 그에게 답장을 보냈다. 그의 편지를 받지 않아도 그녀는 편지를 썼다. 그는 지금 이 순간 자신이 그녀를 사랑하고 그녀도 자신을 사랑한다고 자신하고 있다.

하지만 그녀는 그가 사진을 보내달라고 한 요구를 거절했다. 그녀는 이렇게 해명했다.

“당신의 나에 대한 감정이 진실이라면 내 용모가 중요하진 않을 거예요. … 당신은 외로워서 나에게 계속 편지를 보내는 거죠. 별다른 선택의 여지가 없으니까요. 그러지 마세요. 저에게 사진을 보내라고 하지 말아 주세요. 당신이 뉴욕에 오면 저를 만날 수 있을 거예요. 그 때 다시 결정하세요.”

1분이 지나면 곧 6시였다. 담배를 깊게 한 모금 빤 브랜포드 중위의 마음은 더욱 긴장되었다.

그때 한 젊은 여성이 그를 보며 걸어왔다. 그녀는 키가 컸고 늘씬했다. 머리카락은 옅은 금발이었는데 물결처럼 찰랑거리며 귀를 덮고 있었다. 눈은 하늘처럼 파란색이었고 입술과 뺨에서는 따스함과 차분함이 느껴졌다. 그녀는 초록색 옷을 입고 봄처럼 활달한 모습으로 가볍게 인파를 뚫고 왔다.

그는 앞으로 걸어 나갔다. 그녀가 장미를 가지고 있지 않은 것에 주의를 기울이지 못했다. 그가 걸어오는 모습을 보자 그녀의 입술에는 장난기어린 미소가 떠올랐다.

“군인아저씨, 왜 제 곁에 다가오시는 거죠?”

그녀가 우물쭈물 말했다.

그가 그녀에게 한 걸음 더 다가가자 해리스 메닐이 보였다.

그녀는 바로 그 아가씨의 뒤에서 있었다. 그녀는 이미 50이 되어 보이는 여사였다. 그녀의 이끗하숫한 머리카락은 낡고 허름한 모자 아래로 말려 들어가 있었다. 그녀의 몸은 지나치게 풍만했고 터질듯한 두 발로 굽이 낮은 신발을 신고 있었다.

하지만 그녀는 붉은 장미를 갖고 있었다.

초록색 옷을 입은 여자는 빠른 걸음으로 그를 지나갔다.

브랜포드 중위는 마치 마음이 찢어지는 듯한 느낌이 들었다. 그는 그 아가씨를 쫓아가고 싶다는 욕망이 너무나 강렬했다. 하지만 정신적으로 자신과 함께하고 격려해주었던 여자에 대한 그의 기대 또한 얼마나 깊었던가! 그녀는 그곳에 서 있었다. 그는 그녀의 창백하고 통통한 얼굴이 부드럽고 현숙해 보인다고 느꼈다. 그녀의 회색 눈에는 온화한 빛이 반짝거리고 있었다.

브랜포드 중위는 주저하지 않고 그 자리에서 결심했다. 그는 그녀가 쓴 『인류의 속박』을 꼭 쥐었다. 그것이 사랑이 아니었다 하더라도, 하지만 소중한 것이었다. 그는 감격했고 게다가 영원히 간직할 우정이 될 것이었다.

그는 어깨를 활짝 펴고 인사를 했다. 책을 그녀 앞에 내밀었다. 하지만 그는 실망감을 감출 수 없었다.

"저는 존 브랜포드 중위입니다. 당신이 해리스 메닐이시죠. 당신을 만나 뵙게 되어 기쁩니다. 제가 저녁식사를 대접해도 될까요?"

그녀가 입을 벌리며 웃었다.

"저는 무엇이 어떻게 된 영문인지 잘 모르겠네요. 젊은 양반."

그녀가 계속해서 말했다.

"초록색 옷을 입은 저 젊은 아가씨가 나에게 이 장미를 옷에 달라고 했어요. 그리고 당신이 나와 함께 어디를 가자고 하면 말해주라고 하더군요. 저쪽 레스토랑에서 당신을 기다릴 거라고 말이에요, 그 아가씨는 이건 시험이라고 말했어요."

이 이야기를 읽고 어떤 느낌을 받았는가? 사랑의 엄격한 시험대 위에서 당신은 존 브랜포드 중위처럼 진정한 사랑을 추구할 수 있는가?

비가 많이 내리는 곳에서 꽃을 들고 사랑하는 여인의 집 문앞에서 기다릴 수 있는가? 수천수만의 인파로 붐비는 해안가 모래사장에서 사랑하는 여인의 수영복 색깔을 구분할 수 있는가? 여러 사람이 보는 앞에서 사랑하는 사람을 위해 양말을 빨아줄 수 있는가? 크나큰 어려움이 닥쳤을 때 사랑하는 사람의 손을 꼭 잡아줄 수 있는가? 많은 사랑이 무지개만 있고 비바람이 없다. 많은 인생이 즐거움만 있고 고통이 없다. 사랑할 때 사람들은 '당신은 나의 영원함이야'라고 말할 수 있다. 하지만 위기가 닥쳤을 때, 누가 상대방의 손을 잡아 줄 수 있고 예전의 사랑을 이끌어줄 수 있을까?

사랑은 영원히 아름다운 모습이 아니다. 마음 내키는 대로 영원을 말하는 것도 아니다. 진정한 사랑은 비 온 뒤의 무지개이다. 고통의 시련을 경험한 뒤, 눈물을 머금은 꽃의 웃는 얼굴이다.

당신은 사랑에 빠졌는가? 허영심이 당신의 사랑에 도전해올 때 당신은 영원히 진정한 사랑을 지키는 남자로 남을 수 있는가?

"너는 그 선지자나 꿈 꾸는 자의 말을 청종하지 말라 이는 너희 하나님 여호와께서 너희가 마음을 다하고 성품을 다하여 너희 하나님 여호와를 사랑하는 여부를 알려하사 너희를 시험하심이니라"(신명기 13:3)
하나님을 향한 사랑에도 시련이 있습니다. 그러나 그것은 사랑을 확인하기 위함일 뿐 우리를 무너뜨리려는 것이 아닙니다. 하나님의 참사랑은 결코 변함이 없으십니다.
당신은 하나님의 사랑의 힘으로 시련을 극복하십니까?

사랑하는 여인과 결혼하라

35세 이전에 성공하고 싶다면 감정적인 삶의 측면에서 평화와 안정이 필요하다. 사업이 고조기에 들어섰을 때 개인의 생활이 불쾌하면 감정의 위기에 빠져들어 커다란 장애를 가져올 수 있다. 심지어 점점 다른 사물에 대한 흥미도 잃게 될 것이다. 통계에 따르면 35세 이전에 이미 개인 생활이 안정기에 접어든 사람은 생활이 불안정한 사람에 비해 성공의 기회를 잡을 확률이 더 높은 것으로 나타났다. 그래서 결과가 없는 사랑을 끝내고 싶거나 여자친구와 결혼하고 싶다면 서둘러 행동을 취해야 한다. 문제를 35세 이후로 미루지 않으려면 더더욱 그렇다. 35세 이후에는 사업에 대한 투자에 더 관심을 기울이고 이윤을 얻기 시작해야 한다.

● 14인치 텔레비전의 추억

그때 그들은 젊었고 가난했다. 변두리의 집에서 간단한 생활필수품 외에 유일한 사치품은 작은 방 사이에 놓인 14인치 텔레비전이었을 것이다. 가난했지만 그때는 여유롭게 살았다. 모든 소지식인처럼 말이다. 그들은 서로 이해했고 존중했으며 사랑했다. 남편은 운동경기를 좋아했고 아내는 연속극을 좋아했다. 아내가 텔레비전을 볼 때 남편은 아무 일도 없다는 듯이 한쪽에서 책을 읽었다. 남편이 텔레비전을 볼 때는 반대로 아내가 그렇게 했다.

어느 해 봄의 저녁이었다. 이런 조용한 삶에 심각한 타격이 가해졌다. 집에 중대한 사건이 터진 것이었다. 텔레비전이 망가져버렸다. 화면은 희미했고 보였다가 보이지 않았다가를 반복했다. 소리도 지지직거렸다. 더 심각한 것은 그때가 바로 중요한 축구시합이 중계 방송되는 시간이라는 것이었다. 낭패가 아닐 수 없었다. 평소에 차분하고 온화했던 남편이 불같이 화를 냈다. 남편은 죽어라 텔레비전을 두들겼다. 조용한 성격의 아내도 책을 놓고 서둘러 안테나를 이리저리 움직여보았다. 하지만 아무 소용이 없었다.

"됐다!"

아내의 기뻐하는 소리가 들렸다. 화면이 다시 또렷해졌고 소리도 좋아졌다.

"역시 당신은 대단해."

남편이 다시 앉았다. 아내도 계속 책을 읽으려고 했다. 하지만 아내가 안테나에서 멀어지자마자 화면은 원래 상태로 돌아갔다. 그녀가 원래 자리로 돌아가자 화면이 또렷해졌다.

"이번에는 정말 잘 나오네."

화면이 안정적으로 나오자 남편은 신이 나서 계속 텔레비전을 시청했다. 운동 텔레비전을 보는 데반 정신이 팔려 남편은 아내가 그 자리에 계속 서 있는 것을 보지 못했다.

"정말 훌륭했어."

경기가 끝나자 남편이 찬사를 내뱉었다. 고개를 들어 아내를 부르려고 했다. 그때 아내는 여전히 텔레비전 옆에서 안테나를 받치고 있었다. 아내는 꾸벅꾸벅 졸고 있었다. 남편이 아내를 불러 깨웠다. 아내의 손이 느슨해지자 안테나가 쓰러졌다.

'지지직, 지지직….'

텔레비전의 화면이 다시 희미해졌다.

여러 해가 지난 뒤 그들은 시내로 집을 옮기게 되었다. 방이 세 개이고 거실이 넓은 아파트였다. 그들은 수입 '홈시어터'를 장만하여 집에 설치하였다. 하지만 가난했을 때 보던 텔레비전도 아까워 버리지 않았다. 안테나를 잡고 있었던 손도 남편은 놓지 않았다.

이렇게 서로 사랑할 수 있는 상대를 원하는가? 마음을 함께하여 동고동락할 수 있는 여성과 결혼식장으로 걸어 들어가고 싶은가?

여성은 천사와 같다. 그녀가 당신을 사랑하면 당신을 위해 모든 것을 바칠 것이며, 당신에게 최대의 행복을 선사할 것이다.

충실하고 변함이 없으며, 부지런하고 근검절약하며, 활달하고 귀여운 여성은 행복하고 원만한 가정 생활을 꾸려나갈 수 있다. 성공한 남자의 뒤에는 항상 위대한 여성이 있었다. 성공한 남자 뒤에는 위대한 아내나 어머니가 있었다는 말이다. 전도가 유망한 젊은이는 많지만 원만하지 못한 사랑을 하거나 결혼을 하여 결국에는 평범해지고 심지어 비극으로 끝나는 경우도 많다.

용모가 아름다운 여성의 유혹에 쉽게 넘어가서는 안 된다. 얼굴만 예쁜 여성은 대개 따라다니는 남자들로부터 버릇이 나빠진 경우가 많다. 너무 많은 칭찬과 허영을 경험하였기 때문에 순수한 마음들을 찾아보기 힘들 때가 있다. 그래서 그녀들과 함께할 때는 항상 스스로에게 물어봐야 한다.

'지금 그녀가 아직도 나를 사랑할까?'

당신에게 어떠한 권한이나 권리가 있든, 돈이 얼마나 많든, 여성을 억지로 자신의 곁에 머물게 해서는 안 된다. 잠깐 동안 여성의 몸을 굴복시킬 수는 있을지 모르지만 그때부터 당신은 영원히 용서받을 수 없다. 이런 결과는 두 사람에게 모두 비극이다.

당신과 상대 여성이 정말 헤어질 수 없는 경우를 제외하고 다른 사람의 사랑을 빼앗아서는 더더욱 안 된다. 성품이 고상한 사람은 보통 그런 상황을 만들지 않는다. 그런 남자는 사랑하는 사람이 있는 여성에게 예의를 갖추고 일정한 거리를 둔다. 부득이 고상함을 기꺼이 버리고 삼각관계에서 제삼자가 되려고 한다면 다른 남자의 처절한 복수를 각오해야 할 것이다.

그래서 남자는 35세 이전에 자신이 사랑하고 자신을 사랑해주는 여성과 결혼해야 한다. 진정으로 서로 사랑해야만 결혼생활이 변하지 않을 것이다. 결혼은 중요한 일이다. 일생의 진정한 시작이며 그때부터 진정한 남자가 될 수 있다. 나아가 자신의 사업을 더 열심히 해나갈 수도 있다.

"마치 청년이 처녀와 결혼함 같이 네 아들들이 너를 취하겠고 신랑이 신부를 기뻐함 같이 네 하나님이 너를 기뻐하시리라"(이사야 62:5)
결혼은 또 다른 인생의 시작입니다. 우리는 주님의 신부가 되어 새로운 인생을 살고 있습니다.
미래의 행복과 꿈이 주님과 함께 실현될 것이라는 사실을 믿고 있습니까?

감정이 이성의 궤도를
벗어나지 않게 하라

모든 사람에게는 이채로움이 드러나는 자신만의 세계가 있다. 누구나 자신의 행복과 추구를 많이 갖고 싶어 한다. 낭만적이고 편안한 삶을 동경하지 않는 사람은 극히 일부일 것이다. 또한 아름답고 매력이 넘치는 여성에게 마음이 움직이지 않는 남자도 드물 것이다.

정당한 수단과 재능으로 그녀들을 추구하는 것이 좋다. 당신은 몸가짐에 귀티가 흐를 수도 있다. 아름답고 넓은 별장에 살 수도 있다. 호화로운 고급 승용차를 탈 수도 있다. 아름다운 여성을 가질 수도 있고, 다른 아름다운 모든 것을 가질 수도 있다.

사랑의 경쟁은 언제나 허용된다는 사실을 우리는 분명히 알고 있어야 한다. 처음에는 서로 선택하거나 선택받는 과정이다. 일단 두 사람 사이에 계약이 성립하고 맹세를 하게 되면, 그때부터 결혼 생활로 들어가는 것이다. 그때 반드시 하나님 앞에서 약속을 해야 한다. 모든 사랑을 다 바쳐 그녀와 함께 살아야 하는 것이다. 그렇지 않고 사랑하는 사람이 다른 남자의 손을 잡고 결혼식장에 들어가더라도 현실을 받아들여야 한다. 자기 것이 아닌 것을 깨끗이 포기할 줄도 알아야 한다. 그녀가 가슴에 남아 있고 마음에서

떼어내기 어렵다하더라도 그녀는 이미 다른 사람에게 속하기 때문이다. 원래 자신에게 속하지 않은 것들이 마음에 가득 차도록 하는 것은 불명예스러운 행위이다. 이것은 절도나 강도와 별로 다르지 않다. 심지어 그것들보다도 더 수치스러운 일이다.

당신이 마음씨가 선량한 남자라면, 당신의 경쟁상대도 마찬가지로 선량한 남자이다. 당신은 자신의 행위 때문에 도덕적인 비난과 양심의 가책을 받을 것이다. 당신은 그녀를 아프게 하거나 죄 없는 아이를 불안하게 만들 것이다. 당신은 곧 다른 사람의 고통 위에 세운 행복은 죄악이라는 사실을 알게 될 것이다. 그 순간 얼마나 만족해하고 자부심을 갖든 결국 언젠가는 자신의 행위를 깊이 뉘우치게 될 것이다.

당신의 경쟁상대가 강한 남자라면, 당신은 곧 악몽 속으로 직접 들어가게 될 것이다. 그가 당신에게 어떠한 모욕과 상처를 주든지 사람들은 당신을 질책하고 비웃을 것이다. 결코 동정하지 않을 것이다. 당신의 부모나 형제자매도 당신을 부끄럽게 생각할 것이다. 이런 전쟁이 일단 전개되면 누구도 진정한 승리자가 될 수 없다. 게다가 가장 막대한 손실을 입는 사람은 그 누구도 아닌 바로 당신 자신이다.

천신만고 끝에 상처투성이로 이 전쟁에서 이기고 평생을 함께하고 싶은 사람을 얻었다고 하더라도 낭만, 자존심, 정열은 헛되이 시간을 보내며 오래 끈 다툼 속에서 진이 다 빠져버렸을 것이다. 유성과 같이 빛이 사방으로 퍼져나가고 매력이 남다를수록 더 빨리 소진되어 결국 거들떠볼 필요도 없는 운석이 될 것이다. 당신 눈에는 당신이 사랑하는 사람도 아마 그렇게 보일 것이다. 그것은 거리가 없으며, 결혼은 하늘이 아니라 진실한 땅이기 때문이다.

더 무서운 것은 사랑하는 여성이 배려심이 없는 감정의 사기꾼이라면 돈이 다 떨어졌을 때 단번에 당신을 차버리고 더 돈이 많은 남자로 당신의 자리를 대신하게 할 것이라는 점이다. 결국 당신에게는 아무 것도 남는 것이 없게 된다. 좋은 여성이라면 결코 새로운 것만 좋아하여 낡고 오래된 것을 헌신짝 버리듯 하는 일은 하지 않을 것이다. 하지만 한번 그런 일을 하면 두 번째는 더욱 쉽다. 이때에도 당신을 동정하는 사람은 없을 것이다. 사람들은 당신의 불행이 그저 인과응보라고 생각할 것이다.

당신의 가장 위대한 작품인
아이를 가져라

남자는 35세 이전에 아이를 갖는 것이 좋다.

아버지가 된 남자는 천진난만하고 귀여운 아들을 보면서 감개무량해진다. 자신의 어린 시절을 회상하기도 한다. 그때 그의 아버지는 지금 그가 아들을 사랑하는 것처럼 그를 사랑했을 것이다.

어린 시절을 떠올리면 가장 기억에 남는 것이 아버지가 등으로 내게 말 의자를 태워주시던 풍경일 것이다.

그때는 정신과 물질이 모두 극도로 부족하던 시절이었다. 어린 시절의 나는 친구들이 부러워할 말한 장난감을 갖고 싶다는 헛된 꿈을 꿀 수 없었다. 하지만 그것은 결코 어린 시절 놀기를 탐하는 천성을 속박할 수는 없었다.

보기 어렵고 그 시절에는 특별했던 '노천극장' 에서 처음으로 영화관람을 한 후라고 기억한다. 싸움 잘하고 용감한 군대의 전투병들이 적 진영으로 돌격하는 장면은 나에게 깊은 인상을 남겼다. 집으로 돌아와서도 나는 '지극히 풍부한 상상력' 을 발휘하여 아버지에게 온돌에서 말을 태워달라고 했다. 아버지는 웃으시며 엎드렸고 나는 아버지의 등에 올라탔다. 그리고 나는 지휘했다. 아버지는 손과 발을 함께 사용하며 온돌바닥을 기어 다녔다.

입에는 말의 소리를 흉내 낸 울음소리가 흘러나왔다. 나는 신나게 나무로 만든 칼을 휘둘렀다. 때로는 빠르게 때로는 느리게, 갑자기 왼쪽으로 가라고 했다가 다시 오른쪽으로 가라는 식으로 나는 말을 지휘했다. 그 순간 나의 마음은 도취되어 있었다. 나는 정말 용감한 전투병이 된 느낌이었다.

25년 뒤의 지금, 나는 아버지가 되었다. 어느 날 퇴근하고 집으로 돌아오니 8살 난 아들이 갑자기 무슨 흥이 났는지 내게 말을 태워 달라고 했다. 나는 두 손을 바닥에 짚고 엎드렸다. 아들을 등에 태우고 신나게 이리저리로 기어 다니면서 아버지의 심정을 느끼게 되었다. 자신의 모든 힘으로 다음 세대의 성장을 위해 가능한 모든 조건을 창조하는 것이 세상 부모의 가장 큰 염원이다. 이것은 소박한 진리이다. 아버지가 아들에게 말을 태워주는 놀이에서 그런 진실하고 인간미 넘치는 진리가 드러나는 것이다. 타는 사람은 기뻐서 어쩔 줄 모르고 태워주는 사람은 아무 원망도 하지 않는다. 행복한 마음이 서로 전달되고 놀이는 영원한 진리를 만들어 낼 것이다. 그리고 영원함은 불멸의 조각상이 될 것이다.

현대의 의학기술로 인간은 100살 정도까지 살 수 있다. 그 이상 산다고 해도 언젠가는 이 세상을 떠날 날이 반드시 올 것이다. 하지만 생명은 이어지고 싶은 욕망을 갖고 있다. 당신의 인생에는 많은 유감과 후회, 아쉬움이 있을 것이다. 그것들은 당신 대신 보완해줄 사람을 필요로 한다. 자식이 당신이 설계한 길을 따라가리라고 너무 기대하지 않는 것이 좋다. 당신도 아버지의 소원을 다 들어주지 못하지 않았는가? 하지만 자식이 당신의 염원을 얼마나 이루어주었든 당신에게는 뜻밖의 수확이 아닐 수 없다.

아이는 사랑의 결정체이다. 사랑은 점점 덤덤해지겠지만 아이는 오히려 계속 커갈 것이다. 당신과 아내의 꽃다운 시절은 점점 시들어가겠지만 자식의 얼굴에서 자신의 젊었을 때 모습을 찾아낼 수 있을 것이다. 이때 당신은 아내의 손을 꼭 잡고 몇십 년 동안 간직한 정을 떠올릴 것이다. 원래 사랑은 좋은 술처럼 오래 보관할수록 진해지는 것이다.

신체적인 문제 때문에 아이를 가질 수 없는 불임부부도 있다. 고통스럽긴 하겠지만 결코 중요하진 않다. 그런 부부도 입양을 통해 아이를 키울 수 있다. 입양한 아이도 직접 낳아 기른 아이처럼 당신의 모든 것을 계승할 수 있다. 또한 당신도 아버지로서의 행복감을 맛볼 수 있다. 당신과 아내의 교육으로 그 아이도 성인으로 자랄 것이다. 그 아이가 재능이 뛰어나다면 다른 사람에게 이렇게 말할 수도 있을 것이다.

"우리 집 아이를 보세요, 개천에서 나온 용이 날아가고 있어요."

아이가 평범하더라도 당신은 아내에게 이렇게 말할 것이다.

"보라고, 우리 아이가 변함없이 우리와 함께 하고 있잖아."

일순간의 안일함을 위해 당신은 인생의 책임을 도피할 수 있다. 그때는 고개를 돌려 부모님을 바라보는 것이 좋다. 자신이 어떻게 이 세상에 나왔는지 생각해보라. 당신의 출생은 부모님의 잘못된 결정이었는가? 부모님은 행복하게 당신을 보며 이렇게 말할 것이다.

"넌 아무래도 네 아이를 갖는 것이 좋겠구나."

남자로서 당신은 사회에서 여러 가지 역할을 맡게 된다. 그 역할은 주로 아들, 남편, 아버지일 것이다. 그래서 35세 이전에 아이가 있으면 더 빨리 아이가 있는 멋진 생활을 체험할 수 있고, 더 빨리 아버지의 위대함을 느끼게 될 것이다.

“자식은 하나님의 주신 기업이요 태의 열매는 그의 상급이로다”(시편 127:3)
아이가 태어나고 자라는 과정을 보면서 하나님의 창조의 신비를 더욱 체험하게 될 것입니다. 또한 부모와 자녀 간의 사랑의 과정을 통하여 하나님께서 얼마나 당신을 사랑하시는지 더 느끼게 될 것입니다.
모든 생명의 주관자이신 하나님을 온전히 의지하고 있습니까?

아이를 잘 가르쳐 존경 받는 아버지가 되라

"어렸을 때 네 침대 곁에서 나는 너를 위해 수많은 동화책을 읽어주었지. 너는 어린이가 동경하는 꿈의 세계로 빠져들었지. 오랫동안 나는 네 찬란한 꿈을 깨고 싶지 않았다. 때로 나는 네가 영원히 자라지 않길 바라기도 했지. 영원히 1학년이길 원했고, 영원히 진정한 동심을 가지고 있길 바랬지. 하지만 나도 알고 있단다. 그것이 불가능하단 걸. 지금 너는 이미 많이 자랐고 사회로 나아가지 않으면 안 된단다. 넌 영원히 내 그늘 아래에서 살 수 없어. 나는 네가 그 가녀린 마음으로 이 정글 같은 세계를 어떻게 뚫고 나아갈지 걱정이 되기 시작하는구나."

아버지가 된 지 얼마 안 된 남자라면 누구나 아이의 순진무구한 눈을 볼 때 이런 느낌이 들진 않을까? 아버지는 아이의 미래에 대해 기대하면서 걱정한다. 아버지가 된 남자는 경험을 바탕으로 아이에게 길고 긴 편지를 한 통 써야 한다. 아이가 인생의 여정을 너무 빙 돌아가게 만들고 싶지 않다면 더욱 그렇게 해야 한다.

모든 부모는 아이를 사랑한다. 부모의 눈에 아이는 자신의 혈통일 뿐만 아니라 생명의 연속이다. 세상에서 가장 위대한 사랑은 부모의 자식에 대한 사랑이다. 부모는 자식을 사랑하고 자식에게 희생한다. 게다가 고생을 하면서도 불평도 한 마디 하지 않으며 보답을 바라지도 않는다. 이러한 기른 정은 인간세계에서 가장 따뜻하다.

부부라도 아이에 대한 사랑이 조금씩 다를 수 있다. 어머니의 아이에 대한 사랑은 종종 가르치는 것보다 총애하는 것이 많다. 하지만 아버지는 가르치는 것이 총애하는 것보다 많다. 그래서 아이가 나중에 유용한 인재가 될 수 있느냐 없느냐는 아버지의 교육이 결정적인 역할을 한다.

어린 영혼은 백지와 같다. 아버지는 그림을 그리는 붓과 같다. 종이에 천만금의 값어치가 나가는 명화를 그릴 수도 있고 순식간에 폐지로 만들 수도 있다.

유명한 아나운서가 이렇게 말했다.

"아버지가 될 저는 빈손으로 아이의 탄생을 맞이해서는 안 된다고 생각했습니다. 하지만 고사리 같은 아이의 손은 선물이라고 하는 물건을 들 힘이 없습니다. 그래서 저는 축복의 기도로 선물을 대신했습니다. 저는 축복의 기도를 편지에 써서 생명의 우체통에 넣었습니다. 그 편지는 아주 느리게 배달하는 우편으로 보냈습니다. 아이가 자랄 때까지 기다려주어야 하니까요. 아이가 자라 그 편지를 받으면 호기심에 그 편지를 뜯어보겠지요."

그가 쓴 '생명의 편지'에는 무슨 내용이 담겼는지 우리 함께 살펴보자.

● 아이에게 보낸 '생명의 편지'

1. 관용을 배워라

아가야, 모든 미덕을 스스로 선택할 수 있다면 먼저 관용을 선택해라.

평화와 안정은 소중하다. 관용을 갖고 있으면 평화와 안정을 사치스럽게 쓸 수 있지. 관용은 다른 사람에게 부담을 주지 않을 수 있고 자신을 위로할 수도 있어. 관용은 사랑을 첫 번째 자리에 놓게 해줄 거야. 정말 어쩔 수 없이 미움이라는 무기를 사용해야 할 때 관용은 널 상냥하게 만들어 줄 거야. 어떤 사람들이 아주 중요하게 생각하는 일을 가볍게 보게 해주지. 관용은 불면증에 시달리게도 하지 않지. 아무리 불쾌하고 아무리 치열한 충돌이 있어도 관용할 수 있는 영혼은 괴롭힐 수 없어. 그래서 매일 아침 너는 희망 속에서 깨어날 거야.

일단 네게 관용의 미덕이 생기면 평생 웃는 얼굴을 가질 수 있단다.

2. 1등을 다투지 말자

인생은 힘을 겨루는 경기가 아니니 충돌선을 최대의 영광으로 여길 필요는 없어.

1등을 차지한 사람도 약할지 몰라. 여러 사람의 위에 선 재미를 다 맛보고 나중에 1등의 자리에서 내려오면 아마 비애를 느낄지도 몰라.

1등 자리에 올라 선 사람이 꼭 승리자라고 할 수는 없어. 1등은 언제나 일시적인 모습이야. 평생 순조롭게 1등을 차지할 수는 없어. 1등을 다투는 사람의 눈은 항상 라이벌을 주시하고 있지. 1등을 차지하기 위해 수단과 방법을 가리지 않을지도 모르지. 네가 모든 전선에서 승리할 수도 있을 거야. 하지만 인적이 끊긴 깊은 밤에 한 사람 한 사람의 상처가 널 놀라게

만들겠지. 쟁취한 1등을 생명의 트로피로 여길 필요가 있을까? 우리 모두
는 자신과 달리기하는 사람에 불과해. 길고긴 인생길에서는 더 좋은 것을
추구하는 것이 가장 좋은 것을 추구하는 것보다 좋단다.

3. 음악을 사랑하자

우리 곁에 있는 그 무엇도 우리를 배신할 수 있지만, 음악만은 그렇지 않
아. 설사 전 세계의 모든 사람이 배신한다 해도 음악은 여전히 우리에게
속삭일 거야. 나는 철학자에게 물어본 적이 있어.
"왜 지금 사람들은 1,2백 년 전의 음악으로 위안을 삼으려 하죠?
그러자 철학자가 말했지.
"인성은 아주 천천히 진화하거든요"라고.
그래서 나는 알게 되었어. 네가 앞으로 얼마나 멀리 가든 그 오래된 음악
은 네 영혼과 가까운 곳에 있을 거라는 것을 말이야. 인생은 결코 순탄하
지 않단다. 굴곡이 심하고 불쾌한 일이 네 눈앞에 펼쳐지겠지. 하지만 음
악을 사랑하면 너는 마음을 놓을 수 있을 거야.

사실 또 한 가지가 더 있어. 예를 들면 유머감각이 있어야 하고 건강해야
하는 거지. 인생을 살려면 말이야, 또 진정한 친구가 많으면 좋아. 하지만
나는 인생길은 혼자 가야 한다고 생각해. 수많은 축복과 기도도 귓가에 머
물다 가버리는 당부에 불과해. 있어야 할 것은 결국 생길 거고, 없어져야
할 것은 결국 사라질 거야. 하지만 아가야, 너의 한 걸음 한 걸음은 부모의
인생에서 가장 좋은 추억이 될 거야.
아주 오랜 시간이 흐른 뒤에 넌 아마 네 미래의 아이에게 축복의 말로 쓸
지도 몰라. 내가 지금 쓴 것과 비슷할지도 모르겠구나.

인생에서 가장 중요한 것은 영혼의 여정이야. 영혼의 여정은 세대교체와는 상관이 없단다.

아가야, 나는 네가 이 편지를 읽고 기뻐하며 여기에 쓰인 말들을 받아들이길 바란다.

재산은 언젠가 다 없어질 때가 있지만 마음에서 나온 인생과 세계에 관한 지혜와 사상은 아이의 인생과 함께 할 것이다. 이것은 아버지가 된 남자가 아이게 줄 수 있는 가장 좋은 선물이다.

"아비의 훈계를 업신여기는 자는 미련한 자요 경계를 받는 자는 슬기를 얻을 자니라"(잠언 15:5)
자녀에게 아버지가 줄 수 있는 가장 큰 선물은 재산이 아니라 세상을 바른 눈으로 보는 가치관과 사람을 온전히 사랑할 수 있는 마음입니다. 그것은 바로 하나님께서 아버지로서 당신에게 주고 싶은 선물이기도 합니다.
당신은 어떤 교훈을 당신의 아이에게 남겨주기 원하십니까?

행복이 넘치는
가정이 되도록 최선을 다하라

오스카 상을 받은 영화 『대부』에서 말론 브란도는 돈 비토 코르네오네 역을 맡아 열연 했다. 말론 브란도의 대사 가운데 "자주 가족과 함께 하느냐? 괜찮군. 자주 가족과 함께 보내지 않는 남자는 영원히 사나이가 될 수 없어!"라는 말이 있다. 가정이 있는 35세 이전의 남자라면 말론 브란도가 말한 것처럼 해야 하지 않을까?

집은 가장 편안하고 안전하며 즐거운 곳이어야 한다. 우리 모두는 집이 있어 행복을 느낀다. 하루 종일 밖에서 힘들게 일한 남자는 저녁에 집으로 돌아오면 특히 편안함과 여유로움을 느낄 수 있을 것이다. 뜨거운 물, 몇 가지 요리와 와인 한 잔이 있으면 어떤 고급 호텔에서도 제공할 수 없는 따스한 느낌을 남자에게 줄 수 있다. 아내의 따스하고 부드러운 보살핌, 부모님의 배려와 자식들의 재롱이 있으면, 남자의 모든 피로는 한순간에 눈 녹듯이 없어진다.

하지만 겉으로 화려해 보이는데 따스한 느낌이 없는 가정도 있다. 이러한 가정에서는 늙으신 부모가 낡은 집에 살지언정 자식과 함께 살려고 하지 않는다. 자식들도 집으로 돌아와서 자기 방으로 직행한 뒤 문을 잠그고 나오지 않는다. 아내가 열심히 음식을 만들어 식탁 위에 차려 놓아야 비로소 가족 구성원 중에 누군가가 아직 오지 않았음을 발견한다. 가정이 이렇다면 남자로서는 실패한 삶을 살았다고 밖에는 달리 생각할 수 없다.

많은 가정에서 주부가 대부분의 집안일을 떠안고 있지만, 진정한 주인은 그래도 남자이다. 가정을 한 척의 배라고 가정한다면 남자는 선장이고 여자는 선원이다. 노인과 아이는 승객일 뿐이다. 배가 어디로 나아갈지는 선장의 의지에 달린 것이다. 하지만 남자는 늘 책임을 여자에게 미룬다. 가정을 이끌어갈 권리를 아내에게 넘겼기 때문에 모든 책임도 아내에게 있다고 생각한다. 그것이 바로 남성우월주의이다. 한 가정이 실패의 늪으로 나아가게 만드는 지름길인 것이다.

● 외로운 황제

매일 장사를 하기 위해 밖으로 떠돌아다니는 남자가 있었다. 그는 돈을 벌어주면 자신은 집에서 '황제'로 대접받아야 하고 집에 있는 다른 사람은 자신의 하인이라고 생각했다. 그래서 가족 모두가 자신을 떠받드는 것이 당연하다고 여겼다. 결국 그의 아들은 점점 그에게 반항했다. 아들은 자유와 권리를 요구했다. 아들은 전제국가적인 가정에서는 더 이상 있고 싶지 않다고 했다. 아버지와 아들의 사이가 틀어지자 아내도 덩달아 반기를 들었다. 아내도 남편의 편에 서지 않았다. 그 남자는 결국 집에서 고립무원의 외로운 신세가 되고 말았다.

그렇게 실패한 가정에 몸을 담고 있는 남자는 사업도 순조롭게 해나갈 수 없다. 가정은 남자의 피난처이자 주유소이다. 행복한 가정이 없으면 제아무리 열정적인 남자라도 초라한 모습으로 바뀔 것이고 제아무리 재주가 뛰어난 남자라도 손쓸 도리가 없다고 느끼게 할 것이다. 게다가 이런 가정에서는 좋은 남편, 좋은 아들, 좋은 아빠가 될 수 없다. 하지만 당신이 좋은 남편, 좋은 아들, 좋은 아빠가 되기로 결심만 한다면 가정은 그것으로 인해 활력을 되찾을 것이다.

가정을 꾸린 모든 남자는 가정에 대해 일정한 책임과 의무가 있다. 사업을 하려는 강한 의지도 역시 가정과 자신에 대한 책임의 표현이다. 하지만 가정의 책임은 다방면이며 모든 책임을 져야 한다. 사업이나 일에만 국한된 것이 아니라는 말이다.

하루 종일 자기 일에만 바쁜 남자들은 실제로 가정에 대한 책임과 의무를 회피하는 것이다. 식사를 마친 다음 입을 한번 쓱 닦고 자리를 뜨는 것은 아내의 수고에 대한 모독일 뿐만 아니라 자신에 대한 무책임이기도 하다. 왜냐하면 가정은 벌어다주는 돈도 필요하지만 사랑도 필요하기 때문이다. 돈만 벌어다주면 그만이라고 생각한다면 자원봉사단체를 찾아 그저 의식주를 해결하면 되지 군이 가정을 꾸릴 필요가 있겠는가?

반대로 가정만 돌보고 사업을 소홀히 하는 것도 가정을 파탄으로 몰고 갈 수 있다. 가정을 원만하게 만들어가는 것에만 신경을 쓸 때, 인생이 가정에서 소모되어 이상을 실현시킬 기회를 놓치고 있음을 발견하게 될 것이기 때문이다. 사업과 꿈이 가정 생활에 묻혀버리면 다시 한 번 영광의 시기가 오기를 갈망할 것이다. 그래서 당신은 가정이 부담스럽게 생각될 것이고, 그것이 손발을 옥죄인다고 생각하게 될 것이다. 불화가 있는 가정은 갈등이 점점 고조될 것이고, 위기가 곳곳에 숨어있을 것이다. 그러면 언제든 비이성적인 일들이 일어날 가능성이 높아진다. 화목한 가정이 되려면 부부가 서로 이해하고 도와야 한다. 일정기간 자발적으로 자신이 희생하여 가정의 화합과 행복을 유지하려면 적절한 시기에 심리조절이 필요하다.

남자에게 사랑과 열정이 부족하면 종종 가정의 행복을 파괴할 수도 있다. 서로 간에 지나치게 익숙해져서 가족 구성원들이 사랑을 마음속에 묻어두기 때문이다. 하지만 사랑은 보여 지거나 만져지는 물건이 아니다. 반드시 베풀고 받아들여야 실현될 수 있는 성질의 것이다. 마음에 사랑이 있는데 표현하지 않으면 사랑이 없는 것과 같다. 남자들은 사업을 중요하게 생각하고 사랑의 표현을 소홀히 여긴다. 가정의 핵심이면서 가정에 대해 그렇게 냉담하게 구는 것이다. 그러면 가정도 당신 때문에 분위기가 썰렁해진다.

현대 가정은 민주적이어야 한다고 떠들고 있다. 당신은 돈을 벌어 가족을 부양하는 것에만 신경을 써서는 안 된다. 일이나 사업을 생각하면서 한편으로는 가정을 보살펴야 한다. 사랑을 만끽할 줄 알아야 한다. 특히 천륜의 즐거움을 누릴 줄 알아야 한다. 그래야 완전한 인간이 될 수 있으며 생동감이 넘치는 사람이 될 수 있다. 가정을 정신의 낙원으로 만들기 위해서는 정성을 들여 건설해야 한다. 그 건설은 호화로운 가구와 비싼 전자제품을 사는 것이 아니라 관용과 다른 사람에 대한 관심을 배워야 한다는 것이다.

가정에서는 모든 사람을 존중해야 한다. 거기에는 아이도 포함한다. 아내를 가혹하게 대해서도 안 되며 상대방을 자신과 똑같이 만들려고 해서도 안 된다. 모든 사람이 자유로워야 한다. 그런 가정에서 당신은 삶의 즐거움을 찾을 수 있다.

사랑하는 사람과 당신 자신을 위해 바로 행동으로 옮기길 바란다. 가정에 모든 사랑을 쏟아 부어라.

자신의 감정을
솔직하게 표현하라

남자의 일생에는 세 명의 여인과 세 개의 이상이 있다. 어머니를 위해 훌륭한 인재가 되어야 하고, 아내를 위해 사랑에 빠져야 하며, 딸을 위해 위대해져야 하는 것이 바로 그것이다. 그래서 어렸을 때 남자는 '사나이는 쉽게 눈물을 보여서는 안 되는 거야' 라는 말을 종종 듣게 되는 것이다.

환경과 교육의 영향으로 남자는 다른 사람에게 눈물을 보이는 것을 큰 수치로 생각한다. 남자는 설사 하늘이 무너질 변고가 생겨 비통하고 죽고 싶을지라도 감정을 억제해야 한다. '웃음은 얼굴에, 울음은 마음에' 라는 사나이의 기개를 보여야 하는 것이다. 이런 계율은 정말 남자를 숨막히게 하고, 타고난 품성을 드러낼 수 없게 한다. 정말 가련하다고 할 수 있다.

하지만 리우더화(劉德華)의 노래〈남자여, 울어라. 그것은 죄가 아니니〉에서는 울고 싶어도 울지 못하는 남자의 마음 깊숙한 곳에서 나오는 내면의 소리를 들을 수 있다.

어릴 때 내 곁에 있던 사람들은 울어서는 안 된다고 말했지

성숙해진 뒤에 거울 앞에서 나는 후회해서는 안 된다고 말했지

한 곳을 끊임없이 배회하고 있네

마음은 생명선 위에서 계속 돌고 있지

사람은 밤낮으로 가면을 쓴 채 자고 있어

나는 몸과 마음이 모두 지쳤어

울고 싶은데 눈은 어떻게 울어야할지를 잊어버렸어

후회하는데 마음은 어떻게 후회해야 하는지 잊어버렸어

……

남자여, 울어라, 울어라, 울어라, 그것은 죄가 아니니

제아무리 강한 사람도 지칠 권리가 있다

미소 뒤에 산산이 부서진 마음만 남았다면

그런 낭패한 모습으로 살 필요가 있는가

남자여, 울어라, 울어라, 울어라, 그것은 죄가 아니니

오랜 이별의 눈물이 어떤 맛인지 느껴보라

비가 내리는 것도 아름다움이다

기회를 잡는 것보다 못하니

통쾌하게 한번 울어보자

그건 죄가 아니니

그래서 남자들은 매일 하늘의 태양을 보고 자신이 진정한 영웅이 되길 갈
망한다. 그들은 다른 가정, 다른 땅에서 태어났지만 똑같은 마음을 지니고
있다. 다른 정도의 아름다운 이상을 실현하기 위해 그들은 힘겨운 삶을 살

아가고 있다.

이런 삶에서 죽고 싶을 정도로 비통한 경우를 접하게 되면 고통은 고난의 인생을 직관적으로 표현하는 것이 된다.

우는 행위는 슬픔과 고통을 나타내는 흔한 방식이다. 특히 여성에게 눈물은 항상 충분한 것이기 때문에 어떤 사람은 "여자는 물로 만든 존재다"라고 반농담식으로 말하기도 한다.

일반적으로 남자의 눈물은 연약함의 표시이다. 남자는 우는 행위를 수치로 생각한다. 강인한 남자라고 불리는 사람은 어떤 비통한 일을 접하더라도 눈물을 흘리지 않을 것이다.

그러나 강인함은 남자의 외형적인 이미지일 뿐이다. 과학자들의 연구에 따르면, 여성의 심리적인 수용능력이 남자보다 훨씬 뛰어난 것으로 나타났다. 이런 결과가 나온 것은 울음의 기능 때문이다.

미국 미네소타(Minnesota) 대학의 과학자들은 연구를 통해 이러한 사실을 발견했다. 상심했을 때 흘린 눈물에는 두 가지 신경전도물질을 함유하고 있었다. 그것은 각각 긴장감과 체내의 고통을 마비시키는 것과 관련이 있었다. 하지만 눈물은 이런 물질들을 몸 밖으로 배출시킬 수 있으며, 긴장감을 완화하는 작용을 했다. 눈물은 인류가 긴장감을 발산하는 중요한 벨브역할을 하고 있다. 여성이 우는 빈도는 남성의 5배이다. 이것이 여성이 남자보다 더 강해질 수밖에 없는 이유이다. 우는 측면에서 남녀 사이의 차이는 남녀 수명의 차이를 발생시키는 원인 가운데 하나라고 추정된다. 오랜 기간 동안 억제된 감정은 인체의 건강에 좋지 않은 영향을 미칠 것이기 때문에 세계 각지의 여성 평균수명은 남성보다 훨씬 길다.

상심했을 때 남자도 한바탕 후련하게 우는 것이 좋다. 조용한 장소를 골라 실컷 울거나 가장 친한 사람을 만나 마음속의 고민을 마음껏 털어놓자. 다른 사람이 비웃을까 걱정할 필요는 없다. 그 이유는 아래와 같다.

첫째, 당신은 남자이고 솔직하게 행동하는 것이 사나이의 본래 모습이기 때문이다. 다른 사람의 시선을 지나치게 의식할 필요는 없다.

둘째, 사실 당신을 비웃거나 비난할 사람은 없다. 무슨 일인지는 몰라도 남자를 크게 소리 내어 울게 만든 것 자체가 사람들의 마음을 아프게 하기에 충분하기 때문이다.

셋째, 가장 친한 사람은 마음을 가장 잘 이해해줄 수 있는 사람이기 때문에 특별히 관용적인 태도로 당신의 눈물을 대할 것이기 때문이다.

그래서 남자여, 울어보자! 직접 볼 수 있는 정도의 눈물은 스스로 무엇이 강인함인지를 알게 해준다. 세상 사람들에게 큰소리로 '남자가 울었다. 남자가 사랑했다. 남자가 실패했다. 남자는 지금 필사적으로 싸우고 있다'라고 말해보자.

"눈물을 흘리며 씨를 뿌리는 자는 기쁨으로 거두리로다 울며 씨를 뿌리러 나가는 자는 정녕 기쁨으로 그 단을 가지고 돌아오리로다"(시편 126:5,6)
남자에게도 슬픔이 있고 눈물이 있습니다. 이러한 감정은 하나님께서 모든 사람에게 주신 필수요소입니다. 감정을 숨기지 말고 솔직하게 하나님 앞에 드러내십시오.
당신은 진정한 위로자가 되시는 하나님의 위로를 경험하신 적이 있습니까?

아버지에게
존경하는 마음을 표현하라

아버지의 사랑은 산과 같다. 당신이 태어나는 순간부터 아버지는 어떻게 처신할지와 어떻게 남자가 되는지를 가르치기 시작할 것이다. 서서히 자라 성인이 된 뒤에 비로소 아버지의 엄숙한 시선과 엄격한 가르침이 자신을 채찍질하고 있음을 깨닫게 된다.

아버지의 사랑은 봄의 햇볕이다. 온화하게 내 몸을 내리쬔다.

아버지의 사랑은 여름의 시원한 바람이다.

내 마음의 성가신 열기를 날려 보낸다.

아버지의 사랑은 가을의 주렁주렁 달린 열매이다.

나에게 성공으로 가는 길을 알려준다.

아버지의 사랑은 겨울의 불이다. 내 차가운 마음을 녹여준다.

아버지의 사랑은 어디에나 있다.

여러 기억 속에서 아버지는 내가 멀리 떠날 때마다 나를 배웅 했다.

하지만 아버지의 뒷모습은 우리가 점점 성장하는 만큼 점점 늙어 간다.

나는 이런 노래를 들어본 적이 있다.

아버지의 뒷모습

안개가 점점 흩어지면 사람도 점점 보이지 않는다

하고 싶은 말을 여전히 찾을 수 없다

손에 든 짐은 추억을 가득 담고 있다

마치 당신의 익숙한 신신당부의 소리를 듣는 것 같다

영원히 나는 기억할 것이다

내 어깨 위의 두 손

바람이 불 때 얼마나 따스했는가?

영원히 나는 기억할 테다. 나의 성장과 함께한 뒷모습

당신의 세월은 나의 걱정 없는 행복으로 바뀌었네

젊은 청춘은 아직 끝나지 않은 여정

영원히 나는 기억할 테다. 나의 성장과 함께한 뒷모습

그대가 있으면 나는 용감하게 인생을 걸어갈 겁니다

후회 없는 관심과 원망 없는 사랑

나는 또 얼마나 당신에게 돌려줄 수 있을까

아들은 아버지의 사랑을 많이 받는다. 아들이 태어나면 아버지는 더 열심히 일할 것이고, 더 많은 돈을 벌려고 노력할 것이다. 그것은 모두 아들에게 더 좋은 삶을 살게 해주고 싶은 바람 때문이다. 아버지는 귀찮은 집안일도 할 것이고 심지어 주방에도 기꺼이 들어갈 것이다. 아들의 입맛에 맞는 음식도 만들 수 있을 것이다. 하지만 아들은 그 속에 있는 진한 사랑을 이해하지 못할 것이다. 아마 그 모든 것을 당연한 것으로 받아들일지도 모른다.

때로 여의치 않으면 아들은 무책임하게 아버지를 비난할 것이다.

아들은 또 아버지의 많은 이상과 꿈을 이어받는다. 아버지는 자신이 실현하지 못한 꿈을 아들이 미래에 실현시켜주길 바란다. 아버지는 아들을 위해 남은 힘을 조금도 아끼지 않고 아들의 미래를 위한 길을 만들고 다리를 세우는데 쓴다. 아들을 가장 좋은 학교에 보내고 가장 좋은 선생님을 초빙하여 생활이나 예능 측면의 재능을 키워주려고 애를 쓸 것이다. 아들은 천천히 자랄 것이다. 아들은 자신의 이상과 꿈이 생길 것이고 그것을 고집할 것이다. 아버지는 미소를 지으며 아들을 보고 관용적인 태도로 아들의 선택을 존중해줄 것이다. 아버지는 결국 그런 깊은 유감을 마음 한 구석에 묵묵히 묻을 것이다.

아들은 아버지의 피를 이어받은 후계자이다. 엄숙한 아버지의 사랑은 아들의 인생에서 채찍이 될 것이고, 정확한 방향으로 나아가도록 안내할 것이다. 아들이 아버지의 마음을 이해할 수 있는 건 아니다. 그 심오한 아버지의 사랑에 대해 강렬한 반감과 저항을 보일 수도 있다. 진정한 남자가 되어야 아들의 불손한 눈을 보았을 때 그 순간 자신의 아버지를 떠올릴 수 있다.

아버지가 심오한 눈빛으로 아들이 고생스럽게 노력하는 것을 보고 있어도 냉담하다는 증거라고 아들은 생각할 수 있다. 상처투성이가 된 채 아들이 아버지의 곁으로 돌아왔을 때, 아들은 아버지가 예전처럼 아들을 받아들이고 있음을 발견하게 된다. 아들이 아무 것도 성공시키지 못했다고 해서 비웃거나 욕하는 아버지는 없다. 아들이 순탄하게 성공을 거두면 무의

식중에 아들은 아버지가 자부심에 가득 찬 목소리로 친구들에게 하는 말을 듣게 될 것이다.

"이것 보라고, 얘가 바로 내 아들이야."

하지만 아들이 고개를 돌려 아버지를 바라보면 아버지는 아무 일도 없었다는 표정을 지어 보일 것이다. 마치 아무 말도 하지 않았다는 듯이.

이분이 바로 아버지이다. 아버지는 우리 아들들에게 생명을 전해 주신 분이며 인생의 안내자이다. 아버지에게 감사한 마음이 있다면 아버지의 눈을 응시하고 찻잔에 차를 따라드리면서 '아버지, 제가 아버지의 아들이라는 것이 자랑스러워요'라고 말하라.

"네 아버지와 어머니를 공경하라 이것이 약속있는 첫 계명이니 이는 네가 잘 되고 땅에서 장수하리라"(에베소서 6:2-3)
부모 공경은 하나님의 명령입니다. 반드시 우리가 해야 할 의무라는 말입니다. 부모를 온전히 공경하는 자에게 하나님은 축복을 약속하십니다.
당신은 아버지에 대한 공경의 마음을 얼마나 가지고 있습니까?

어머니의 어깨를
가볍게 끌어당겨라

어머니의 사랑은 세상에서 가장 따스하고 가장 이타적이며 가장 오래가는 사랑이다. 아버지의 정자와 어머니의 난자가 만나 생명을 잉태했을 때부터 그 진한 사랑은 당신을 맴돌기 시작한 것이다.

아버지의 심오한 사랑에 비해 어머니의 사랑은 더 장렬해 보인다. 당신을 위해 어머니는 10개월 동안 뱃속에 품고 있는 수고를 하고 분만의 고통도 견뎌내야 했다. 당신이 태어난 뒤에도 어머니는 십몇 년 동안을 하루같이 보살폈으며 게다가 불평 한마디 하지 않았다.

하지만 당신은 남자이다. 걸음마를 시작했을 때부터 점점 어머니의 품에서 멀리 떨어졌다. 어머니가 당신에게 팔을 벌리는 것을 볼 때마다 당신은 으스대며 어머니에게 눈을 부라리곤 뛰쳐나갔을 것이다. 아쉽게도 어머니의 섭섭해 하는 표정을 보지 못했을 것이다. 당신은 바빠서 만감이 교차하는 어머니의 심정을 이해하지 못한다. 아버지가 어머니에게 의미 심장하게 한 말도 듣지 못했을 것이다.

"자식 키우는 건 고양이를 기르는 것 같아. 문 입구에 밥그릇을 놓아두어야 배가 고프면 집으로 돌아오지."

자식이 서서히 성장하면 어머니는 반대로 서서히 늙고 쇠약해진다. 자식은 조금 컸다고 어머니의 잔소리가 귀찮아지기 시작한다. 명령하는 말투로 어머니에게 말을 한다. 어머니는 그래도 여전히 관용적인 태도로 자식을 타이른다. 아마 자식은 결코 알 수 없을 것이다. 어머니가 비단 그것 때문에 억울함을 느끼지도 않으며 반대로 그것을 기쁘게 생각한다는 것을 말이다. 어머니는 자식이 이미 다 커서 말투가 남자다워졌다고 생각하기 때문이다. 어머니가 가장 걱정하는 것은 자식이 세상 앞에 당당하게 설 수 있느냐 없느냐이다.

정말 세상 앞에 당당하게 섰을 때, 어머니의 사랑은 오히려 두려움으로 바뀐다. 불쌍한 어머니, 뜻밖에 이 위대한 사랑이 자식에게 번거로움을 주지는 않을까 걱정하는 것이다. 사실 자식도 그것 때문에 불쾌해질 수 있다. 예를 들어 어머니가 자식에게 예쁜 목도리를 짜주었는데 목도리의 색깔이 마음에 들지 않아 한곳에 넣어두고 사용하지 않을 수도 있다. 자식에게는 별일 아닐지도 모르지만 어머니에게는 무척 큰 상처가 될 수 있다.

● **"엄마 손은 너무 거칠단 말이에요."**

웨이는 이미 두 아이의 아버지였다. 매일 밤 아이들이 잠자리에 들었을 때 순진하고 편안한 아이들의 모습을 바라보면 그는 항상 자신의 어린 시절이 생각났다.

어린 시절, 매일 저녁 어머니는 나를 위해 잠자리를 펴주셨다. 내가 이미 어린 아이가 아닌데도. 그 다음으로 어머니의 영원히 변치 않는 습관이 이어졌다. 어머니는 몸을 굽혀 내 머리카락을 들어 내 이마에 뽀뽀를 하셨다.

내가 언제부터 어머니가 이마에 뽀뽀하는 방식을 싫어하게 되었는지는 기억나지 않는다. 어머니는 일을 하느라 닳고 두꺼워진 손으로 내 피부를 만졌는데 나는 정말 그것이 싫었다.

결국 어느 날 밤, 나는 어머니에게 크게 소리쳤다.

"건드리지 말아요, 엄마 손은 너무 거칠단 말이에요!"

어머니는 아무 말씀도 하지 않으셨다. 하지만 그날 이후로 어머니는 더 이상 내게 익숙한 방식으로 하루를 마감하는 일은 하지 않으셨다. 그 뒤에 나는 침대에 누워 한참 동안 잠을 이루지 못했다. 그런 말들이 나를 맴돌았다. 하지만 오만함이 내 양심을 대신했다. 나는 어머니에게 사과하지 않았다.

세월이 흐름에 따라 나는 그날 밤의 일을 계속 떠올리게 되었다. 그때 어머니의 손을 그리워했다. 어머니가 내 이마에 남긴 굿나잇 키스가 그리웠다.

여러 해가 지나갔다. 나도 더 이상 소년이 아니었다. 어머니는 이미 70세가 넘었다. 어머니는 여전히 그 거친 두 손으로 나와 내 가족들을 위해 일을 하셨다. 어머니는 우리의 의사 선생님이었다. 어머니는 약상자에서 약을 찾아 소녀의 배탈을 치료해주셨다. 어머니는 넘어져 무릎이 까진 소년을 위해 연고를 발라 주셨다. 어머니는 세상에서 가장 맛있는 닭튀김을 만드실 줄 알았다. 어머니는 청바지에 묻은 때를 말끔히 빨아주실 수 있었다. 어머니는 낮이든 밤이든 항상 직접 우리에게 아이스크림을 나눠주시는 것을 고집하셨다. 여러 해 동안, 어머니의 손은 수많은 세월에 걸쳐 고된 일을 해야 했다.

이젠 내 아이가 다 자라 집을 떠났다. 어머니는 아버지를 잃으셨다. 특별한 날에는 나는 어머니와 함께 저녁을 보낸다.

어느 추수감사절 전날의 늦은 밤이었다. 나는 어렸을 때 머물던 방에서 잠이 들었다. 익숙한 두 손이 내 얼굴을 쓰다듬었고 내 이마의 머리카락을 치웠다. 아주 부드러운 입이 내 미간에 닿는 느낌이었다.

나는 그날 밤 "건드리지 말아요, 엄마 손은 너무 거칠단 말이에요!"라고 한 말을 수천수만 번도 더 후회했다. 나는 어머니의 두 손을 꼭 쥐었다. 가볍게 어머니의 이마에 입을 맞췄고 그날의 잘못에 대해 용서를 빌었다. 어머니도 내가 기억하고 있는 것처럼 알고 계시리라 생각했다. 하지만 어머니는 내가 무슨 말을 하는지 모르고 계셨다. 아주 오래 전에 이미 잊고 계셨던 것이다. 게다가 어머니는 나를 이미 용서하셨다.

그날 밤, 내가 잠이 들 때 나에 대한 따스한 어머니의 사랑과 어머니의 관심 어린 손이 새로운 느낌이 들었다. 오랜 세월 간직하고 있던 죄책감도 사라졌다.

더 이상 어머니의 사랑에 상처를 입히지 않길 바란다. 당신의 건장한 어깨로 가볍게 어머니의 두 어깨를 감싸주고 행동으로 어머니에게 말하라. "저는 지금도 어머니를 깊이 사랑하고 있어요."

생일에 어머니의 안부를 여쭈어라

35세 전후의 남자는 사업이나 일에 매진할 시기이기 때문에 무척 바쁠 것이다. 바빠서 자기 생일도 잊고 넘어갈 수도 있다. 어머니는 아침에 깨어나자마자 아들에게 전화를 걸 것이다. 어머니는 아들에게 생일을 축하한다는 말과 함께 미역국을 끓여먹으라는 말도 잊지 않을 것이다. 몸이 어디에 있든 거리가 얼마나 멀리 떨어져 있든 당신을 가장 많이 사랑하고 가장 많이 걱정해주는 분은 역시 어머니이다.

당신은 아는가? 여러 해 전의 오늘, 어머니는 당신을 이 세상에 나오게 하기 위해 커다란 고통을 감수하였고, 심지어 죽을 고비를 몇 번이나 넘겼다는 사실을….

● 목숨을 건 어머니의 사랑

등산가인 부부가 있었다. 그들은 아이의 돌을 축하하는 의미에서 아이를 등에 업고 7000미터 높이의 설산(雪山)을 오르기로 결심했다.

그들은 특별히 햇빛이 좋고 맑은 날씨를 택했다. 모든 준비를 마치고 그들은 여정에 올랐다. 날이 밝자 날씨는 일기예보에서 말한 것처럼 맑고 바람도 없었다. 심지어 구름 한 점 보이지 않았다. 부부는 가볍게 5000

미터 고지를 올랐다.

그런데 그들이 잠시 쉬고 다시 오르려고 할 때 생각하지 못한 일이 발생했다. 바람과 구름이 갑자기 일더니 삽시간에 바람이 세졌고 눈발이 날렸다. 기온도 영하 삼사십 도로 급강하했다. 일기예보만 믿고 매우 중요한 위치표시기를 휴대하지 않은 것은 가장 치명적인 실수였다. 바람이 너무 세서 가시거리가 1미터도 채 되지 않았다. 즉, 올라가든 내려가든 위험할 뿐만 아니라 죽을 수도 있다는 것을 의미했다. 두 사람은 할 수 없이 급한 와중에 동굴을 찾아 잠시 바람과 비를 피했다.

기온은 계속 내려갔고 여자가 안고 있는 아이의 입은 얼어서 파랗게 되었다. 게다가 아이에게 젖도 먹여야 했다. 그렇게 추운 곳에서는 피부를 조금만 노출시켜도 체온이 급속히 떨어진다. 자칫 시간을 오래 끌면 생명도 위험해질 수 있었다. 어떻게 하면 좋을까? 아이의 울음소리는 점점 약해졌다. 아이는 젖을 먹지 못하면 추위와 배고픔으로 죽을 상황이었다.

남편은 아내가 여러 차례 아이에게 젖을 먹이려고 하는 것을 제지했다. 남편은 눈을 뜨고 아내가 젖을 먹이다 얼어 죽는 모습을 지켜볼 수 없었던 것이다. 그런데 아이에게 젖을 먹이지 않으면 아이도 곧 죽을 상황이었다. 아내는 남편에게 애걸했다.

"한 번만 먹일게."

남편은 아내와 아들을 껴안았다. 젖을 한 차례 먹인 아내의 체온은 금방 2도가 내려갔다. 신체에도 큰 손상을 입었다.

위치표시기가 없고 세찬 바람과 눈 때문에 구조대원도 전혀 그들이 있는 곳을 찾을 수 없었다. 그것은 바람이 멈추지 않으면 그들이 구조될 희망이 없다는 것을 의미했다.

시간은 일 분 일 초 계속 흘러갔다. 아이는 계속 젖을 먹어야 했고 아내의 체온은 계속 내려갔다. 눈보라가 미친듯이 몰아치는 해발 5000미터에서 아내는 평소라면 지극히 간단하지만, 지금은 몹시 힘겨운 젖먹이기를 반복했다. 그녀의 생명은 젖을 먹일 때마다 점점 사라지고 있었다.

3일 뒤 구조대원이 도착했다. 남편은 이미 얼어서 아내의 옆에 의식을 잃고 쓰러져있었다. 위대한 엄마이자 그의 아내는 조각품처럼 얼어있었지만 여전히 젖먹이는 자세를 곳곳이 유지하고 있었다. 목숨을 걸고 젖을 먹인 그녀의 아들은 남편의 품에서 편안히 잠들어 있었다. 얼굴에는 홍조가 돌았고 모습도 평온해보였다.

한때 유행했던 빙심(氷心)의 시가 있다.

어머니,

당신은 연잎이고,

저는 붉은 연꽃입니다

마음의 비가 조금씩 내려요

당신이 아니면

누가 가릴 것 없는 하늘 아래에서 나의 가리개가 되어줄까요?

우리가 생일에 주로 떠올리는 것은 대부분 자신의 행복과 바람이다. 친구의 축하를 받으면서도 생일과 어머니와의 상관관계를 생각하진 않는다. 어머니는 생명을 주셨다. 어머니는 가장 이타적인 사랑을 자식의 생명에 쏟아 부었다. 어머니가 없으면 오늘의 우리는 없다.

생일에는 어머니를 더 생각하기 바란다. 어머니의 사랑이 가득 담긴 온화한 눈을 생각해보라. 어머니의 관용적인 가슴을 생각해보라. 원망도 불평도 없는 어머니의 지난 세월을 생각해보라. 은은하게 드러나는 백발과 날로 주름이 늘어나는 얼굴을 생각해보라. 생일에 어머니의 안부를 묻고 어머니에게 당신이 느낀 생명의 감격과 체험을 알려드려라. 또 지금까지 어머니의 사랑을 알고 있었으며, 앞으로도 영원히 어머니를 사랑할 것이라는 것도 말씀드려라.

"너 낳은 아비에게 청종하고 네 늙은 어미를 경히 여기지 말라"(잠언 23:22)
나에게 생일을 주신 육신의 부모께 감사하십시오. 그리고 나를 이 땅에 보내신 하나님의 섭리에 무릎을 꿇으십시오.
당신은 어머니의 생일에 기쁨을 주는 아들입니까?

시간을 내어
부모님을 찾아뵈어라

효심은 가치를 따질 수 없이 소중하다. 우리는 돈으로 그것의 값어치를 평가할 수 없으며, 영혼으로 평가할 수 있을 뿐이다. 삐수민(畢淑敏)이 쓴 산문 『효심은 가치를 헤아릴 수 없다』(孝心無價) 는 남자의 효도문제에 대해 답해주고 있다. 이 글은 진정한 사랑을 알게 해주고 깊은 감동을 준다.

나는 어려운 환경에서 학문을 추구하는 고학생의 이야기를 싫어한다. 가정환경이 몹시 어렵고 아버지는 일찍 돌아가셨으며 동생들도 여럿이 있다. 하지만 고학생은 대학을 졸업하고도 계속 대학원에 진학하여 공부를 한다. 어머니는 돈이 없어 피를 팔고…. 삼류 신파극에나 나올 듯한 뻔한 레퍼토리이다. 나는 그것은 이기적인 배움이라고 생각한다. 배움의 길은 멀다. 평생의 사업이다. 그런데 왜 고작 몇 년 동안 열심히 하고 끝내려고 하는가? 게다가 그 시기의 일분일초가 더할 나위 없이 고통스럽고 어머니의 고혈을 필요로 하지 않는가! 어머니조차 진정으로 사랑할 수 없는 사람이 과연 누구를 사랑할 수 있을까? 자신의 이익을 가장 높은 자리에 올려놓는 사람이 어떻게 인류를 위해 봉사하는 위대한 인물이 될 수 있겠는가?

나는 아버지가 중병으로 병상에 누웠는데도 홀연히 여행을 떠나는 사람
도 싫어한다. 그 사람에게 어떤 이유가 있다 하더라도 말이다. 누가 죽든 지
구는 원래대로 돈다. 개인의 힘을 불가사의한 정도까지 확대할 필요는 없
다. 죽음을 눈앞에 둔 노인이 절망감을 지닌 채 적막 속에서 이 세상을 떠나
게 해서는 안 된다. 그것은 생명에 대한 최대의 불경함이다.

나는 진심으로 충성스럽고 후덕한 아이를 믿는다. 그들은 마음속으로 아
버지를 향해 커다란 '효'의 소원을 빈다. 나는 그런 이들의 앞길이 구만 리
처럼 길고 밝을 것이라 믿는다. 나는 그들이 조건만 허락한다면 성공할 것
이라고 믿는다. 그들에게는 반드시 출세하고 금의환향하는 날이 올 것이
고, 그때 그들은 효를 다할 것이라고 믿는다. 아쉽게도 사람들은 잊었다.
시간의 잔혹함을 잊었다. 삶의 짧음을 잊었다. 세상에 영원히 보답할 길이
없는 은혜가 있음을 잊었다. 생명 자체에 일격에 쓰러질 연약함이 숨어있
음을 잊었다. 아버지는 우리에 대한 걱정을 지닌 채 떠날 것이다. 아버지는
우리에게 되돌려줄 수 없는 마음을 남기고 떠날 것이다. 당신은 영원히 효
도할 수 없다. 어떤 일들은 젊었을 때 도저히 깨닫지 못한다. 우리가 그것을
알 때는 이미 더 이상 젊지 않다. 세상에는 대체할 수 있는 물건이 있는 반면
그 어떤 것으로도 대신할 수 없는 것이 있다.

'효'는 조금만 늦어도 곧 가버리는 그리움이다.

'효'는 다시 생길 수 없는 행복이다.

'효'는 한번 실수로 평생을 후회하는 과거이다.

'효'는 생명과 생명을 이어주는 고리이다. 하지만 일단 끊어지면 다시 연
결할 수 없다. 서둘러 아버지에게 효를 다해야 한다.

‘효’는 호화주택일 수도 있고, 벽돌집일 수도 있다.

‘효’는 바다 저편의 기러기가 전해주는 소식일 수도 있고, 지척처럼 가까운 기별일 수도 있다.

‘효’는 산해진미처럼 맛있는 음식일 수 있고, 보잘것없는 산열매와 꽃 한 송이일 수도 있다.

‘효’는 평등하고 동일한 가치를 지니고 있다. 세상의 아들과 딸들은 효를 중요하게 생각해야 한다. 부모님이 살아 계실 때를 놓쳐서는 안 된다.

입신양명에 뜻을 둔 사람이라면, 이 산문을 읽고 뒤통수를 망치로 얻어맞은 듯한 충격을 받았을 것이다. 남자는 출세와 성공을 거두어야만 부모님께 효를 다하는 것이라고 생각해서는 안 된다. 효는 남자가 평생에 걸쳐 완수해야 할 과업이기 때문이다. 가장 진실한 감정인 ‘효’와 마주하면 어떤 이론적인 문장이나 주장도 무력화된다. 오히려 우수한 문학작품이 사람에게 감동을 준다. 당신은 혹 이런 느낌을 받은 적이 있는가?

부모님과 같은 도시에 살지만 일이 너무 많아 부모님을 찾아뵐 시간을 낼 수 없다. 어디를 가도 부모님의 자식이고 부모님은 항상 그 고향집을 지키고 계신다고 느껴진다. 한 번 더 가고 덜 가고는 중요하지 않다. 어느 날 어떤 노래를 듣고 갑자기 원래 줄곧 자신의 잘못이었음을 깨닫는다. 그래서 고향으로 돌아가 문에 서서 가슴이 아파오는 것을 느낀다. 나쁜 일을 저지른 아이가 어른을 만난 것처럼 마음이 불안하고 누군가 자신을 비난하는 것 같다. 문을 두드릴 때 부모님은 무엇을 하고 계실까 추측한다. 문을 들어서면 백발이 성성한 아버지의 머리가 보인다. 어머니의 늙으신 얼굴도 보인다. 마음이 아픈 느낌이다.

우리는 현대사회에서 살고 있다. 짙은 상업화 분위기에 둘러싸여 마치 고속으로 회전하는 기계에 묶여있는 것과 같다. 자기도 모르게 우리는 진정한 사랑에 소원해진 것은 아닌가? 부모님의 사랑은 그렇게 순결하고 사심이 없다. 평생을 고생하면서도 부모가 바라는 보답은 결코 돈과 같은 물질적인 것이 아니라 자식의 관심이다. 하루 종일 밖으로 뛰어다니며 일하는 남자는 자신이 밖에서 일하며 어렵게 사는 것을 부모님이 알아주신다고 말해야 한다. 동시에 아들인 남자는 부모님의 입장에 서서 생각해야 한다. 부모님이 집에서 적적해하시고 자식을 생각하고 있다는 것을 이해해야 한다. 그래서 진정으로 부모님을 생각하는 남자는 아무리 고되고 힘들어도 시간을 내서 부모님을 찾아뵙는다.

"자식이 효도하려 하나 부모님이 계시지 않는다."

이런 커다란 후회는 수많은 사람들에게서 계속 생겨난다. 다행이 아직 부모님의 사랑을 받고 있다면, 잊지 말고 시간을 내서 부모님을 찾아뵙자. 어머니의 잔소리를 듣고 아버지와 함께 일에 대해 이야기를 나누자.

"만일 어떤 과부에게 자녀나 손자들이 있거든 저희로 먼저 자기 집에서 효를 행하여 부모에게 보답하기를 배우게 하라 이것이 하나님 앞에 받으실 만한 것이니라"(디모데전서 5:4)
하나님은 늘 우리 곁에 계시지만, 찾고 구하는 자에게 더 많은 은혜를 베푸시는 것처럼, 부모 또한 찾아뵙고 얼굴을 보여드리는 것을 가장 기뻐하십니다.
만약 부모님이 계시지 않는다면, 존경하는 어른을 찾아뵙는 것은 어떨까요?

자신의 감정을 잘 경영한 사랑의 남성들

1. 잉태치 못했던 한나를 언제나 배려하고 사랑했던 엘가나

엘가나에게는 두 아내 한나와 브닌나가 있습니다. 그는 특별히 잉태하지 못하는 한나를 배려하여 제물의 분깃을 갑절이나 줄 만큼 그녀를 사랑하고 배려했으며 가정을 평화롭게 만들기 위해 노력했던 남성입니다(삼상 1:1~8).
또한 매년 제사를 드리기 위해 성막이 있는 실로에 올라가 잊지 않고 제사를 드렸던 경건한 남성입니다.

2. 아름다운 믿음의 가정을 일구어 하나님께 영광을 돌렸던 아굴라

브리스길라의 남편인 아굴라는 바울이 에베소에 가서 복음을 증거하는 곳에까지 동행하여 진리의 도리를 배울 정도로 신앙에 열심 있는 사람입니다. 또한 부부가 함께 하나님의 교회를 위하여 한 마음으로 하나님을 사랑하고 이웃을 섬기는 복된 가정의 전형적인 모습을 보여주고 있습니다. 그래서 아굴라의 가정은 지금도 모든 성도 가정의 모범이 되고 있습니다(행 18:1~3, 24~26).

3. 예수님의 육신의 아버지이자 의로운 사람 요셉

요셉은 마리아가 결혼 전에 임신한 상황을 알았지만 문제를 삼거나 겉으로 드러내지 않고 조용히 해결하려 하였습니다. 이는 그가 사랑했던 마리아에게 대해 가지는 배려와 이해가 얼마나 깊었는지 잘 보여줍니다(마 1:18~19).
또한 임신한 마리아와 혼인하여 예수님을 낳기까지 동침하지 않는 지고한 사랑을 실천한 사람입니다.

4. 사랑의 선지자 호세아

현숙한 아내를 맞아들이길 원하는 것은 모든 남성들이 갖는 소망일 것입니다. 그러나 호세아는 음란한 여인을 아내로 맞으라는 하나님의 명령에 순종하여 고멜을 자신의 아내로 받아들여 충만한 인내와 긍휼의 모습을 보여줍니다(호 3:1~3).
음란한 아내를 사랑하고 그녀를 위해 희생한 호세아의 태도는 진정한 사랑의 의미에 대해 깊이 생각해보게 됩니다.

사랑의 남성 따라잡기

1. 당신의 사랑 그래프를 그려 보십시오.

   당신의 인생 중 사랑했던, 혹은 현재 사랑하는 대상을 생각해보고 사랑 점수를 준다면, 얼마나 줄 수 있는지 스스로 평가해보세요.

   그래프가 세월이 흐를수록 위를 향해 올라간다면, 당신은 점점 성숙한 사랑을 하는 남성입니다.

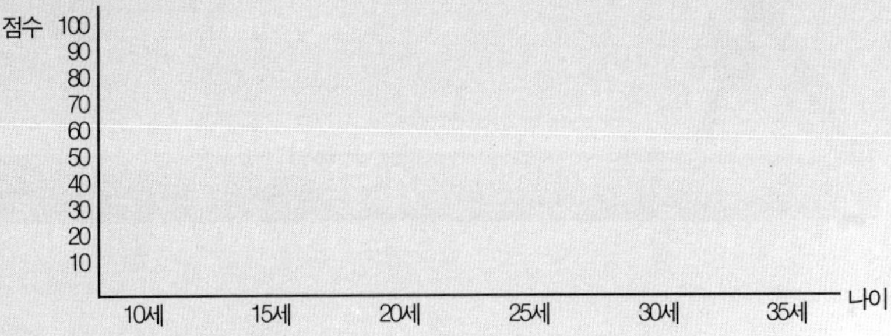

2. 당신은 엘가나와 같이 당신의 한나를 깊이 사랑하고 있습니까?

   아래의 그림을 보고 오늘 실천할 수 있는 행동에 선을 그어보고, 꼭 실천해보세요.

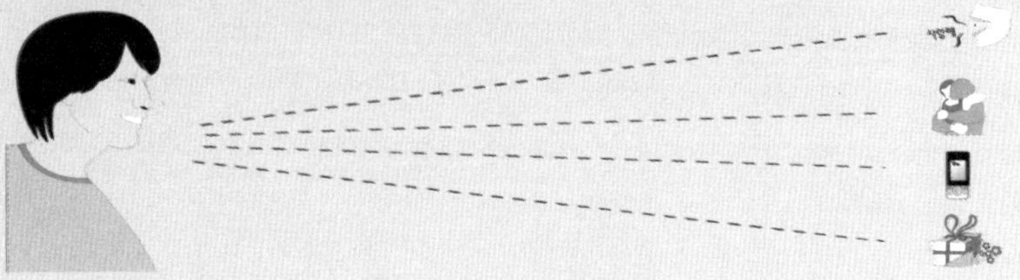

3. 당신의 아내(여자친구)에게 마리아와 같은 일이 생겼다면, 어떻게 하겠습니까? 고멜과 같은 아내(여자 친구)가 있다면 어떻게 할 건가요? 친구들과 함께 이야기를 나눠보세요.

4. 참 사랑에 대해 성경은 어떻게 말하고 있습니까?

   "자녀들아 우리가 (　)과 (　)로만 사랑하지 말고 오직 행함과 진실함으로 하자"(요한1서 3:18)

   "사랑하는 자들아 우리가 서로 사랑하자 사랑은 (　　　)께 속한 것이니"(요한1서 4:7)

- (　)안에 들어갈 말을 적어보십시오.

4부

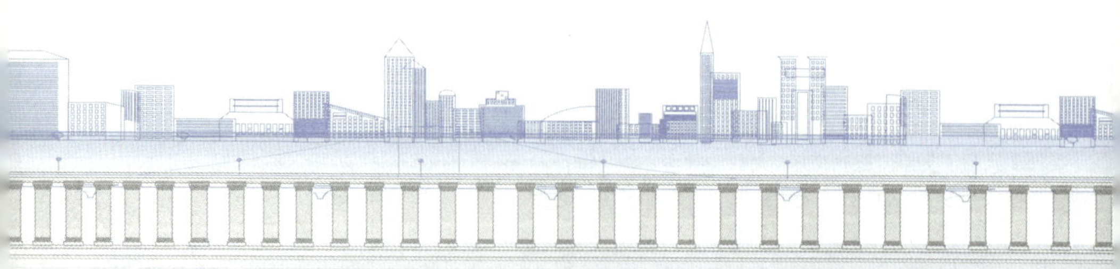

자신의 사업을 일으켜라

남자의 사업은 물질과 정신의 들녘이다.
우리는 그것을 짊어지고 씨를 뿌리며 경작하고 수확하며
기쁘게 인생의 먼 곳으로 향한다.
35세 이전의 남자는 분명 호기가 하늘을 찌르고
열정적인 인생을 추구할 것이다.
35세 이전의 남자는 하늘을 받치고 땅 위에 우뚝 서야 한다.
자기의 사업을 멋지게 꾸려나가는 데 뜻을 두어야 한다.
35세 이전에 사업과 인생이 화려하고 원만하며
상부상조하는 모습을 보이는 것이
자기에게 돌아오는 인생의 가장 좋은 선물이다.

이상과 위대한
인생목표를 수립하라

이상과 목표는 남자의 인생에서 밝은 등과 같다. 그 등은 오늘을 비추며 미래를 지향한다. 사업을 성공시키기 위해 35세 이전의 남자는 어디서부터 출발해야 할까? 당연히 원대한 이상과 목표를 세우는 일부터 착수해야 한다.

출중한 남자는 인생의 사명을 확실히 꿰뚫고 있다. 높이 매달린 어떤 이상이나 희망을 향해 전력투구하며 자신의 사업을 목표와 배합할 수 있다. 나아가 성공까지 거둔다. 평범한 남자는 묵묵히 끝을 맞이한다. 그들은 인생을 운명이라고 생각하고 인생을 창조할 수 있다는 생각을 전혀 하지 못한다. 사실 남자는 세상에 우뚝 서서 사업의 기회를 만들어나갈 운명을 타고났다. 35세 이전의 남자라면 더더욱 이상과 목표를 향해 앞으로 나아가야 한다. 위대한 인생은 농경에서 시작한다. 무엇을 해야 하고 무엇이 되고 싶은지를 생각하면서 자신이 머릿속에 그린 명확한 앞길을 위해 목표를 설정하고 용감하게 추구해야 한다.

19세기 영국 시인 키츠(John Keats, 1795-1821)는 어렸을 때 고아였다. 평생 가난하게 살았으며 문예비평가로부터 좋지 못한 평가를 받았다. 연애도 실패했으며 결핵에 걸려 26살이라는 나이에 세상을 떠났다. 키츠는 평생 순탄하지 못한 삶을 살았지만 환경의 지배를 받지 않았다. 그는 유년시절 스펜서(Edmund Spenser , 1552-1599)의 『페어리 퀸』(선녀 여왕, The Faerie Queene)을 읽고 자신이 시인이 될 운명이라고 확신했다. 키츠는 평생 그 위대한 목표에 온힘을 쏟았고, 결국 불멸의 시인이 되었다. 키츠는 "나는 내가 죽은 뒤에도 영국 시인의 대열에 낄 수 있기를 바란다"라고 말했다.

35세 이전에 마음속에 사업을 개척해야겠다는 이상이 있다면 맹렬히 추진해나갈 수 있다. 마음에 실패를 인정하면 성공할 수 없다. 자신감이 있으면 성공할 수 있으며, 성공의 가능성도 대폭 커진다. 자신감과 목표가 없으면 다른 사람을 추종하는 사람이 될 것이며 어떤 일도 성공하지 못한다. 자신의 방향을 알지 못하면 너무 신중한 나머지 소심해져서 앞으로 한걸음도 떼지 못하고 우물쭈물 멈춰 서게 된다.

• 말과 당나귀

당(唐)나라 태종(太宗) 정관(貞觀) 연간, 장안성(長安城) 서쪽 방앗간에 말 한 필과 당나귀 한 마리가 있었다. 그들은 좋은 친구 사이였다. 말은 밖으로 물건을 날랐고 당나귀는 방앗간안에서 연자방아를 돌렸다. 정관 3년, 현장법사(玄裝法師)는 그 말을 타고 서역으로 인도에 불경을 얻기 위해 출발했다.

17년 뒤, 서역으로 떠났던 말이 불경을 가지고 장안으로 돌아왔다. 그 말은 다시 방앗간으로 돌아와 친구인 당나귀를 만났다. 이제는 늙어버린 말이 여행의 경험담을 들려주었다. 끝이 없는 사막, 높고 험준한 산, 얼음과 눈으로 덮인 산봉우리, 거친 파도 등. 말은 그동안 보고 들은 신화와 같은 세상의 이야기를 그림처럼 당나귀에 들려주었다. 당나귀는 친구가 하는 말을 듣고 너무 놀랐다. 당나귀가 경탄을 금치 못하며 말했다.

"자넨 정말 견문이 넓고 경험이 풍부하군. 그렇게 먼 길은 나는 감히 엄두도 못 내는데."

늙은 말이 말했다.

"솔직히 우리가 걸어간 길의 거리는 거의 비슷해. 내가 서역으로 갈 때 자네도 걸음을 멈추지 않았으니까 말이야. 다른 점이라면 나와 현장법사는 원대한 목표를 갖고 시종일관 한 방향으로만 걸어 광활한 세계를 개척했다는 거지. 하지만 자네는 눈에 가리개가 씌워진 채 평생 연자방아 주위를 계속 맴돌았으니 이렇게 협소한 세상을 벗어날 수 없었던 거지."

결출한 사람과 평범한 사람의 가장 근본적인 차이는 결코 천부적인 자질이나 기회에 있는 것이 아니다. 그것은 늙은 말과 당나귀의 경우처럼 인생 목표의 유무에 있다.

목표는 인생의 방향을 결정하는 중요한 역할을 한다. 성공은 처음 시작에서는 선택에 불과하지만 어떤 목표를 선택하느냐에 따라 인생도 달라진다.

뜻이 있는 남자라면 자신의 길을 찾을 수 있다. 성공한 사람들은 나이에 따라 단계가 있다고 생각한다.

25세 이전까지는 배움을 추구하고 탐색하는 단계이다.

25~30세 사이는 자신이 무엇을 하고 싶은가를 이해하고 관련 업종에 뛰어들어 창업하는 단계이다.

30~35세 사이는 창업이 성공여부가 결정되는 단계이다.

35~45세 사이는 크게 발전하고 많은 수확을 거두는 단계이다.

그래서 35세 이전에 성공하고 싶다면 반드시 30살 이전에 인생의 목표를 확립해야 한다. 25세에 목표를 설정했다면 10 X 365 = 3650일을 갖게 된다. 30세에 목표를 설정했다면 5 X 365 = 1825일을 갖게 된다. 따라서 가장 창조력이 강하고, 가장 기력이 왕성한 바로 이 시기에 시간을 아껴 빨리 성공해야 하는 것이다.

랭스턴 휴스(Langston Hughes, 1902-1967)는 "서둘러 이상을 가져라. 이상이 날아가 버리면 인생은 날개가 부러진 새처럼 더 이상 날 수 없다"라고 말했다. 일찍이 브라우닝(Browning , Robert 1812-1889)은 "사람은 자신이 먼저 장악할 수 있는 것을 추구해야 한다. 그렇지 않으면 하늘이 존재하는 목적이 무엇이란 말인가?"라고 말했다.

35세 이전의 남자라면 위대한 꿈을 꾸고 위대한 목표를 세워야 한다. 이상을 실현시키기 위해 노력하라!

"형제들아 나는 아직 내가 잡은 줄로 여기지 아니하고 오직 한 일 즉 뒤에 있는 것은 잊어버리고 앞에 있는 것을 잡으려고 푯대를 향하여 그리스도 예수 안에서 하나님이 위에서 부르신 부름의 상을 위하여 좇아가노라"(빌립보서 3:13~14)
위대한 목표는 위대한 결과를 낳습니다. 하나님의 나라의 의를 구하는 것을 최우선 목표로 정하면, 당신이 원하는 모든 소망이 이루어질 것이며 가장 위대한 목표를 성취하는 당신이 될 것입니다.
당신은 어떤 목표를 가지고 살아가십니까?

차근차근 행동계획을 세워라

목표를 세웠다면 그 목표가 원대한 것이 아니라도 놀라운 효과를 발휘한다는 것을 알게 될 것이다. 목표 수립은 긴박감을 준다. 그런 인식은 아래에서 말하는 것과 같다.

올해 내가 조취를 취하지 않는다면 5천, 1만, 심지어 10만 달러를 버는 것은 불가능하다. 새로운 일자리를 찾는 것도 불가능하고 승진하는 것도 불가능하다. 이렇게 계속 하다간 내년에도 나는 지금과 같은 모습일 것이다. 그래서 나는 반드시 일을 해야 한다. 내 목표를 달성하기 위해 나는 행동계획을 세워야한다.

이런 생각은 올바른 것이다. 통상적으로 완전히 다른 일을 해야만 하며 그 섬이 매우 중요하다는 것을 인식해야 한다. 영원히 부를 축적시켜주지 못하는 일들이 있다. 예를 들어 공무원으로 일하면서 백만장자가 되기는 어렵다. 물론 정부기관의 고위 공직자의 경우는 상당히 높은 보수를 받긴 하지만 그것은 정말 극소수에 불과하다. 잡화점의 점원이나 신발가게의 영업사원도 백만장자가 되기는 힘들다. 물론 예외도 있지만 쥐꼬리만한 월급을 주는 일을 하면서 백만장자가 되기란 사실상 불가능한 것이다. 야망을 갖고 발전가능성이 충분한 영역에 도전해야 한다. 여기에서 우리는 아무런 행동도 취하지 않으면 경제적인 조건을 개선할 수 없다는 점을 명심해야 한다.

35세 이전의 남자는 행동 계획의 수립에 착수해야 한다.

일자리를 구하려면 일단 이력서와 자기소개서를 작성하고 구직전화를 걸거나 이메일 혹은 우편으로 입사지원을 해야 한다. 면접통보를 받으면 약속을 정해 면접을 봐야 한다. 부동산과 같은 투자기회를 찾는다면 항상 신경을 곤두세운 채 업계의 상황을 주시하고 자신이 아는 관련 분야의 사람들과 자주 만나야 한다. 또한 전문잡지를 탐독하여 기회를 잡아야 한다. 사장이 임금을 올려주길 바란다면, 자신의 상황을 잘 분석해야 한다. 그 목표를 실현시키기 위해 자신을 가장 잘 도와줄 사람을 찾아야 하며, 가장 효과적인 논리로 사장에게 임금인상으로 무엇을 얻게 될지를 설명해야 한다. 당신이 사업가라면 새로운 시장을 찾아내는데 최대한 노력해야 한다. 물론 현재의 시장을 이용하거나 원가를 낮추는 일도 함께 병행해야 한다.

이런 제안은 사실 지나치게 포괄적이고 획일적이다. 하지만 피해갈 수도 없다. 모든 상황은 특별하다. 지면의 한계 때문에 어떻게 하면 이력서를 잘 쓰고, 어떻게 하면 면접에서 남다른 인상을 줄 수 있으며, 어떻게 부동산투자로 돈을 벌 수 있는지 충분히 설명해줄 수는 없다. 그저 관련 서적을 열심히 읽으라고 충고할 수밖에 없다. 특히 관심분야에 아무 경험이 없다면 전문서적을 읽으라고 충고하고 싶다.

가장 중요한 첫걸음은 단계를 밟아가며 행동계획을 세우고 목표를 세분화하는 것이다. 어떤 문제와 장애가 발생한다 해도 원래 세운 계획에 따라 끝까지 밀고 나가야 한다. 또한 필요할 경우 어떻게 계획을 수정할 것이며 더 좋은 계획이 생겼을 때 그 계획을 어떻게 채택할 것인지도 반드시 숙지하고 있어야 할 내용이다. 계획이 실패로 돌아가기 전에 포기할 줄도 알아야 한다. 고객을 영원히 만족시킬 수 있는 제품은 없다. 유행은 두말할 나위도 없다. 회사의 어떤 자리는 영원히 차지하지 못할 수도 있다. 하지만 스스로를 위로하는 법을 배운다면 더 좋은 일을 찾을 수도 있다. 일부러 적극적으로 프로그래밍 한다면 목표를 실현시킬 수 있는 것이다.

계획을 세울 때는 빈틈없으면서 융통성도 발휘해야 한다. 극단적으로 흐르면 문제를 야기할 뿐이다. 대부분의 사람들이 실패하는 이유는 처음 실패하거나 좌절한 뒤 바로 포기하기 때문이다. 선택의 기로에 서게 된다면 원래 정한 계획에 따라 끝까지 밀고 나가야 한다. 부자나 성공한 사람들 모두가 그렇게 했다.

계획을 실행에 옮길 때는 일정한 위험을 감수해야 한다. 위험은 확실히 사람을 불안하게 만든다. 처음으로 목표를 확정하고 행동계획을 수립할 때는 더더욱 그런 감정이 강렬하다. 어떤 변화이든 초조와 불안을 피할 수 없나. 두려워하지 말라. 침착하게 앞으로 걸어가자.

아이아코카는 자신의 회고록에서 이런 말을 남겼다.

"일정한 위험은 떠안을 필요가 있다. 나는 이것이 모든 사람에게 적용되지는 않는다는 것도 잘 알고 있다. 햇빛이 찬란한 날에도 우산을 가져가지 않으면 문밖을 나서지 않는 사람도 있기 때문이다. 불행한 것은, 손실을 계산하려고 시도할 때도 세상은 결코 잠시 멈춰 서서 기다려주지 않는다는 사실이다. 반드시 기회를 잡아야 한다. 전진하는 길에서 잘못을 시정해야 한다."

당신이 아침에 우산을 가져가지 않으면 문밖을 나서지 못하는 사람이라면 새로운 목표를 세우고 행동계획을 수립하여 그 목표를 실현시킬 필요가 없다고 확신할 것이다.

목표가 항상 돈과 관련이 있는 것은 아니다. 가장 우수한 변호사, 가장 뛰어난 소설가, 가장 대단한 회계사, 가장 걸출한 부동산 투자가, 가장 유명한 보험설계사, 가장 좋은 구두메이커 등이 되겠다는 것에서 착안해도 좋다. 그런 것들은 정당하고 합리적인 소망이다. 그것은 성공하는 가장 좋은 방법이기도 하다. 부는 한 사람이 다른 사람들에게 제공하는 서비스에서 얻어진 보답이다. 제일 좋은 서비스를 제공했다면 제공한 서비스에 상응하는 보답을 얻을 수 있다고 기대해도 좋을 것이다. 동일한 원칙이 다른 목표에도 적용될 수 있다.

사실상 가장 이상적인 상황은 두 가지 소원을 결합하는 것이다. 한 가지 소원이 어떤 분야에서 최고가 되는 것이고, 다른 한 가지 소원이 어떤 시간 안에 구체적으로 얼마의 수입을 원하는 것이라면 두 가지 소원의 결합은 매우 효율적인 것이다.

한꺼번에 너무 많은 목표를 세우는 것은 좋지 않다는 것을 일깨워주고 싶다. 한 번에 너무 많은 목표를 세우다보면 성공하기가 어렵다. 하지만 어떤 분야에서 최고가 되면서 일정 기간 안에 구체적으로 얼마의 수입을 벌어들이겠다는 목표는 두 가지가 아니다. 두 가지 소원은 밀접한 관련이 있기 때문에 하나의 목표이다. 1년에 두 가지 목표를 갖는 것은 비교적 합리적이다. 예를 들면, 어떤 분야의 전문가가 되고 일정 수입을 올린다거나 새로운 일자리를 구하는 것은 장기적인 목표를 수립해서는 안 된다는 것을 의미하지는 않는다. 5년 계획을 세운 뒤 다시 1년 단위의 연간 목표를 세워 자연스럽게 연계시키면 좋은 아이디어를 잃지 않는 것이 된다. 많은 부자들이 심지어 평생의 목표를 세우기도 한다. "나는 내 자신이 평생 어떤 사업에 온힘을 쏟을 것이란 걸 알고 있다"고 말한다.

이제 종이 한 장과 펜 한 자루를 준비하자. 앞으로의 인생을 어떻게 안배하고 싶은지를 적어보자. 최대한 세세한 부분까지 모두 기록하자. 어떤 일에 종사하고 싶은가? 얼마나 벌고 싶은가? 그리고 5년 뒤에는? 또 10년이나 25년 뒤에는 어떤 모습으로 변해있길 원하는가? 어떤 집에서 살고 싶은가? 어떤 친구들과 사귀고 싶은가? 여행은 삶의 일부인가? 휴가는 어떻게 보내고 싶은가? 가정 생활은 어떻길 원하는가?

최대한 모든 세부사항을 적어보자. 삶을 자세히 그려야 인생을 성공적으로 만들어갈 수 있다. 실제로 이런 꿈은 잠재의식을 적극적으로 프로그래밍한다. 두뇌가 이미지로 가득 차면 그런 이미지들은 정말 현실로 바뀌어버릴 가능성을 지니게 된다. 이렇게 했을 때의 장점은 운명을 제어하고 삶의 설계사가 될 수 있다는 것이다.

5년이나 10년 뒤에 하고 있는 일이 반드시 자신이 원하던 일이라는 보장은 없다. 하지만 그렇다고 우리에게 일어나는 일이 기대한 것보다 더 나쁠 것이라는 의미는 결코 아니다. 우리의 속마음을 더 좋게 프로그래밍할 수 있다면 사태의 발전은 늘 더 좋아질 것이다. 자신의 잠재능력은 발굴하는 과정에서 점점 더 적극적인 사람으로 변모할 것이고 계획은 점점 대담하고 원대해질 것이다. 그렇게 되면 성공한 남자의 대열에도 점점 가까워질 것이다. 그때 원래 세웠던 계획을 포기할 가능성도 있다. 하지만 걱정할 필요는 없다. 인생에선 그런 일이 다반사이다. 중요한 것은 끊임없이 자아를 실현하고 자아를 충실하게 만들려는 노력이다.

"부지런한 자의 경영은 풍부함에 이를 것이나 조급한 자는 궁핍함에 이를 따름이니라"(잠언 21:5)
조급함은 부실한 결과를 낳을 뿐입니다. 차근차근 튼실하게 성공의 계단을 오르기 위해서 성경이 주는 지혜를 쌓으면 절대로 무너지지 않는 견고한 성을 쌓는 남자가 될 것입니다. 당신은 어떤 성을 쌓고 있습니까?

여러 가지 일을 해보라

일을 할 때 열정이 생기기 시작했는가?

자신의 노동이 인정을 받고 있는가?

자신에게 창창한 앞길이 있을 거라는 느낌이 드는가?

그렇다면 자신이 발전할 가능성이 있다고 보는가?

일하면서 공부하고 싶은가?

일이 자신에게 즐거움을 주는가?

자신이 더할 나위 없이 현재의 일에 충실하다고 생각하는가?

위의 질문에 모호하거나 부정적인 대답이 나오는 35세 이전인 사람이라면 전직을 심각하게 고민하기 바란다.

많은 경우 우리가 걸어나가는 길을 걸어가야 하거나, 다른 사람이 걸어 갔었거나, 혹은 다른 사람들이 우리가 선택한 길이라고 여겨지는 길을 걸었다. 하지만 얼마 지나지 않아 당신은 그 길이 가고 싶은 길이 아니었음을 깨닫게 될 것이다. 자신을 만족시키거나 자신이 좋아하는 길이 아니라는 것도 알게 될 것이다. 이상과도 부합하지 않음도 알게 될 것이다. 선택할 수

있는 다른 길도 있는데 왜 여기에서 방황하지 않으면 안 될까? 사람의 아름
다움은 그러한 선택을 할 수 있고, 다른 것을 시도해볼 수 있으며, 나아가
자신에게 가장 적합한 길을 찾아낼 수 있다는 것에 있다.

더 많은 사람들이 단번에 자신의 본질을 알 수 없으며, 노력의 방향을 정
확하게 잡을 수 없다. 사람들은 사회의 여러 풍파를 거쳐야 비로소 자신에
게 적합한 분야를 찾아낼 수 있다. 동서고금을 막론하고 자기 위치의 재정
립을 통해 괄목할 만한 성취를 거둔 위인이 수없이 많다.

유명한 시인인 아이칭(艾靑)은 원래 프랑스에서 그림을 공부했다. 그저
가끔 노트에 스쳐지나가는 싯구를 몇 자 적었을 뿐이었다. 나중에 한 시인
이 그가 쓴 시를 읽어보고 아이칭의 의사도 묻지 않고 자신이 직접 그것을
잡지사에 보냈다. 뜻밖에 그 시는 발표되었고 그 뒤에야 아이칭은 그것이
자신의 시라는 것을 알게 되었고 문단에도 등단하게 되었다.

아이작 아시모프(Issac Asimov)는 공상과학 소설가이자 순수과학 분야
의 과학자였다. 그가 성공할 수 있었던 것은 자신에 대한 재인식과 재발견의
도움이 컸다. 어느 날 오전, 그가 타자기 앞에서 타자를 치고 있을 때였다. 그
는 갑자기 '내가 일류 과학자는 될 수 없어도 일류 공상과학 소설가는 될 수 있
지 않을까?' 하는 생각이 들었다. 그래서 그는 거의 모든 힘을 공상과학소설의
창작에 쏟았다. 결국 그는 세계에서 가장유명한 공상과학 소설가가 되었다.

뢴트겐(Wilhelm Konrad Rontgen)은 원래 공학을 공부했다. 스승인

쿤트의 영향 아래에서 그는 물리실험을 여러 차례 해보았다. 그는 그 일이 자신에게 가장 적합한 분야라는 판단이 섰다. 나중에 그는 노벨물리학상을 받을 정도로 뛰어난 물리학자가 되었다.

　프랑스의 생물학자 쟝 라마르크(Jean Baptiste Lamarck)는 훨씬 더 많은 직업을 전전하다 과학영역에 들어온 사람이었다. 그는 원래 목사가 되려고 했으나 나중에 군부로 진출했다. 제대 후 그는 은행원이 되었다. 은행원으로 일하는 동안 그는 음악과 의학을 공부했다. 그는 식물원을 산책하다가 운 좋게 루소를 만나 그때부터 생물학 분야에 뛰어들었다.

　자신이 사랑하는 것을 선택하고 선택한 것을 사랑하라. 그것이 인생을 행복하게 사는 비결이다. 그런 행복을 누리지 못하는 대다수 사람들의 어려움은 결코 '선택'과 '사랑'이라는 두 가지 일에 있는 것이 아니다. 이것 저것을 살펴보고 골랐는데 알고 보니 자기 마음에 들지 않는 것이었고 사랑도 해보았지만 사랑한 뒤에 도대체 사랑이 무엇인지를 더욱 알지 못할 뿐인 것이다.

　먼저 자신에게 필요한 것이 무엇인지를 알아야 진정으로 좋아하는 것을 얻을 수 있고 적합한 대상을 찾아낼 수 있다. 그것은 생각처럼 그리 어려운 일이 아니다. 일순간 결정하기 어렵다면 유일한 방법은 젊었을 때 여러 가지를 시도해보는 것이다.

　전직을 통해 자신이 흥미를 느끼는 부분이 무엇인지를 찾는 것은 젊은 사람이 자아를 찾는 방법 가운데 하나이다. 자신이 지불한 대가나 당신을 고용한 기업이 지불한 원가가 값비싸긴 하지만 모든 일을 할 때 온힘을 쏟고 열심히 배운다면 단기간에 자신이 진정으로 좋아하는 것을 알 수 있다.

자신이 흥미를 갖는 일을 찾기 전까지 아마 여러 일을 해보아야 할 것이다. 그런 탐색의 과정은 청춘을 낭비하는 것처럼 보일 것이다. 하지만 한걸음씩 나아갈 때마다 체험하고 생각할 수 있게 되어 결국 진정으로 자신에게 적합한 직업을 찾게 될 것이다. 가장 두려운 것은 자신이 진정으로 흥미를 느끼는 것을 찾는 과정에서 온힘을 기울이지 않았으면서 불평불만을 토로하고 일의 재미와 성취감을 깊이 체험하지 못하는 것이다. 지나치게 높은 보수와 명예를 추구하고 다른 사람들의 인정을 맡으려는 데만 신경을 쓰며, 다른 사람의 기대를 이루어주려고 억지로 노력하는 더 극단적인 경우도 있다. 싫어하는 일과 부적합한 일을 하는 것을 좋아하는 사람처럼 매우 고통스럽고 오래 지속되기 힘들다.

"나무를 옮기면 죽고, 사람을 옮기면 산다"라는 말이 있다. 하나님은 절대 사람의 길을 끊어버리는 경우가 없다. 모든 사람은 자신의 성공을 꿈꿀 수 있다. 그것은 머리 잘린 파리처럼 이리저리 좌충우돌하라는 것이 아니다. 다시 자신을 발견하고 사방을 잘 살펴보라는 것이다. 융통성을 발휘하고 임기응변이 능해야 하며, 나설 때는 나서고 물러설 때는 물러서야 한다.

현대의 많은 사람들이 자신이 싫어하거나 심지어 혐오하는 자리에서 일을 하고 있다. 자신이 원하지도 않는 일을 하고 있는 것이다. 자신을 괴롭히느니 차라리 빨리 결정을 내리고 새롭게 시작하는 것이 낫다.

그래야 훨씬 쉽게 성공할 수 있다.

자기가 가장 잘하는 일을 하라

이 세상의 대다수 남자들은 모두 평범하지만 반면에 모두 평범하지 않은 사람이 되고 싶어 한다. 성공을 꿈꾸며 재능에 대한 보상을 받고 싶어 한다. 능력을 인정받고 싶어 하며 명예, 지위, 부를 얻고 싶어 한다. 그것은 거의 모든 남자의 바람이다. 유감스럽게도 정말 이런 것들을 얻는 사람은 많지 않다. 더욱이 35세 이전의 남자 가운데에서 이런 사람들을 찾기란 무척 힘들다.

이런 성공한 남자를 자세히 관찰해보면, 공통된 특징이 있음을 알 수 있다. 그들의 총명함과 재능이 높거나 낮든, 어떤 분야에 종사하든, 어떤 자리에 있든 그들은 언제나 적극적이고 진취적인 자세를 유지할 수 있으며 게다가 자신의 가치를 매우 중요하게 생각했다. 목표에 대한 집착도는 끝까지 한번 밀고 나가자는 것이라고 할 수 있었다.

음악가, 화가, 운동선수가 되는 것처럼 천부적인 재능에 의존해야 일정한 성취를 볼 수 있는 것을 제외하고 다른 절대 다수의 성취는 모두 후천적인 훈련과 노력으로 얻어진다. 성공한 남자들의 여러 사례에서 볼 때 일에 온힘을 쏟고 불평 없이 노력해야 달콤한 열매를 먹을 수 있음을 알 수 있다.

남자가 성공하려면 반드시 기억해두어야 할 원칙이 있다. 한 나라가 경제발전정책을 선택하듯이 개인도 자신이 가장 잘하는 일을 선택해야 한다는 것이다. 바꿔 말하면 다른 사람과 비교하거나 부러워할 필요가 없다는 것이다. 자신의 장점은 자신에게 가장 유익하다. 이것이 경제학에서 강조하는 비교이익이다.

그 다음은 '기회원가의 원칙'이다. 하나를 선택했다면 다른 하나는 포기해야 한다. 두 가지 사이의 취사선택은 이 일의 기회원가를 반영한다. 그래서 우리는 일에 전력투구할 줄 알아야 한다. 일에 대한 열의를 높여야 한다.

그 다음은 '효율의 원칙'이다. 업무성과는 근무시간이 얼마나 긴지에 있는 것이 아니라, 효율이 얼마나 높고 부가가치를 얼마나 창출해내었느냐에 있다. 자신의 노력이 헛되지 않아야 그에 합당한 보수와 대가를 받을 수 있다.

알다시피 남자가 자신이 가장 잘하는 일을 할 때는 높은 효율을 내야 한다. 환경은 자신이 만들어가는 것이며 성공도 자신이 만들어내는 것이다. 자신을 가볍게 여겨서는 안 된다. 자신의 능력을 믿어야 하는 것은 두말할 나위도 없다. 당신은 지금 대단한 일을 하고 있을 것이다. 어느 날 당신은 정말 평범하지 않게 변할 것이다.

'현실주의'는 남자가 성공을 획득하는데 도움이 되는 보물이다. 모든 남자는 젊었을 때 뜻을 세운다. 어떤 사람은 과학자, 발명가, 문호가 되고 싶어 한다. 모든 사람의 이상은 매우 원대해 보인다. 이 사회에 여러 부류의 인재가 필요하긴 하지만, 대다수 남자는 다른 사람의 성취를 부러워하거나 다른 사람이 한 일을 그대로 따라할 뿐이다. 자신의 특기와 능력을 알고 목표를 정해 전력투구하는 사람은 극히 드물다. 35세 이전의 남자는 자신의 우상을 숭배하는 일을 피해갈 수 없다. 그들은 모범이 되는 사람을 찾아 배우고 싶어 한다. 하지만 모든 사람이 과학자, 발명가가 될 수는 없다. 실제로 장기를 키워 한 걸음 한 걸음 개인의 자원을 축적해나가는 것이야말로 성공으로 가는 길이다.

남자 가운데 위대한 리더는 비범한 패기를 지니고 있는 경우가 많다. 그들은 똑똑해서 일이 생겼을 때에도 정확히 처리한다. 하지만 일반적인 사람의 기준으로 볼 때 그들은 절대 현실적이지 못하다. 하지만 무엇이 현실적이란 말인가? 정론은 없다. 현실적인지 아닌지는 어떠한 것을 기준으로 정하느냐에 달렸다.

에디슨이 좋은 예이다. 학교 문턱도 제대로 가보지 못한 신문팔이 소년 에디슨은 나중에 미국의 공업을 완전히 새롭게 바꾸어 놓았다. 에디슨은 거의 매일 실험실에서 18시간을 고생스럽게 일했다. 심지어 그는 실험실에서 먹고 잤지만 그것을 고생이라고 생각하지 않았다. 그는 "나는 평생 하루도 일을 해본 적이 없다. 나는 매일 무궁무진한 재미에 빠져 있었을 뿐이다"라고 했다. 어떤 일에 종사하는 것에 대해 아무 개념이 없다면 어떻게 그 일에 열정을 가질 수 있겠는가? 에드나는 듀폰사를 위해 수천 명의 직원을 고용한 적이 있으며 지금은 미국 가정용품회사의 공업관계 부사장이다. 그녀는 "나는 이 세상 최대의 비극은 그렇게 많은 남자가 아직까지 그들이 진정으로 무엇을 하고 싶은지 알아내지 못했다는 것이라고 생각한다. 나는 한 남자가 자신의 일에서 급여를 받고 다른 것은 아무 것도 요구하지 않는 것이 가장 불쌍한 일이라고 생각한다"라고 말했다.

사실 정확한 일을 선택하는 것은 남자의 심신건강에 매우 중요하다. 미국 존 홉킨스 병원의 레이몬 박사는 몇몇 보험회사와 함께 연구를 진행해본 적이 있었다. 그는 장수의 원인이나 요소에 대한 연구를 했다. 그는 장수의 비결 1순위에 '정확한 일'을 올려놓았다. 그것은 스코틀랜드 철학자 칼라일(Carlyle)이 "자신이 사랑하는 일을 찾아낸 사람을 축복하시오. 그들은 더 이상 다른 행복을 추구할 필요가 없으니 말이오"라고 한 명언에 정확히 부합한다.

현실은 남자들에게 일에 적응할 수 없는 것은 최대의 실패라고 알려주고 있다. 확실히 그렇다. 대다수 남자의 근심, 후회, 실망은 모두 일을 중요하게 여기지 않는 데서 생긴다. 세상에서 가장 불쾌한 남자는 일상의 일을 증오하는 남자일 것이다. 성공을 거두고 싶은 남자는 유행을 좇아서는 안 된다. 유행하고 있고 수입이 좋으며 다른 사람들이 괜찮다고 생각하는 일만 해서는 안 된다. 어떤 일이든 결국 자신이 해내는 것이다. 스스로 목숨을 걸고 하지 않거나 잘하는 일이 아니라면 실패의 확률만 높일 뿐이다.

35세 이전의 현명한 남자는 파도에 휩쓸려 흘러가서는 안 된다. 진정으로 자신의 장점을 발휘하기 위해 성공한 남자처럼 일을 선택하는 법을 배워야 한다.

일을 사업 하는 것으로 생각하라

성공한 사람과 실패한 사람, 부자와 가난뱅이의 가장 큰 차이는 직업과 사업의 구분이 명확하지 않으며, 일에 대한 태도가 다르다는 것에 있다. 하나는 일을 일이라고 생각하고 하며 다른 하나는 일을 사업이라고 생각하고 한다. 즉 사업을 하는 태도로 일을 하는 것이다.

일과 사업은 내포하는 의미, 시간, 공간, 성질에 따라 완전히 다르다. 실패하는 사람은 일을 하고 성공하는 사람은 사업을 한다.

● " 나는 지금 세상에서 가장 아름다운 집을 짓고 있지요. "

세 사람이 함께 공사장에서 일을 했다. 그들의 일은 모두 같았다. 벽돌로 담을 쌓는 것이었다. 어느 날, 길을 지나는 사람이 한 일꾼에게 물었다.

"아저씨는 무슨 일을 하십니까?"

"벽돌로 담을 쌓고 있소."

그는 또 다른 일꾼에게 물었다.

"아저씨는요? 무슨 일을 하시는 거죠?"

"돈을 벌고 있지요, 먹고 살기 위해서 말이오."

그는 세 번째 사람에게 다시 물었다.

“아저씨가 하는 일은 무엇인가요?”

“나? 나는 지금 세상에서 가장 아름다운 집을 짓고 있지요.”

그 일꾼은 진지하게 대답했다.

나중에 처음 두 사람은 여전히 공사장에서 벽돌을 쌓았지만 세 번째 사람
은 유명한 건축설계사가 되었다.

일을 일로 생각하고 하면 일과 사업 사이의 관련성을 찾아낼 수 없다. 일
과 일 사이는 서로 따로 떨어져 있고 자잘하며 번거로운 것이다. 일을 끝낸
다음에는 손을 털어야 한다. 좀 진지해져도 일을 좀더 잘하고 훌륭하게 하
려고 생각만 할뿐이다. 진지한 정도가 떨어지면 단순한 일도 잘 해내지 못
하고 일을 대충하게 된다. 또한 어쩔 수 없이 해야 하는 번거로움으로 여기
게 될 것이다. 일을 사업으로 생각하면 일과 사업을 연결시키고 일의 발전
공간을 넓히며 미래를 설계할 수 있다. 매일 하는 일을 연속의 과정이라고
생각하면, 작은 일도 커지며 점점 발전하여 사업이 될 것이다.

취업은 생계수단이고 사업은 자아실현의 길이다. 대부분의 사람이 성공
적인 인생을 살지 못하는 이유는 두 가지를 하나로 섞어서 말하기 때문이
다. 반대로 일부 사람이 성공하는 이유는 그들이 인생의 직업선택과 사업
을 위해 분투하는 방향을 교묘히 중첩시켰기 때문이다.

● 누가 그런 CEO를 원할까?

브라운은 유사이래로 미국에서 가장 성공한 영화제작자이다. 하지만 성
공을 거두기 전까지 그는 세 군데의 회사에서 해고당했고 몹시 궁핍한 삶

을 살아야 했다.

처음 그는 고향에 있는 N. 프롬출판사에서 일했다. 남다른 예술적 재능과 얽매임이 없는 문화경영의 지혜로 2년 만에 회사의 서열 3위에 올랐다. 그때 그의 나이 25세였다. 하지만 전국 농기계 기업경영 네트워크 총서의 출판이 좌절되면서 그는 회사의 다른 고위층 인사와 의견충돌이 생겼다. 결국 그는 회사에서 해고되었다.

뉴욕에서 뉴아메리칸 문고의 수습기간을 끝낸 그는 일약 편집부 부편집장이 되어 다른 동료의 부러움을 한몸에 받았다. 하지만 몇몇 주주가 1년 뒤 한 재력가를 초빙하였는데 브라운은 그 사람과 예술적으로 추구하는 방향이 서로 달라 의견이 서로 맞지 않았다. 얼마 지나지 않아 그는 또 해고되었다.

캘리포니아로 돌아온 그는 다시 유명한 20세기 폭스사에 입사하였고 고위 관리자로 6년 동안 그곳에서 일했다. 하지만 이사회는 그가 제안하거나 제작하자고 주장했던 〈클레오파트라〉 등의 여러 대작 영화들의 제작에 반대했다. 그는 어쩔 수 없이 회사를 나와야 했다.

그후 브라운은 10여 년 동안의 직업 생애를 자세히 돌이켜보았다. 그는 자신의 장점을 생각해보았다. 솔직히 그는 시야가 넓었고, 사고의 폭이 넓었으며, 자신과의 관계는 생각하지 않고 인격과 능력만으로 사람을 쓸 줄 알았다. 공정하게 일을 처리하고 식언할 줄도 알았을 뿐 아니라 직감으로 일을 처리할 줄도 알았다. 그런 천부적인 재능과 뛰어난 용기, 예술적 재능은 미국, 나아가 전 세계의 새로운 엔터테인먼트 시대에 성공적인 CEO가 될 고귀한 요건이었다. 하지만 어느 회사에서 그런 CEO를 원할까?

브라운은 자신이 실패한 근본적인 원인을 분석한 다음, 의연하게 30만 달러를 대출받아 창업하기로 결심했다. 그는 〈죠스〉, 〈코쿤〉 등의 대작 영화들은 선보이며 미국과 전 세계 영화계에 파란을 불러일으켰다.

직업에서 브라운은 연전연패한 직원이었다. 사업에서 브라운은 성공적인 기업가이자 훌륭한 CEO가 되었다. 많은 사람들이 이상하게 생각할지도 모르지만 사실 이것은 더할 나위 없이 합리적인 일이다. 그의 직업선택과 사업에 대한 추구는 하나가 되었기 때문이다.

사업에 대한 욕심이 강한 사람일수록 직장에서도 잦은 마찰을 빚어낼 수 있다. 그들의 진취적인 마음가짐은 남다를 뿐만 아니라 무척 강렬하게 타오르기 때문이다. 또한 그들은 직장 내에 이미 기정사실화된 규칙에 곧잘 도전하기도 한다. 그래서 직장에서의 좌절과 실패는 사업에서도 그런 경우를 당할 거라는 것을 나타내지는 않는다.

크게 성공할 수 있는 사람은 자신의 재능, 흥미, 개성, 처세태도와 탁월한 인생의 가치추구가 유기적으로 융합되어 하나가 된 사람이다. 35세 이전에는 일을 사업으로 여기고 하라. 직업선택과 사업에 대한 분투가 완벽하게 일치해야 가장 큰 수확을 거둘 수 있다.

43 해당업계에서
필요한 모든 지식을 배워라

이미 작고한 '부품 왕' 브루딘은 35세 때 부품업계의 리더가 되었다. 게다가 연간수입이 1천만 달러에 이르는 항만과 서부 공업회사를 건설하기도 했다.

젊었을 때는 누구나 밤새워 공부해본 적이 있을 것이다. 20대나 30대까지는 별 문제가 없지만 35세가 되면 기본적인 기술을 익히기 위해 골머리를 앓아서는 안 된다. 35세 이전까지는 지식의 원시적인 축적단계이지만 35세 이후에는 발전해야만 한다.

자기 분야에서 필요로 하는 지식을 습득하는 것이 결코 간단하고 쉬운 일이 아니다. 힘겨운 노력을 통해서만 얻을 수 있는 것이다. 다음의 우화는 그런 의미에서 우리에게 많은 생각한 여지를 남긴다.

아프리카 초원에 영양과 사자가 살고 있었다. 매일 아침, 잠에서 깨어나자마자 영양은 이런 생각을 한다.

'오늘도 나는 가장 빨리 달리는 사자보다 더 빨리 달려야 해. 그렇지 않으면 나는 잡아먹혀서 이 세상에서 사라지고 말 거야.'

사자도 아침에 일어나면 생각을 한다.

'맛있는 아침 식사를 하려면 나는 제일 빨리 달리는 영양보다 더 빨리 달려야 해. 그렇지 않으면 나는 굶어 죽을 거야.'

그래서 광활한 초원에서는 언제나 생존을 위한 치열한 싸움이 벌어진다. 약육강식의 자연법칙은 이곳에서 여지없이 드러난다.

1970년대 유럽과 미국의 미래학자들은 인류가 21세기에 들어서면 매주의 근무 시간이 36시간까지 줄어들어 많은 사람들이 자아실현과 여가선용에 더 많은 시간을 할애하게 될 것이라고 예언했다. 하지만 실제로 역사의 발걸음이 21세기로 들어서자 사람들은 경악했다. 상당히 많은 사람들의 근무시간이 무한정 늘어났다. 심지어 72시간을 넘는 사람도 생겼고, 아예 일할 권리마저 박탈당한 사람이 부지기수로 많아진 것이다. 일자리를 구하지 못한 사람들은 시장에서 매정하게 도태되고 버려졌다. 근무시간이 계속 늘어나는 사람들은 더욱 자아실현을 위해 노력한다.

지금은 무한경쟁의 시대이다. 배우고 노력하여 사회에 적응하지 않으면 사회에서 도태될 것이다. 사회에서 도태되고 싶지 않다면 반드시 자기도 도태될 수 있다는 생각을 항상 하면서 노력해야 한다.

배움의 내용은 무척 광범위하다. 크게는 기본 원리에서 작게는 구체적인 행위와 기교를 말한다. 모든 분야가 이와 같다. 많은 것들이 학교에서는 배울 수 없다. 현행 교육 체계에서의 학교교육만으로는 날로 새롭게 변화하고 발전하는 사회에 적응할 수 없다. 그래서 우리는 배웠던 지식을 사회에서 실천할 수 있도록 노력해야 한다.

● 나의 성격과 특징은 어느 곳에 속하는가?

베이징(北京) 상인의 성격과 특징 - 사회에 관심이 많으며 말을 잘한다.

상하이(上海) 상인의 성격과 특징 - 영악하고 자부심이 강하며 경쟁에도
용감하다.

광뚱(廣東) 상인의 성격과 특징 - 돈을 인생에서 가장 중요한 것으로 여
기며 개척자 정신이 강하다.

안휘이(安徽) 상인의 성격과 특징 - 선비의 품격을 갖춘 상인이 많으며
문화적인 취향을 물씬 풍긴다.

산씨(山西) 상인의 성격과 특징 - 검소하며 힘겨운 일도 두려워하지않
는다. 신용과 품질을 중요하게 생각
한다.

우한(武漢) 상인의 성격과 특징 - 소심하고 지는 것을 싫어한다. 체면을
중요하게 생각한다.

씨안(西安) 상인의 성격과 특징 - 기회를 놓치지 않으며 과감하게 일을
처리한다.

항저우(杭州) 상인의 성격과 특징 - 체면 치레에 지나치게 신경을 쓰며
큰 상인이 드물다.

닝뽀(寧波) 상인의 성격과 특징 - 세상을 집으로 여기며 모험심이 강
하다.

원저우(溫州) 상인의 성격과 특징 - 작은 일부터 착실히 해나가며 판매
개척에 능하다.

민난(民南) 상인의 성격과 특징 - 경제적인 머리가 잘 돌아간다.

스스(石獅) 상인의 성격과 특징 – 천부적으로 장사를 좋아한다.

둥베이(東北) 상인의 성격과 특징 – 화를 잘 내며 술자리에서 사업에 대

해 이야기하는 것을 좋아한다.

이상은 중국 상인의 특징이다.

위의 특징 가운데 당신은 어떤 성격에 속하는가?

자신을 알면 앞으로 일과 사업을 유능하게 이끌어 가기 위해 필요한 지

식이 무엇인지를 쉽게 찾아낼 수 있다.

남자는 35세 이전에 자기 분야에서 필요로 하는 모든 지식을 습득해야 한

다. 매일 자신을 새롭게 하지 않으면 경쟁에 도태될 수밖에 없다.

"또 방들은 지식으로 말미암아 각종 귀하고 아름다운 보배로 채우게 되느니
라"(잠언 24:4)
창세기에서는 하나님의 창조의 비밀을 알 수 있습니다. 출애굽기에서는 하
나님의 구속의 역사를 배울 수 있습니다. 복음서에서는 예수님의 생애를 볼
수 있습니다. 성경의 각 책마다 각 장마다 배울 수 있는 지혜와 지식이 다르
게 숨어있습니다. 성경 전 권을 다 읽으면 세상이 줄 수 없는 귀중한 지혜를
모두 배우게 될 것입니다.
당신은 하나님의 지혜를 지속적으로 배워가는 중입니까?

업무태도를 단정히 하라

신문에서 어느 기업주의 글을 읽은 적이 있다. 그 사장은 지금 젊은이들이 일을 존중하는 정신이 결여되어 있다고 개탄했다. 젊은 사람들이 일을 가볍게 여기고 있으며 실수를 해도 나무랄 수 없다는 것이다. 조금만 많은 것을 요구해도 도망쳐버린다고 했다.

겸허하게 배우고 열심히 일하며 성실하게 책임을 다하는 직원은 실제로 얼마 되지 않는다고 그 사장은 말했다. 또한 그는 계속 우리 사회가 이렇게 나간다면 나중에 어떻게 되겠냐며 우려했다.

정말 그렇게 된다면 우리 사회의 전망은 어두워질 수밖에 없다. 누구나 일을 하지만 일에 대한 태도가 어떠하냐에 따라 결과는 달라진다. 35세 이선의 당신이 아직도 직장생활을 하고 있다면 근무시간에 업무태도를 단정히 할 필요가 있다. 일을 존중할 줄 알고 급여를 위해서만 일하지 않으며 사장의 마음으로 일을 할 수 있다면 평생 자신에게 이익이 된다.

사장이 되려면 일과 직업을 존중할 줄 알아야 한다. 그러나 사실 직원으로 일할 때 더 일과 직업을 존중해야 한다. 일과 직업을 존중하는 것은 자신의 일을 사랑하는 것이다. 이것은 심리적으로 두 가지 단계가 있다. 낮은 단계는 돈을 벌고 고용주를 위해 해야 할 일을 하는 것이다. 높은 단계는 회사에서 하는 일을 자신의 일로 생각하는 것이다. 심지어 사명감과 도덕의식을 갖는 것이다. 어느 단계이든 일과 직업을 존중하는 것은 책임을 다하는 것이다. 일과 직업을 존중하는 것은 진지하고 빈틈없이 일을 처리하며 시작을 했으면 끝을 보는 것이다.

일은 자신을 위해서 하는 것이다. 일을 존중하는 사람은 일에서 다른 사람보다 많은 지식과 경험을 얻기 때문에 그런 경험과 지식을 발전의 발판으로 만들 수 있다. 나중에 다른 분야로 진출하더라도 일하는 방법은 큰 힘이 되어 줄 것이다. 그래서 사장의 마음으로 회사를 대하는 사람은 무슨 일을 하든 쉽게 성공할 수 있다.

직업존중의 정신으로 일하라. 직업존중의 정신이 결여되면 성공과 성취에 한계가 있을 수밖에 없다는 것만은 확실하다. 왜냐하면 산만하고 일을 대충하며 책임감이 없는 마음가짐이 이미 의식과 잠재의식에 뿌리를 내리고 있어서 무슨 일을 하더라도 마음 내키는 대로 하는 것의 직접적인 반응이 나타날 것이기 때문이다. 결과는 묻지 않아도 알 수 있다. 35세 이후에도 여전히 그렇다면 인생을 헛되이 보낼 가능성이 높다.

그래서 사장의 마음가짐으로 회사를 대하라는 것이다. 단기적으로 보면 고용주를 위하는 것처럼 보이지만, 장기적으로 보면 자기 자신을 위한 것이니 말이다.

젊은 세대는 자주 이직하는 것을 능력, 요령을 피우며 득을 취하는 것을 영광이라고 생각한다. 사장이 몸을 돌리면 게으름을 피우고 감시하지 않으면 일도 하지 않는다. 구실을 만들어 책임을 회피하고 자기를 합리화하기 일쑤이다. 자아성찰은 하지 않고 여러 가지 핑계를 만들어 책임감 결여를 감춘다. 게으름, 소극적인 태도, 의심, 원망, 불평 등의 병폐가 전염병처럼 기업, 정부기관, 학교에서 퍼지고 있다. 이것은 어떠한 대가를 치루더라도 없애지 않으면 안 되는 것들이다.

회사에 계속 남기로 결정했다면 진심으로 회사나 사장에게 충성해야 한다. 사장과 회사를 칭찬하거나 중요하게 생각하지 못하겠다면 회사를 나와야 하며 방관자적인 입장에서 자신을 살펴보아야 한다. 자신이 어떤 조직에 몸담고 있다면 그 조직을 비방해서는 안 된다. 자신이 취직한 회사를 무시하는 것은 자신을 무시하는 것과 같다.

직업의 책임감과 사업에 대한 높은 충성심이 일단 길러지면 신뢰받는 사람이나 중임을 맡을 수 있는 사람이 될 수 있다. 이런 사람은 사장의 신임을 두텁게 받을 뿐만 아니라 실업자가 되는 일도 없을 것이다. 하지만 게으르고 불평만 늘어놓으며, 아무 곳에서나 비방을 일삼는 사람은 독립해 자기 사업을 한다고 해도 나쁜 습관을 버리지 못한다. 당연히 성공을 거두기도 어렵다.

게으름은 이기적인 행위이다. 개인적으로는 이익이 될지 모르지만 회사에는 해가 된다. 많은 직장인들이 종종 회사나 사장과 대립한다. 그들은 억지로 일을 한다. 그들은 사장을 자신들의 고혈을 짜는 기계로 여긴다.

일을 존중하면 좋은 보답을 받을 수 있다. 설사 좋은 보답을 얻지 못하더라도 득을 보는 것은 자기 자신이다.

성공에 뜻을 둔 남자라면 창업을 위해 경험을 축적하고 기술이나 지식을 습득하며 인맥을 만드는 등의 여러 가지 준비를 해야 한다. 그것은 일 자체가 급여보다 당신에게 주는 것이 더 많다는 말이다. 일을 적극적으로 경험을 쌓거나 배울 수 있는 기회로 여긴다면, 모든 일에서 성장의 기회를 잡을 수 있다. 당신은 급여를 받기 위해 일하는 직원이지만 단지 급여만을 위해 일하지는 않는다. 급여를 위해 일하는 것이 목적이 뚜렷해 보이기는 하지만 눈앞의 이익이 마음을 가리기 쉬워 자신이 발전해가는 길을 못보게 만들기도 한다. 급여만을 위해 일한다면 급여만을 얻고 다른 것은 얻을 수 없을 것이다. 먹기 위해 사는 것이 된다면 먹는 삶을 유지할 수 있을 뿐이다.

급여가 적다는 이유로 일을 대충하고 시간을 그럭저럭 때우는 사람은 회사의 손해이다. 하지만 장기적인 관점에서 볼 때 그것은 자신의 가치를 떨어뜨리고 자신의 생명을 말라죽게 하는 일이다. 그것은 또한 자신의 희망을 끊어버리고 하류층의 삶을 계속 살아가게 만들 뿐 아니라 평범하고 끊임없이 불평을 쏟아내는 삶을 살게 한다. 그러면 자신의 재능은 묻히게 된다. 또한 인생에서 마땅히 있어야 할 창조력이 소실된다.

왕중치우(汪中求)의 『판매사원의 자기판매』라는 책에는 이런 말이 있다.
"사장을 제일 중요한 고객으로 생각하라. 사장은 당신에게 일할 공간을 주었고 잠재력을 발휘할 기회를 주었으며 당신의 서비스를 사주었기 때문이다."

매우 이치에 맞는 말이다. 직원은 사장에게 잘해야 한다. 사장을 제일 중요한 고객으로 여겨야 한다. 동시에 일을 할 때는 자기 관리에도 신경을 써야 한다. 사장을 위해 일하든 자기 자신을 위해 일하든 당신이 가져가야 할 것은 단지 월급만이 아니다. 소중한 경험, 양호한 훈련, 기술력 향상, 자기 인식의 심화 등 다양한 것을 얻어야 한다. 그런 것을 유한한 금전과 비교한다면 그 가치가 몇 배가 될지 모를 일이다.

급여만을 위해 일하는 것이 아니라 다른 것을 얻기 위해 열과 성을 다해 노력하다보면 업무 능력도 점점 향상되는 것을 느낄 것이다. 그러면 자기 성장을 보게 될 것이며 급여도 자기가 모르는 사이에 올라가 있음을 알게 될 것이다. 열심히 노력하면 사장을 위해 실적을 올릴 수 있다. 그러면 사장은 업무태도와 실적에 만족하여 임금을 올려주든 승진을 시키든 방법을 가리지 않고 당신에게 상을 줄 것이다. 하지만 일을 할 때 잔머리를 쓰는 사람도 있다. 그런 사람들은 주로 지각이나 조퇴를 밥 먹듯이 하고 사무실에서 다른 사람과 잡담을 하며 출장을 핑계로 관광을 하기도 한다. 경비지출을 결산한다는 핑계로 공금을 유용하여 자기 수머니를 채우는 경우도 있다. 그런 사람들은 자신이 똑똑하다고 생각하지만, 실제로 그들의 손해는 자신들이 획득한 작은 이익보다 훨씬 크다. 이런 사람들은 일순간 득을 볼지는 모르지만 성공과는 인연이 멀어져 평생 실패자가 될 가능성이 농후하다.

사장의 마음으로 일하면, 전체적인 시각에서 자신이 맡은 일을 생각할 수 있고, 그 일이 전체 업무에서 어떤 위치와 중요성을 갖는지도 알 수 있다. 그러면 주어진 일을 가장 잘 해낼 방법을 찾을 수 있고, 더 멋지고 원만하게 끝낼 수 있다. 이런 마음가짐으로 일하면 상사가 시킨 일을 마다하지 않고 시간과 정력을 쏟아가며 맡은 일을 처리할 수 있다. 그것을 자신의 업무능력, 기술, 의지력 등을 단련할 좋은 기회라고 생각하는 것이 좋다. 그런 마음자세를 갖게 되면 일을 남보다 더 잘하게 되어 연봉도 오르게 될 것이다. 물론 얀병이 오르지 않을 수도 있지만, 당신은 전체적인 리더쉽을 키우고 단련할 수 있다. 나아가 창업조건을 갖추는 데도 도움이 된다.

35세 이전의 당신이 직장에서 일하고 있다면 이제부터라도 근무태도를 바꿔야 한다.

"낮에와 같이 단정히 행하고 방탕과 술 취하지 말며 음란과 호색하지 말며 쟁투와 시기하지 말고"(로마서 13:13)
사람 앞에만 보이려고 일하는 자는 외식하는 자와 다름없습니다. 항상 단정한 자세로 일하는 당신을 하나님은 기뻐하시며, 인정받는 일꾼으로 사용하여 주실 것입니다.
당신이 일하는 곳의 진정한 주인은 누구십니까?

재능을 드러낼 시기를 잡아라

성공한 사람들은 '시기'를 성공과 실패의 핵심요소라고 생각한다. 35세 이전의 남자가 일할 때 더욱 중요한 것은 자신의 재능을 선보일 최적의 시기를 파악하는 것이다. 왜냐하면 그 때만이 모두에게 당신의 남다른 면을 알게 해줄 수 있기 때문이다.

인생의 사업은 무대 위의 연극과 같다. 연극의 동작과 대사를 연출할 때는 적절한 시기와 위치를 파악해야 한다. 사업도 마찬가지이다. 어떻게 연기하느냐는 자신의 실력에 달렸다.

어떤 남자든 일을 하면서 잘 모르는 난제에 부딪힐 수 있다. 일을 할 때 다른 사람의 도움을 부탁하는 것은 무척 어려운 일이다. 자신의 가치를 떨어뜨리는 일일 뿐만 아니라 부탁한 것의 성격에 따라 적절히 사례를 해야 하기 때문이다. 하지만 뛰어난 남자는 가장 자연스럽고 효과적인 방법을 찾아낸다.

우리는 먼저 몇 가지를 검토해보아야 한다. 일 때문에 다른 사람에게 부탁할 때는 불쑥 요구사항을 언급하면 과연 효과가 있을까? 일을 가장 적절한 시기에 해결할 수 있을까? 간단하지 않은 문제에 정확한 답을 찾아낼 수 있다면 어려운 문제도 쉬워진다.

다른 한편으로 업무적으로 다른 사람을 도와줄 때는 적절한 때를 골라야 한다. 너무 빨리 도와주면 상대방을 간섭하는 인상을 주기 쉽고 너무 늦게 도와주면 상대방을 위로하는 것이 될뿐 실질적인 도움이 되지는 못한다.

현명한 남자는 언제가 도와주기에 가장 적절한 때인지를 안다. 물론 그가 일의 상황을 알고 있으며 일의 경과를 따라가고 있다는 전제하에서 그렇다. 문제의 핵심은 상대방의 자신에 대한 신뢰도에 있다. 상대방이 자신을 신뢰하지 않을 때는 보수적으로 상대방을 돕는 것이 가장 효과적인 방법이다. 일단은 업무의 방향을 찾으려다 머리가 혼란하여 뭐가 뭔지 분간을 하지 못하고 있을 때와 사태를 급전환할 수 있을 때가 가장 좋은 시기이다.

이 시기는 승리를 쟁취할 기회라고 할 수도 있다. 업무관계에서는 승리와 패배가 없고 완전히 문제에 맞춘 방향을 찾아야 한다. 방문, 초대, 회의, 협상, 선물증정 등은 시기를 대응하여 생긴 것들이다. 심지어 함께 술잔을 들어 건배를 하는 것도 시기를 봐가며 해야 한다. 직장에 처음 들어간 남자에게 더욱 중요한 것은, 자신의 재능을 드러낼 최적의 시기이다. 그때에만 남다른 자신의 면모를 다른 사람들에게 보여줄 수 있기 때문이다.

희극배우로 유명한 찰리 채플린이 스타가 될 수 있었던 이유는 자신의 재능을 표현할 최적의 시기를 알고 있었기 때문이다. 한번은 영화를 반쯤 촬영했을 때 감독이 갑자기 무슨 생각이 떠오른 것처럼 크게 소리를 질렀다.

"이봐! 여기 이 신에서 재미있는 배역이 나타나야 하는 거 아닌가?"

당시 무명이었던 배우 채플린은 그 짧은 시간에 좋은 아이디어를 생각해 냈다. 그는 펑퍼짐한 바지를 입고 큰 구두를 신었다. 코밑에 작은 수염도 붙였고, 지팡이 위에 높은 모자를 씌운 채 감독 앞에 섰다. 채플린은 자신의 재능을 보일 최적의 시기를 잡았던 것이다. 그래서 그는 누구나 다 아는 희극배우가 될 수 있었다.

재능을 보일 수 있는 시기를 파악하고 인생을 자신의 무대로 여기는 남자는 성공에 가장 쉽게 다다를 수 있다.

사실 말도 이렇게 해야 할 뿐만 아니라 행동도 이렇게 해야 한다. 즉 우리는 자신을 표현할 때 횟수는 중요하지 않다. 가장 근본적인 것은 실질적인 효과에 있다. 중요한 시기에 가장 좋은 모습을 보이고 재능을 선보일 수 있다면 평소의 수천수만 번보다 더 좋은 효과를 거둘 수 있다.

"주의 사자가 빌립더러 일러 가로되 일어나서 남으로 향하여 예루살렘에서 가사로 내려가는 길까지 가라 하시니"(사도행전 8:26)
재능과 은사는 이미 당신에게 주어졌습니다. 하나님께서는 그 재능을 드러낼 시기가 되면 확실한 기회를 주실 것입니다. 그때를 놓치지 말고 기회를 붙잡으십시오.
당신의 재능이 빛날 수 있는 기회를 달라고 기도하고 있습니까?

부자가 되려는
욕심을 가져라

35세 이전의 많은 남성이 돈을 벌거나 부자가 되어야 겠다는 생각을 한다. 하지만 그것은 일반적이고 가끔씩 하는 생각에 불과하다. 그런 행위에는 부에 대한 강렬한 욕망과 거대한 원동력이 없다. 요세푸스 머피는 부자가 되려면 먼저 그 생각을 잠재의식에 넣어야 하며, 언제 어디서든 마음속에서 자신도 부자가 될 수 있음을 믿어야 한다고 생각했다. 그는 자신의 경험을 종합하여 부자가 되는 중요한 요령을 터득했다.

그는 몸과 마음에 긴장이 풀리고 편안한 시간을 이용하여 매일 몇 번씩 스스로에게 이렇게 말했다.

"나는 열심히 돈을 벌겠다. 나는 기쁘게 이 돈을 쓰는 것과 동시에 그 돈이 몇 배 더 늘어나 내 주머니로 돌아오게 할 것이다. 돈은 정말 필요한 것이다. 돈이 내 지갑으로 끊임없이 흘러들어오게 할 것이다. 나는 반드시 적당한 장소에 돈을 쓸 것이다. 그래서 나는 돈을 주신 하나님께 감사하다고 말할 것이다."

위의 말을 믿고 반복해서 암송해보라. 물론 일도 성실하고 열심히 해야 한다. 그러면 잠재능력이 힘을 발휘하여 부를 쌓게 해주며 나중에 깜짝 놀랄 만한 돈을 갖게 해줄 것이다.

이것은 결코 사람들을 배금주의(拜金主義)에 이끌려고 하는 말이 아니다. 부자가 되는 이념을 전달하기 위함이다. 그것은 부자가 되려는 욕망을 키워야 한다는 것이다. 그것은 부의 기초이자 전제조건이다. 신약성경을 보면 겨자씨만한 믿음만 있어도 산을 옮길 수 있다고 나와 있다. 이것은 물론 예수의 말이다. 이른바 '겨자씨만한 믿음'이라는 것은 완전한 믿음과 변하지 않는 신앙을 반영하는 것이다. 서양학자들은 이런 신앙적이고 의심 없는 태도로 희망을 추구해야만 잠재능력의 무한한 도움을 받을 수 있고 기적적인 효과를 거둘 수 있다고 지적했다.

어떤 사람은 돈을 벌고 부자가 되고 싶다고 해서 쉽게 그렇게 되지는 않는다고 생각한다. 물론 세상사가 그리 쉽지는 않다. 하지만 항상 돈을 벌어야겠다고 생각하면 돈을 벌 수 있는 여러 가지 방법이나 길을 찾아낼 수 있다. 또한 부자가 되어야겠다고 생각하면 부자가 되는 길을 찾을 수 있다. 경쟁이 극심한 현대 사회에서 부자가 되는 기회를 잡는 것은 감각에 달려있다고 해도 과언이 아니다. 항상 돈 버는 것을 생각하는 사람은 자칫하면 쉽게 놓칠 수도 있는 부에 대한 영감이나 아이디어를 잡을 수 있다. 나아가다른 사람보나 한발 앞서 삽을 수 있다. 일반적으로 돈 버는 것과 부자가 되는 것을 늘 염두에 두고 있는 사람은 눈빛이 다른 사람보다 더 예민하고, 과감하게 결정을 내린다. 그들은 행동도 남보다 더 신속하다. 그것은 누차 증명된 사실일 뿐만 아니라 과학적인 근거도 있다.

20세기 중대한 발견 가운데 하나는 생각이 행동을 제어할 수 있다는 것이다. 어떻게 생각하느냐에 따라 행동도 그렇게 하게 된다. 늘 부에 대한 강렬한 욕망을 생각하고 마음에 품고 있으면 자신의 모든 역량이 부에 대한 추구에 쏠리게 되면, 행동, 감정, 개성, 재능이 부에 대한 욕망과 서로 융합하게 된다. 그러면 부에 대한 욕망과 서로 상충하거나 모순되는 것을 극복하거나 없앨 수 있다. 또한 부자가 되는데 도움이 되는 것을 더 크고 많게 할 수 있다. 그렇게 되면 장기적인 노력과 조절을 통해 자신이 갈망하는 부자가 될 수 있고 부에 대한 욕망을 현실로 바꾸어 놓을 수 있게 된다. 반대로 부에 대한 욕망이 강하지 않으면 작은 좌절에 부딪혀도 기가 죽어 부에 대한 욕망을 희석시키거나 억제해버리기 때문에 결국 큰 뜻을 세우지도 못하고 아무 것도 이루지 못한다.

목표가 화살이라면 욕망은 활이다. 활이 있으나 화살이 없으면 헛되이 힘만 낭비하는 것이고 계획이나 안배를 모르는 것이다. 그러면 결국 과녁을 겨냥하지 않고 화살을 쏘는 것처럼 평생 고생만 하고 얻는 것은 적게 된다. 이와 반대로 화살은 있는데 활이 없으면 헛된 망상에 사로잡히는 상황이 연출된다. 무언가 해보겠다는 정신이 없이 백일몽만 꾼다면 말만 많고 이루어 놓은 것은 없는 인생이 된다. 화살도 있고 활도 있어야 불가능한 꿈을 현실로 만들 수 있으며, 성공과 부를 거머쥘 수 있다.

부자가 되는 것은 배수의 진을 치고 전쟁에 임했다는 이야기가 우리에게 주는 교훈과 같다. 강렬한 성취욕이 있어야 성공을 이끌어낼 수 있다. 강렬한 욕망은 이제까지 없었던 힘을 발휘할 수 있게 해준다. 욕망이 강렬할수록 낼 수 있는 능력도 많아진다.

『부에 대한 생각』에서 힐 박사는 '욕망을 황금으로 바꾸는 여섯 가지 단계'를 제시했다.

1. 마음속으로 갖고 싶은 재산의 액수를 정하라. 그저 내키는 대로 '나는 돈이 많이 필요하다'라고 해봤자 아무 소용이 없다. 수치는 항상 명확해야 한다.

2. 앞으로 자신이 어떤 노력과 대가를 지불하여 필요한 돈을 획득할 것인지를 확실히 결정하라. 세상에는 공짜가 없음을 명심하라.

3. 일정한 시일을 정하라. 반드시 정해진 기간 전에 당신이 벌겠다고 결심한 돈을 수중에 넣어야 한다.

4. 이상을 실현하기 위한 행동지침을 만들라. 준비되었든 그렇지 않든 즉각 계획을 행동으로 옮겨야 한다.

5. 획득하려는 재산의 목표 액수, 목표 달성의 기한, 목표 달성을 위해 기꺼이 내놓을 수 있는 대가, 어떻게 부를 축적할지에 대한 행동 계획 등을 간단명료하게 적어라.

6. 매일 두 번 자신이 작성한 계획표를 큰소리로 읽어라. 한 번은 저녁 자기 전에, 나른 한 번은 아침에 잠자리에 일어났을 때 하라. 읽을 때는 계획표를 봐야 하며 이미 그 돈을 가졌다고 느끼고 믿어야 한다.

힐 박사는 특히 마지막 여섯 번째의 중요성을 강조한다. 여러분도 이 여섯 단계에서 설명한 지침에 따라 해야 한다. 여섯 번째 단계를 준수하는 것이 특히 중요하다. 불평을 할지도 모르지만 이 목표를 실현하기 전까지는 자신의 성취와 재산을 볼 수 있다. 하지만 이것이 바로 '강렬한 욕망'을 가진 당신을 도울 수 있는 부분이다. 정말 강렬하게 부자가 되고 싶은 욕망이 있고 나아가 머리가 그런 생각으로 가득 차 있다면 아무 어려움 없이 부를 획득할 수 있다고 믿을 수 있을 것이다. 이렇게 하는 목적은 부자가 되려는 욕심을 갖게 하고 부를 획득해야겠다고 결심하게 만들기 위함이다. 그러면 결국 자신도 부를 획득할 수 있음을 믿게 된다.

카네기는 제대로 된 교육을 받아본 적이 없다. 젊었을 때 그는 보일러공, 회계원, 전보업무 담당자 등의 밑바닥 일을 할 수밖에 없었다. 영리함과 부지런함 외에 카네기가 가진 것이라곤 아무 것도 없었다. 하지만 카네기는 부자가 되고 싶은 강렬한 욕망을 갖고 있었다. 그는 어렸을 때 돈을 벌어 부자가 되겠다고 맹세했다. 당시 미국은 전쟁과 소요가 들끓는 시기였다. 카네기의 꿈은 사람들의 웃음을 샀으며, 카네기는 사람들로부터 웃기는 야심가라는 욕을 먹기도 했다. 하지만 강렬한 욕망의 격려 속에서 그는 결국 미국 강철왕의 자리에 올랐다.

홍콩의 부호 리자청(李嘉誠)이 여러 차례 사업의 전성기를 누릴 수 있었던 원동력도 바로 부에 대한 강렬한 욕망과 초인적인 '부를 창조하는 의식' 이었다.

리자청은 광뚱(廣東) 차오저우(潮州) 사람이었다. 끈끈한 가족애와 연장자의 권위에 복종하는 사상은 그에게 큰 영향을 미쳤다. 그의 아버지가 일찍 세상을 뜨는 바람에 리자청은 장남으로서 일찍부터 가족의 생계를 꾸려나가는 중임을 맡을 수밖에 없었다. 그의 몸 전체에 부에 대한 생각으로 가득 차 있었다. 리자청의 아버지는 죽기 전에 모든 가족에게 리챠청을 돕고 그가 뛰어난 인재가 되어 가문을 빛낼 수 있게 하라고 당부했다. 리자청 부친의 유언은 감동적인 노래처럼 리자청의 머릿속에서 끊임없이 맴돌아 '상업격전지'에서 리자청이 무한한 투지와 힘을 발휘하게 했다. 아버지의 유언은 또한 리자청의 부에 대한 강렬한 욕망을 이끌어냈으며, 올림픽에서 금메달을 받는 것처럼 재계에서도 큰 성공을 거두어 아버지의 은혜를 갚겠다는 약속을 하게 만들었다.

또 다른 부호인 리차오지(李兆基)도 어렸을 때부터 돈에 대한 강렬한 욕구를 지니고 있었다.

리차오지의 아버지는 장사에 정통하였다. 그는 광뚱(廣東) 순더(順德)에 가게를 갖고 있었다. 리차오지는 늘 아버지의 가게에서 놀았기 때문에 어릴 때부터 장사가 낯설지 않았다. 리차오지는 초등학교를 졸업했을 때, 그의 아버지는 개인금융회사를 차렸다. 리차오지도 아버지의 영업장에서 일을 배웠다. 그는 지폐에 매료되었다. 그는 언제 자신도 돈을 많이 벌 수 있을까 하고 생각했다. 점점 일에 능숙해진 그는 돈을 벌기 시작했다. 하지만 밥을 먹고 물건을 살 때 왜 돈이 없으면 안 되는지를 알지 못했다. 가방에 있는 지폐로는 오늘 쌀을 한 말 살 수 있었지만 며칠 지나면 한 되도 살 수 없었다. 그가 어떻게 돈을 벌어야 하는지 알기 시작했을 때 그는 다시 지폐가 소용없다는 것을 느꼈다.

1948년 그는 아버지를 따라 홍콩으로 갔다.

개인금융회사에서 일한 경험으로 그는 태환업무에 있어 전문가가 되었다. 그래서 그는 외화와 금을 사들이기 시작했다. 당시 마카오에는 황금전매권이 있었다. 리차오지는 마카오에 일정한 세력을 형성하고 있는 허시엔(何賢) 등과 손을 잡고 황금거래를 활발히 하여 큰돈을 벌어들었다.

역사와 현실이 모두 증명해주는 바와 같이 신념과 욕망의 힘은 하류층에 있는 사람을 상류층으로 끌어올려주고, 가난뱅이를 부자로 만들어주며, 실패한 사람을 다시 일으켜 세워주고 아픈 사람을 건강하게 만들어 준다. 욕망의 힘은 불가능한 일을 가능하게 만들고 '나는 안돼'라는 열등감을 철저히 없애주고 활기차게 성공으로 나아가게 만든다. 더욱이 35세 이전의 남자는 욕망이 강할수록 성공의 가능성이 커지며 성공의 목표에도 점점 근접하게 된다.

"여호와께서 복을 주시므로 사람으로 부하게 하시고 근심을 겸하여 주지 아니하시느니라"(잠언 10:22)

믿음으로 아브라함은 부자의 길을 걸었습니다. 부자가 되는 기본 조건은 '믿음'입니다. 확고한 믿음으로 하나님 나라의 부자가 될 것을 믿으십시오.

당신은 부자의 첫걸음을 이미 시작하셨습니다.

당신은 부자가 되는 길도 하나님께서 열어주신다는 사실을 믿으십니까?

창업에 도전하라

자신의 일을 얼마나 사랑하는 것과는 무관하게 일을 해서 부자가 되길 기대하는 것은 소금모래에서 금을 캐는 것과 다르지 않다. 35세 이전에 자신이 정한 목표에 도달하거나 부자가 되고 싶은 사람에게 비결 하나를 알려주고 싶다.

"더 많이 투자하려고 하지 말고 더 현명하게 투자하라."

누구에게든 한번 물어보라. 무엇이 부를 획득하는 가장 중요한 요소인가? 그는 아마 '좋은 직업이나 멋진 일자리죠'라고 대답할 것이다. 그렇지 않은가? 사람들은 늘 일자리를 찾거나 옮기려고 고민하지 않는가? 좋은 직업, 좋은 일자리를 구하려고 접대를 하고 선물을 주며 인맥을 동원하고 뒷거래를 한다. 수난과 방법을 가리지 않고 최선을 다한다. 그런데 결과는 어떠한가? 좋은 직업과 일자리가 부를 가져다주었는가? 돈을 벌게 해주었는가? 좋은 직업에 대한 관념은 20여 년 전에는 그런대로 쓸만한 것이었다. 그때는 모두 가난했고 아무도 부유하게 살지 못했다. '철밥그릇'으로 비유되는 탄탄한 직장만 있으면 모든 문제가 해결되었다. 하지만 시대가

변했다. 옛날부터 존재했던 것이 이제는 쓸모가 없어졌다. 반대로 백만장자, 억만장자와 같은 큰손들에게 똑같은 질문은 하면 '좋은 직업이나 멋진 일자리죠'라고 대답하는 사람은 극히 드물 것이다.

우리 사회에서는 아직도 많은 사람들이 좋은 직업이나 좋은 일자리가 있으면 승진의 계단을 한 단계 한 단계 올라갈 수 있고, 최종적으로 황금 같은 은퇴생활을 누릴 수 있다고 믿고 있다. 재산도 얼마정도 있고 행복하다는 느낌도 있는 그런 삶을 살아갈 수 있다는 것이다. 사실 먹고 입는 것이 풍족한 중산층이 되는 것이 그리 어려운 일은 아니다. 평생 직장생활을 하는 샐러리맨계층도 그렇게 될 수 있다. 하지만 진정한 부자가 되기는 어렵다. 부자가 되려면 창업하여 사장이 되어야 한다. 사장이 된 뒤에도 돈을 벌 기회를 몇 번 잡아보기 어려울 것이다. 하지만 하나의 기회를 잡아 전력투구할 수 있다면 부자가 될 가능성은 무척 높다.

이른바 직업이나 일자리라고 하는 것은 결코 삶의 목적이 아니다. 그것은 수단이다. 각양각색의 수단을 갖고 있기 때문에 하나의 일자리로 일정 시간을 일했는데도 돈을 많이 벌 수 없다면 젊었을 때 다른 길을 찾거나 아예 회사를 그만두고 스스로 독립해야 한다. 한 가지 직업을 고수하여 가난해지느니 차라리 한걸음 더 나아가 돈을 벌 수단을 찾는 것이 낫다.

현대 사회는 이미 "아랫사람에게서 배우는 시대(사회학 분야에서 지식전수를 윗세대가 젊은 세대를 가르치는 것을 '윗세대로부터의 교육 시대'

라고 한다면 동년배 사이의 지식 전수는 '동년배의 전수시대'이고 젊은 세대가 노년 세대를 가르치는 시대를 '아랫사람에게서 배우는 시대'라고 할 수 있다. -저자 주)"로 접어들었다.

지식은 매우 빠른 속도로 새로워지고 있으며, 경험은 중요한 것이 아닌 것으로 변했다. 그래서 젊은 사람들은 사회의 지도자가 되었다. 최근의 한 조사에 따르면 상하이에서 이미 창업했거나 창업을 준비 중인 사람의 80퍼센트 이상이 29세 이하의 나이에 성공의 기회나 계기를 얻었다고 한다. 부자들은 점점 더 젊어지고 있다. 창조적인 사고가 가장 활발하고 정력이 가장 충만하며 두뇌 활동이 가장 왕성한 고조기가 창업의 최적기이다. 서둘러 목표를 세우고 분투노력하여 자신에게 속한 기회를 잡아 35세 이전에 성공을 쟁취해야 한다. 아래에 나오는 중국의 부자들은 모두 35세 이전에 창업했다.

리자청(李嘉誠)

홍콩의 부호 리자청은 어렸을 때 집이 가난하여 공부를 할 수 없었다. 그는 할 수 없이 일을 했고 16살부터는 판매사원으로 일했다. 그는 성공하겠다고 결심했다. 그의 신념은 다른 사람보다 두 배 이상 노력하여 일한다는 것이 있다. 보통 사람이 하루에 8시간 일하면 그는 16시간 일했다. 노력을 통해 그는 짧은 시간에 회사의 판매왕이 되었다. 18살에 그는 총무과장으로 승진했고 20살에 사장으로 승진했다. 22살에 스스로 독립하여 창장(長江) 실업회사를 세웠고 아시아에서 최고의 부자의 길로 들어섰다.

리우한위엔(劉漢元)

『포브스』의 2001년 중국부자순위에서 서열 11위에 오른 쓰촨(四川) 퉁웨이(通威) 그룹의 회장 리우한위엔은 17살에 그의 부모가 돼지를 팔아 마련한 500위안으로 창업했다. 그는 22살이 되던 1986년까지 5년에 걸쳐 물고기를 양식하고 사료를 손수 만들어 자금을 모았다. 그는 그 자금을 이용하여 고향 메이산(眉山) 현 용서우(永壽) 진에서 서남지구의 첫 번째 집약형 생선사료공장을 건립했다. 공장의 이름은 '커리'(科力)이라고 지었다. 그 이름은 '과학기술은 제일의 생산력'이라는 뜻이었다.

공장을 세워 본격적인 생산에 들어간 해에 시장에서는 수요가 많아 공급이 달리는 현상이 빚어졌다. 인근 양어장에서 벌떼처럼 사료를 사러 몰려왔다. 리우한위엔이 생산하는 '커리(科力)표' 사료는 불티나게 팔리는 인기상품이 되었다. 마을은 늘 차량들로 넘쳐났기 때문에 교통이 혼잡하였다. 사람들은 사료를 사기 위해 공장입구에서 7일 밤낮을 길게 줄지어 있기도 했다. 6년 뒤 1992년에 28살이 된 리우한위엔은 1000만 위안을 들여 시내에 현대화사료공장을 세웠다. 이름은 '퉁웨이(通威) 사료유한공사'라고 지었다. 퉁웨이(通威)는 '힘을 합치면 위력은 무궁무진하다'라는 뜻이다. 2000년 리우한위엔은 중국부자순위에서 21위에 올랐다.

장위에(張躍)

2002년 포브스가 선정한 중국부자순위에서 26위를 차지한 장위에는 위엔따(遠大) 에어컨의 회장이다. 중국에서 처음으로 개인 전용기를 소유한 사람이다. 그에게 처음으로 부를 안겨준 것은 그가 직접 발명한 무압보

일러였다. 그때 그의 나이 25세였다.

솔직히 아무나 35세 이전에 부를 안겨줄 기회를 잡을 수 있는 것은 아니다. 창업에는 자금투자와 전문기술이 필요하다. 하지만 더 중요한 것은 감정을 주입하고 동기를 부여하는 것이다.

많은 사람들이 샐러리맨의 신분에서 벗어나고 싶어 한다. 하지만 대부분 꿈만 꿀뿐 실천에 옮기지는 못한다. 꼭 해야겠다는 생각이 든다면 먼저 자신의 창업동기부터 고려해야 한다. 다른 사람의 명령이나 지시를 듣고 싶지 않고 더 자유롭게 살고 싶다는 동기를 가진 사람이 있다. 회사에서 인정을 받지 못하고 다른 사람들로부터 무시를 당하기 때문에 창업을 하겠다는 사람도 있다. 하지만 그런 생각을 갖고 있다면 당장 단념하는 것이 좋다. 그것은 창업의 이유가 될 수 없다. 지금 하고 있는 일을 그만두고 싶은 핑계에 불과하다. 돈을 많이 벌고 싶어서 창업을 한다는 것도 적절한 창업의 동기로는 미흡하다. 그 목표는 노력할 가치는 있는 것이지만, 주된 동기가 그것에만 그친다면 시작할 때의 험난한 여정과 시간을 버티기에는 턱없이 부족하다. 물론 성공한 사람들도 그런 동기를 부분적으로 갖고 있긴 하다.

그들은 재주를 한번 써먹어보지 못하면 평생 후회하며 살 것이라고 생각한다. 그런 이유나 동기를 갖고 있으며 용감하게 앞으로 나아가고 여러 가지 난관도 극복할 수 있다. 다시 말해, 창업에는 자금투자와 전문기술이 필요하지만 더 중요한 것은 감정을 주입하고 동기를 부여하는 것이다.

35세 이전에 꿈이 있고 그것을 위해 노력한다면 반드시 성공할 것이다. 절대로 어렸을 때 노력하지 않아 나이 들어 후회하는 상황을 만들어서는 안 된다. 과감하게 창업하여 부자가 되는 첫 번째 열쇠를 거머쥐어라. 서둘러 성공의 꿈을 실현시켜라.

새로운 아이디어는
성공의 시작이다

현대 사회는 날로 새로워지는 시대이며 끊임없이 새로운 것을 창조하는 시대이다. 하지만 일상생활에서 많은 사람들이 매일 같은 일만 반복된다는 느낌을 갖고 있다. 오늘은 어제의 반복이고 내일은 또 오늘의 복제판이 될 것이며 단조롭고 평범한 일상이라고 생각하는 것이다.

하지만 매일이 모두 그저 그런 반복의 연속이라면 인생에는 아무런 희망이나 의미가 없다. 마쓰시타 고노스케(松下幸之助)가 "번영, 평화, 행복이 실현되길 바란다면 삶이 단조로운 반복이 되도록 해서는 안 된다"라고 말한 것처럼 말이다. 그렇다. 오늘은 어제보다 나아져야 한다. 내일은 오늘보다 더 발전해야 한다. 우리는 매일 성장하고 발전해야 한다. 35세 이전의 남자는 사회의 중추이며 가정의 든든한 기둥이다. 삶을 단조롭고 평범하게 만들어서는 안 된다.

보통 사람의 눈에 넝마주이는 가난뱅이로 보일 것이다. 빈병이나 폐지를 주어 백만장자가 된다는 것은 거의 아라비안나이트에나 나올 법한 이야기이다. 하지만 실제로 그렇게 백만장자가 된 사람이 있다.

● 넝마주의 선택

선양(沈陽)에 넝마주이로 살아가는 사람이 있었다. 그는 어느 날 이런 생각을 하게 되었다.

'깡통을 주워야 겨우 몇 푼밖에 벌 수 없어. 깡통을 녹여 금속재료로 만들어 팔면 돈을 더 많이 벌 수 있지 않을까?'

그는 빈 깡통을 잘게 잘라 자전거의 바구니에 가득 담았다. 그것을 녹여 손톱만한 크기의 은회색 금속으로 만든 다음 600위안을 들여 시내에 있는 비철금속연구소에 화학실험을 의뢰했다. 그것은 귀한 알루미늄과 마그네슘의 합금이라는 결과가 나왔다. 당시 시장의 알루미늄 시세는 톤당 14,000위안에서 18,000위안 사이였다. 빈 깡통의 무게는 평균 18.5그램이라는 점을 감안하면, 빈 깡통 54,000개가 1톤이었다. 그렇게 계산하면 빈 깡통을 녹여 재료로 만들어 판매하는 것이 직접 빈 깡통을 파는 것보다 6~7배가 더 이익이었다. 그는 수거한 빈 깡통을 녹이기로 마음먹었다. 깡통을 수거하여 녹이면서 일의 성격이 달라졌을 뿐 아니라 그의 인생이 다른 궤도에 올라가게 되었다.

깡통을 더 많이 수거하기 위해 그는 값을 더 쳐주는 방법을 택했다. 원래 빈 깡통은 몇 편(分, 중국의 화폐단위로 1위안의 100의 1, 1위안은 우리 돈 약 130원 - 역자 주)밖에 하지 않았는데 그는 1마오(중국의 화폐단위로 1위안의 10의 1- 역자주) 4편까지 쳐주었다. 또한 회수비용과 구입지정장소를 카드에 인쇄하여 빈 깡통을 줍는 사람들에게 나누어 주었다. 일주일 뒤 그는 자전거로 지정된 장소를 둘러보러 갔다. 그곳에는 큰 화물트럭이 그를 기다리고 있었다. 화물트럭에는 이미 빈 깡통이 가득 실려 있었다. 그 날 그가 수거한 빈 깡통은 모두 13만 개에 달했고, 2.5톤이 넘는 무게였다.

그에게 빈 깡통을 제공한 사람들은 다시 깡통이나 폐지를 줍기 위해 각자 흩어졌지만 그는 철저한 변신을 시도했다.

그는 즉시 금속재생 가공공장을 설립했다. 채 1년이 지나지 않은 짧은 기간에 그의 가공공장에서는 빈 깡통을 이용해 알루미늄 240여 톤을 생산하였다. 공장을 설립한 지 3년이 되지 않아 그는 270만 위안을 벌어들였다. 그는 그렇게 넝마주이에서 백만장자가 되었다.

그 넝마주이는 사고를 정체시켜 앞으로 나아가지 못하는 어리석음을 범하지 않았다. 그는 줍는 것만을 생각한 것이 아니라 줍는 물건을 바꿔야 한다는 것도 생각해냈다. 물론 그것은 그리 간단한 문제는 아니다. 바꾼 뒤에 연구소로 그것을 보내 화학실험을 의뢰한 것도 그에게 남다른 식견이 있었기 때문에 가능한 것이었다. 600위안에 이르는 실험의뢰비는 일개 넝마주이에게는 큰돈이 아닐 수 없었다. 그 돈을 벌려면 엄청나게 많은 빈 깡통을 주워야 한다. 보통의 넝마주이라면 절대 엄두도 내지 못할 일인 것이다. 그것은 뜻이 있는 사람과 뜻이 없는 사람과의 차이이다. 투자자와 일반 직장인과의 차이이기도 하다.

그는 넝마주이였지만 가난뱅이의 마음자세를 버렸고, 생각을 빈병이나 폐지를 줍는 것에 국한시키지도 않았다. 그는 용기 있게 생각하고 행동했다. 게다가 방법도 절묘했다. 그런 사람은 어떠한 환경이라도 발전하고 성공할 수 있다.

사람은 항상 꿈에 빠져 있어서는 안 되지만 꿈이 없어서도 안 된다. 우리는 부자가 되고 싶어 한다. 그렇다고 행운이 오기만을 멍청히 앉아 기다릴 수는 없는 일이다. 매일 노력하면서 얻어야 마음이 편하다. 그러면 그런 기회가 평생 오지 않더라도 우리는 후회하거나 유감스러워하지 않을 것이다.

어떤 사람은, '발명은 항상 게으름뱅이의 걸작'이라고 말한다. 그 말에도 일리는 있다. 우리는 길을 걷기가 귀찮아서 자전거, 기차, 자동차를 발명했다. 빨래하기가 귀찮아 빨래판을 발명 했고 나중에는 세탁기를 발명 했다. 그런 게으름뱅이의 수단은 사회 효율을 높였고 인류 문명의 발전에 지대한 공헌을 했다. 그런 시각에서 볼 때 삶에는 아직도 개선이 필요한 부분이 많이 있다. 그런 부분에 우리는 머리를 쓸 가치가 있다. 새로운 아이디어와 성공은 정말 뜻이 있는 사람의 것이다. 예컨대 어떤 사람이 고층 건물에 있는 창문을 청소하기 어렵다는 사실을 발견하고는 여러 가지 창문 닦는 기계를 발명 했다고 치자. 물론 그런 발명은 유치하다. 당신에게 더 좋은 아이디어가 있을 수도 있기 때문이다. 언젠가 당신이 발명 한 창문 닦는 기계가 진공청소기처럼 보급된다면 당신은 큰돈을 벌게 될 것이다. 물론 이것은 단순한 예에 불과하다.

젊음에는 한계가 없으며 새로운 것을 창조하는 것도 끝이 없다. 35세 이전의 남자는 젊었을 때 끊임없이 자신의 창조력을 강화시켜 나가야 한다. 매일 새로운 생각과 아이디어를 만들어 새로운 수확을 거둬들어야 한다.

"이제는 우리가 얽매였던 것에 대하여 죽었으므로 율법에서 벗어났으니 이러므로 우리가 영의 새로운 것으로 섬길 것이요 의문의 묵은 것으로 아니할 찌니라"(로마서 7:6)
우리는 하나님의 새로운 은혜로 살아갑니다. 날마다 새롭게 주시는 하나님의 새로운 은혜를 사모하며 새로운 지혜를 간구하는 남자가 되십시오.
당신은 아직도 옛 의문에 메여 생활하고 있지는 않습니까?

협력을 통해 윈윈(win-win)하는 목표에 도달하라

협력은 윈윈이며 성공이다. 개인의 힘은 늘 한계가 있다. 단결하여 친구가 되면 자신을 키울 수 있다. 중국에는 "단결은 힘이다", "신기료장수 셋이면 제갈량보다 낫다"라는 말이 있다. 서양 속담에 "두 사람의 지혜는 한 사람보다 크다"(Two head is bigger than one)는 말이 있다. 특히 성공의 길에서 현명한 사람은 다른 사람과 협력하여 자기 운명을 바꿀 줄 안다. 고대 역사를 살펴보면 춘추전국시대에 여섯 나라가 동맹을 맺고 진(秦)나라에 대항한 사실이 있다. 그렇게 서로를 보호할 수 있었지만 일단 동맹관계가 깨지자 모두 강력한 진나라에게 멸망당했다. 재계에서도 그 예를 찾을 수 있다. 홍콩 2대 부호인 리자청(李嘉誠)과 빠오위깡(包玉剛)의 전략적 파트너쉽 관계는 성공적인 사례라 할 수 있다. 빠오위깡은 리자청이 수식을 확보할 수 있게 도왔고, 리자청은 빠오위깡이 구룡 창고를 사용할 수 있도록 도왔다. 남자는 35세 이전에 다른 사람과 협력하여 윈윈할 수 있는 방법을 익혀야 한다.

단결하여 친구가 되는 것은 1 더하기 1이 2보다 커지는 이치와 같다. 일단 그것을 알고 응용할 수 있으면 거대한 추진력을 갖게 된다. 다른 사람과 협력할 줄 아는 사람은 사업을 발전시켜 성공할 수 있다. 유티 스타컴(UT STARCOM) 사의 회장 우잉(吳鷹)의 이야기는 그 좋은 사례라 하겠다.

• 통신업계의 "다크호스"

1985년, 베이징공업대학의 25살 청년 우잉은 남들이 모두 부러워하는 대학교수직을 포기하고 미국으로 가는 비행기에 올랐다.

우잉은 전기 기계과의 전자공학 수치신호처리를 공부했다. 학업은 무척 과중했다. 많은 미국학생들도 버거워하는 공부였다. 하지만 우잉은 동시에 세 가지 일을 했다. 조교로 일하는 것 외에도 작은 회사의 기술개발 연구원으로 일했다. 그렇게 일하면서 그는 많은 것을 배울 수 있었고 창업이나 경영에 필요한 경험을 축적할 수도 있었다. 동시에 그는 음식점에서 일하기도 했다. 세 번째 일은 MBA과정에 있던 친구를 돕기 위한 것이었다. MBA과정을 공부하는 것은 무척 바빠서 그 친구는 일을 할 시간이 없었던 것이다.

1986년 우잉은 유명한 벨 연구소에 들어갔다. 통신분야에서 미국은 세계적인 흐름을 이끌고 있었다. 특히 벨 연구소는 미국통신연구의 주도권을 쥐고 있었다. 당시 연구소에는 노벨상을 수상한 사람이 일곱 명이나 일하고 있었다. 그렇게 좋은 과학연구의 환경은 우잉의 시야를 크게 넓혀 주었다. 또한 당시에는 소수의 사람만 알고 있었던 멀티미디어연구에도 참여하여 통신분야의 발전에 있어 깊은 학술적 기초를 다졌다. 그뿐만 아니라 벨 연구소는 각종 특혜와 '철밥그릇' 식 종신고용제로 그에게 '아메리칸드림' 가운데 가장 실질적인 부분을 제공했다.

하지만 오랜 시간이 흐르자 우잉은 그런 것들이 자신을 만족시켜 줄 수

없음을 알게 되었다. 그가 원하는 것은 안정적인 직장이 아니라 최대한
의 발전가능성이었다. 하지만 벨 연구소는 그 점에 있어서 아니라는 결
론에 도달했다. 그는 벨 연구소에서 화교였다. 우잉은 가장 핵심적인 연
구프로젝트에 참여할 수 없었고, 가장 중요한 업무협상에도 참가할 수
없었다. 시간이 흐르자 답답함을 느낀 우잉은 다른 생각을 갖게 되었다.

1991년의 어느 날, 우잉은 같은 연구소에서 일하는 쉬에춘허(薛村禾)
로부터 걸려온 전화를 받았다. 쉬에춘허는 우잉에게 창업에 관심이 있는
지를 물었다. 깊이 생각해본 적이 없었던 우잉이었지만 흔쾌히 동의했
다. 이튿날 서로 만난 그들은 창업하기로 결정했다. 그렇게 스타컴
(STARCOM)은 미국땅에서 탄생하게 되었다.
우잉이 전속력으로 전진하고 있을 때 장차 그에게 중대한 영향을 미칠 사
람이 등장했다. 마찬가지로 유학생 출신인 루홍량(陸弘亮)과 그의 회사
유니테크(UNITECH)이 우잉의 앞에 그 모습을 드러냈다. 같은 꿈과 이
상을 지닌 루홍량은 우잉을 만나 두 사람 모두에게 행운을 가져올 결정을
내렸다. 두 회사의 합병이 바로 그것이었다.

1995년, 유티 스타컴(UT STARCOM)이 세상에 그 모습을 드러냈다.
루홍량은 미국 유티 스타컴(UT STARCOM)의 회장으로 취임했다. 합
병 후 유티 스타컴(UT STARCOM)의 본사는 실리콘밸리로 이전했지
만 회사운영의 핵심은 중국에 두기로 했다. 중국을 거대한 시장으로 보
고 그렇게 한 것이다. 그러한 설립을 통해 우잉과 그의 파트너는 유티 스
타컴(UT STARCOM)을 중국적인 특징을 갖춘 미국기업으로 만들었
다. 그들은 미국식으로 회사를 운영하여 중국의 경쟁업체를 따돌렸다.

우잉은 이렇게 말했다.

"회사를 등록하고 사장이 되는 것은 쉬운 일입니다. 하지만 모두 사장이 되려 하면 큰일을 할 수가 없습니다. 서로 뭉쳐야만 1 더하기 1이 2보다 크거나 같다는 효과를 거둘 수 있습니다."

합병 뒤 새로운 회사는 그것을 증명했다. 합병회사는 고속성장을 거듭했고 1996년 매출액은 3,700만 달러에 이르렀다. 또한 1997년에는 6000만 달러, 1998년에는 1억 달러, 1999년에는 1억 8천만 달러를 돌파했다. 현재 이 회사는 중국에 20억 위안(인민폐) 이상을 투자했으며 중국 통신시장의 수요에 부합하는 전자통신제품을 개발하고 있다.

2000년 우잉은 베이징 첨단과학기술 국제주간 화제의 인물로 선정되었다. 그것은 국제적인 거물들에게서 나온 '다크호스'라고 할 수 있었다. 그는 해외학자의 창업모범이자 미국 나스닥에 상장되었고 해외유학생이 창업한 최첨단 통신회사의 회장이 되었다. 우잉이 이끄는 유티 스타컴(UT STARCOM)사가 첨단과학기술 국제주간에 모습을 드러내면서 대중의 주목을 받았다. 그는 또 노키아의 이사장 요르마 올리아(Jorma Ollila), 미니 슈퍼맨 리이지에(李澤楷) 등과 함께 10대 화제의 인물이 되었다.

인류 역사를 살펴봤을 때 지금까지 사람들 사이의 교류와 협력은 제로섬게임의 원칙에 영향을 받았다. 제로섬게임이라는 것은 게임을 할 때, 지는 참가자도 있고 이기는 참가자도 있는 것으로, 한쪽이 이기면 다른 한쪽은 지는 것이다. 결국 게임의 종합성적은 영원히 제로가 되는 것이다.

제로섬게임의 원칙은 게임의 이익을 완전히 한쪽에 몰아주고 다른 한쪽의 이익을 돌보지 않는 것이다. 승자의 영광은 늘 패자의 굴욕을 동반한다.

제로섬게임의 원칙에서는 쌍방이 장기적인 교류관계를 유지할 수 없다. 왜냐하면 누구도 장기적으로 자신의 이익을 손해 보면서까지 상대방과 관계를 유지하고 싶어 하지 않기 때문이다. 20세기 이후로 인류는 두 차례의 세계대전을 겪었다. 또한 경제의 고속성장과 과학기술의 진보, 지구의 글로벌화 및 날로 심각해지는 환경오염을 경험 했다. 제로섬게임이라는 패러다임은 이제 '윈윈'(win-win)으로 대체되었다. 사람들은 자신에게 이익이 되는 것이 반드시 다른 사람의 손해 위에 서는 것이 아님을 서서히 인식하기 시작했다. 승자와 패자가 있을 수밖에 없는 시합에서도 사람들은 시합을 통해 참여정신을 고취시키고 상호이해를 증진시키며 인류본질과 정신적인 측면의 공동발전을 도모할 수 있게 되었다. 여러 가지 경제협력에서도 어느 한쪽이 일방적으로 이익을 얻는 상황이 장기적으로 지속될 수 없기 때문에 효과적인 협력을 통해 윈윈에 이를 수 있다. 하지만 윈윈이 되려면 쌍방 모두에게 솔직한 협력의 정신과 용기가 요구된다. 협력을 하면서 잔머리나 잔재주를 부리지 않아야 함은 물론, 상대방으로부터 작은 이익을 얻어내려고 해서도 안 된다. 게임규칙을 준수하지 않으면 윈윈은 불가능하며 결국 손해보는 것은 협력자인 자기 자신이다.

한번 읽어보고 지나가자

"그에게서 온 몸이 각 마디를 통하여 도움을 입음으로 연락하고 상합하여 각 지체의 분량대로 역사하여 그 몸을 자라게 하며 사랑 안에서 스스로 세우느니라"(에베소서 4:16)
나 혼자 이 세상을 독주할 수는 없습니다. 동료와 형제자매가 함께 마음을 모아 기도하고 함께 협력하는 것을 하나님은 기뻐하십니다. 당신은 그리스도를 머리로 형제 자매가 각 마디로 연결되어 있다는 것을 알고 있습니까?

백절불굴의 정신으로 성공을 추구하라

35세 이전의 남자는 해야 할 일이 많다. 하지만 모든 일을 성공적으로 해내기는 불가능하다. 학업, 결혼, 사업 등은 인생의 중대사이다. 학업에서 모든 사람이 수석이 될 수 없다. 결혼에 있어서도 마찬가지이다. 누구나 성공적으로 결혼하여 평생 행복한 결혼 생활을 유지해나갈 수는 없다. 사업에서는 더더욱 그렇다. 명예로움을 추구하기도 어려울뿐더러 정상에 누구나 올라설 수도 없다. 정상에 오른 위인이라도 몸에는 실패와 좌절의 상처가 그대로 남아 있으며 실패의 쓴맛을 실컷 맛보았을 것이다.

실패자의 실패 이유에는 물론 여러 가지가 있다. 재능이 없거나 열심히 공부하지 않았을 수도 있고, 갖추어야 할 지식을 제대로 습득하지 못했을 수도 있다. 다른 사람들로부터 인정받지 못했을 수도 있고, 기회를 잡지 못했을 수도 있다. 일순간의 실수로 큰일을 그르쳤을 수도 있고, 자만했거나 안하무인처럼 행동했을 수도 있다. 누군가의 속임수나 꾐에 빠졌을 수도 있다. 하지만 인생을 책임 질 줄 아는 남자라면 주관적인 원인이든 객관적인 원인이든 패색이 이미 너무 짙다면 인내할 줄 알아야 한다.

진정으로 용기 있는 사람이 되려면 먼저 실패를 견뎌내고 승리를 갈구할 수 있어야 한다. 온몸이 상처투성이가 된다 하더라도 실패가 가져온 충격을 참아낼 수 있어야 실패의 그늘에서 벗어날 수 있다. 절대 기가 죽거나 의기소침해져서는 안 되며 어리석은 짓을 해서는 더더욱 안 된다.

● 나약한 사람은 큰 일을 하기 어렵다

일본에 한 청년이 있었다. 그는 모 기업의 사원모집에 응시했다. 합격자 명단이 발표되었는데 그의 이름은 없었다. 그 충격을 청년은 도저히 감당하기 어려웠다. 청년은 자살을 결심했다. 그러나 요령부득으로 자살도 뜻대로 되지 않았다. 바로 그때, 그의 불합격이 컴퓨터의 고장 때문에 발생했으며 실제로 그는 우수한 성적으로 합격했다는 소식이 전해졌다. 그가 흥분을 감추지 못하고 그 소식을 가족과 친구에게 알리려고 했을 때 합격을 취소한다는 통지를 받게 되었다. 알고 보니 그가 자살하려고 했던 사실을 사장이 알게 되었는데, 사장은 그렇게 별것 아닌 일로 충격을 받고 이겨내지도 못하는 나약한 사람이 어떻게 회사를 위해 큰일을 할 수 있겠냐고 생각했던 것이다. 그래서 사장은 청년의 합격을 취소해버렸던 것이다. 사장은 청년의 재주가 아무리 출중하더라도 그것을 중요하게 생각하지 않았다. 사장은 오히려 그 청년을 뽑지 않은 것을 다행으로 여겼다. 그것은 나중에 회사에 더 큰 비극이 생기는 것을 미연에 방지하지 위한 조치였다.

웃을 수도 울 수도 없는 이야기 같지만 사장의 생각은 한발 앞서 있음을 알 수 있다. 실패자는 일순간 참지 못하여 어리석은 짓을 저지르고 나중에 그것을 깨닫더라도 사람들의 반감을 사게 된다. 그런 사람과 함께 일하고 싶은 사람은 아마 없을 것이다. 누가 그런 사람이 나중에 또 어리석은 행동을 하지 않는다고 장담할 수 있겠는가? 사실 나중에 어리석은 행동으로 손해를 보는 건 그 사람 자신이다. 일상생활에서 어떤 남자는 일이 뜻대로 되지 않으면 물건을 닥치는 대로 부수거나 욕한다. 혹은 아무에게나 화풀이한다. 어떤 남자는 곤드레만드레 취할 정도로 술을 마셔 고래고래 고함을 지르고 욕설을 퍼붓거나 시비를 건다. 또 어떤 남자는 목을 매거나 투신하여 자살한다. 이것은 모두 사람들의 거부감을 사는 행동이다.

패배를 인내하고 승리를 추구할 수 있는 남자는 굳건한 신념, 강인한 의지와 백절불굴의 정신을 지녀야 한다.

영국에 존 크리시라는 사람이 있었다. 그는 세계 문학계에서 유명한 작가였다. 평생 동안 564권의 책을 집필하였는데 그 글자 수는 무려 4천만 자가 넘는다. 하지만 그렇게 재능이 뛰어난 작가가 무명시절에 세계에서 가장 많은 '퇴짜'를 당했다는 사실을 아는 사람은 드물 것이다. 크리시는 평범한 노동자 집안에서 태어났다. 그는 문학을 좋아했으며 문학가를 숭배했다. 자신 역시 문학가가 되는 것이 소원이었다. 그는 35세부터 창작활동을 시작했다. 크리시는 지도해주는 사람도 없이 모든 것을 완전히 스스로 해결하였다. 영국에 있는 출판사와 문예물을 간행하는 회사들은 대부분 크리시의 원고를 받았다. 하지만 그가 돌려받은 것은 743장의 '거절통지서'였다. 하지만 그는 기죽거나 낙담하지 않았다. 그는 계속 창작활동을 하였고 결국 그의 재능은 편집인들의 인정을 받았다.

첫 번째 '거절통지서'를 받았을 때, 그는 희망을 두번째 원고에 걸었다.

두 번째 '거절통지서'를 받았을 때, 그는 희망을 세 번째 원고에 걸었다.

743번째 '거절통지서'를 받았을 때, 그는 희망을 744번째 원고에 걸었다.

그리고 마침내 성공했다.

크리시는 35세 이후에 창작활동을 시작했지만 백절불굴의 자세로 743번 실패한 다음 마침내 성공을 거머쥐었다. 그렇다면 35세 이전의 당신은 더더욱 패배를 인내하고 승리를 추구해야 한다. 백절불굴의 정신에서 성공 추구의 결의를 다져야 한다.

"소년이라도 피곤하며 곤비하며 장정이라도 넘어지며 자빠지되 오직 여호와를 앙망하는 자는 새 힘을 얻으리니 독수리의 날개치며 올라감 같을 것이요 달음박질하여도 곤비치 아니하겠고 걸어가도 피곤치 아니하리로다"(이사야 40:30,31)

한번 실패했다고 주저앉지 마십시오. 그 실패를 통해 우리는 더욱 성숙해갈 수 있습니다. 모든 일이 더 나은 미래를 위해 주신 하나님의 은혜임을 기억하십시오. 하나님은 끝까지 신뢰하는 자를 찾으시고 도우십니다.

당신은 어디에서 새 힘을 얻습니까?

일확천금을 얻겠다는
허황된 생각은 접어라

지금은 변화를 예측할 수 없는 시대이다. 사람들이 돈을 벌어 부자가 되려 한다. 복권에 당첨되어 백만장자가 된 사람을 흔히 볼 수 있다. 주식에 투자하여 운 좋게 큰돈을 버는 경우도 많이 볼 수 있다. 그들이 순식간에 가난뱅이 서민에서 백만장자나 벼락부자가 되는 것을 보고 부러워하거나 시기하는 사람이 많다. 그래서 일확천금을 노리는 한탕주의가 머리에 온통 가득 찬 사람들은 피 같은 돈을 아까워하지 않고 복권을 사거나 주식을 산다. 그들은 그렇게 대박이 터져 벼락부자가 되기를 염원한다. 하지만 결과는 대부분 빈털터리 신세로 전락한다. 이런 현상이 지금 사회에 만연하고 있다. 더욱이 35세 이전의 남자들에게 이런 투기심리는 무척 심각하다. 성공하고 부자가 되는 것은 투기나 운이 결정하지 않는다. 현실주의자가 되는 것이 가장 정확한 선택이다.

중국의 옛 속담에 "저녁에 먹일 풀이 없으면 말은 살찌지 않고 사람은 횡재하지 않는 한 부자가 될 수 없다"라고 했다. 이것은 전형적인 가난뱅이의 사고방식이다. 가난하고 돈을 벌 수 있는 루트가 그리 많지 않은 사람들은 항상 부자가 되려는 희망을 일확천금에 건다. 복권판매소, 증권거래소, 도박장, 경마장 등과 같이 모든 가난뱅이에게 횡재할 기회를 주는 곳은 사람들로 항상 인산인해를 이룬다. 돈을 벌 수 있는 확률이 극히 적은데도 불구하고 말이다.

벼락부자가 되고 싶은 사람들은 희망을 노력에 걸지 않고 '대박'에 건다. 그래서 성공의 반대방향을 향해 내달린다. 어떤 사람들은 확실히 운 좋게도 '대박'을 만나 큰돈을 벌어 일순간 부자가 되기도 한다. 하지만 그것은 성공한 사람과는 거리가 멀다.

복권에 당첨된 사람의 당첨 전과 당첨 후의 생활변화를 추적 조사한 자료에 의하면, 당첨자의 80퍼센트가 복권당첨 뒤에 당첨되기 전보다 더 불행하게 사는 것으로 나타났다. 그들은 결국 자신이 원하지 않는 일을 하면서 살아가야 했다.

일확천금이나 벼락부자가 되려는 망상을 버려야 한다. 사장이면서도 맨바닥에서도 잠을 잘 수 있는 원저우(溫州) 상인은 그런 점에서 우리가 배울 점이 많다.

원저우 상인의 두드러진 발전상은 날로 관심을 모으고 있다. 그들의 '장사비법'노 전분가늘의 연구대상으로 주목받고 있다. 사람들은 모두 원저우 상인이 힘든 일을 잘 견디며 의지력이 무척 강함을 인정한다. 원저우 상인은 자신들을 "사장이 될 수 있으면서 바닥에서 잠을 잘 수도 있는 인간"이라고 말한다. 장사의 규모가 상당히 커진 뒤에도 원저우 상인은 창업초기의 마음을 잃지 않고 열심히 일한다.

크게 돈을 벌 수 없을 것 같은 작은 거래라도 원저우 상인은 마다하지 않는다. 몇 푼짜리 볼트나 너트, 값나가지 않는 원자재라도 그들은 진지하게 취급한다. 작은 거래를 사업발전의 발판으로 생각하는 것이다.

흥미로운 현상은 원저우 상인의 거의 대부분이 주식투자를 하지 않는다는 점이다. 주식시장이 몇 차례 붐을 일으켰을 때에도 그들은 '집단결석'을 했다. 그들은 뒷짐을 지고 강 건너 불구경하듯 구경만 했다. 머리가 비상하게 돌아가는 원저우 상인이 뜻밖에 횡재의 기회를 그냥 흘려보내고 상하이(上海) 신문의 뉴스거리가 된 것이다. 원저우 사람들은 모험심이 강하지만 무모하게 뛰어들지는 않는다. 원저우 상인은 재산을 모을 때 강인한 인내심을 발휘하며 일확천금을 노리지 않는다. 일단 어떤 분야를 마음에 두면 기초를 단단히 다지고 착실하게 일을 하여 돈을 번다.

싼주(三株)그룹의 번성기를 떠올리며 육순이 넘은 싼주그룹의 회장 우빙씬(吳炳新)은 혈기왕성한 쥐런(巨人) 사의 회장 스위주(史玉柱)에게 의미심장한 말을 한 적이 있다.

"벌어서는 안 되는 돈을 벌어서는 안 되네. 세상에는 황금이 지천에 깔려 있어도 통째로 먹을 수 없지. 이 세상은 유혹이 너무 많아. 하지만 욕망을 극복할 수 있는 사람은 그리 많지 않지."

아이러니컬하게도 두 사람이 나중에 '상식을 벗어난 확장'과 '상식을 벗어난 다원화'로 실패한 전형적인 모델이 되었다.

대기업도 그렇고 사람도 마찬가지이다. 시장이 갈수록 규범화되는 상황에서는 일확천금을 노리는 투기성도 점점 그 시장을 잃어갈 수밖에 없다. 일확천금을 얻거나 대박을 터뜨리겠다는 심리는 모든 사람이 피해가야 할 성공의 함정이다. 돈은 남자들에게 있어 삶의 핵심이다. 남자라면 누구나 돈에 관심을 가져야 한다. 보고도 못 본 채 해서는 안 된다. 사람은 물질적 인 기반을 떠나서는 삶을 영위할 수 없다. 남자의 삶도 마찬가지이다. 새로 운 세기를 맞이한 35세 이전의 남자는 가족의 입에 근근이 풀칠만 해주는 가난뱅이가 되어서는 안 된다. 돈이 넘치는 부자이든 중산층의 직장인이 든, 이름 있는 고위층이든 이름 없는 소인배이든 누구나 돈 앞에서는 승자 가 되고 싶어 한다. 하지만 어쨌든 당신은 돈과 인생의 관계를 정상화시켜 야 한다. 또한 일확천금으로 부자가 될 수 없다는 것과 그렇게 대박을 좇는 것은 성공의 반대방향으로 달리는 것과 같음을 알아야 한다.

"의인의 적은 소유가 많은 악인의 풍부함보다 승하도다"(시편 37:16)
하나님은 당신이 노력한 만큼의 대가를 허락하십니다. 노력과 함께 믿음으 로 하나님을 바라보면 당신의 노력보다 더 값진 선물을 허락하실 것입니다. 당신이 가지고 있는 재물관은 무엇입니까?

세계화에 발맞추어라

지구촌이라는 말은 이미 오래 전부터 사용되어 오고 있다. 태어나서 한 나라에서만 살다보면 지구가 끝없이 넓은 것처럼 느껴질 수 있지만, 이미 세계정세는 하나의 집합체처럼 움직이기 시작한지 오래되었다.

우물안 개구리가 되지 않으려면, 눈을 들어 높은 하늘과 넓은 세상을 바라보아야 한다. 그리고 당신이 진정 남자라면, 세계화에 발맞추기 위하여 필요한 준비를 서두르라. 그 준비의 첫걸음은 꿈을 꾸는 것이다.

당신의 이상과 비전을 성취할 곳은 이 지구 곳곳에 널려 있다는 사실을 명심하고 꿈을 꾸면 언젠가는 당신의 비전을 이룰 수 있을 것이다.

꿈이 현실로 이루어지려면 다방면에서 정보를 수집하고 자질을 갖추기 위해 공부를 하여야 한다.

2008년 세계경제의 키워드는 '리스크 증대, 다극화, 새로운 사업 기회'가 많이진다는 것이다. 이러한 중심 정보를 마음에 담고 구체적으로 연구를 하여야 한다.

이전의 세계질서가 미국 일변도라고 한다면, 이제는 미국, EU, 중국 등이 주도하는 다극화 체제로 변화하게 된다. 환경문제가 본격적으로 대두되는 가운데 소비자 파워가 급부상하면서 대응하기에 따라 새로운 사업 기회가 창출될 수 있다. 그러기 위해 다음 3가지를 준비하라.

1. 언어를 익히라

세계 공통어라고 하면 영어를 떠올린다. 그러나 앞에서도 언급했듯이 다극화 현상이 대두되면서 언어에 있어서도 영어만 잘하면 된다는 생각은 이미 고리타분한 사고가 되어버렸다. 영어와 더불어 중국어, 일본어, 그리고 제3의 언어 하나쯤은 어느 정도 알고 있어야 하는 상황에 이르렀다.

잠을 자면서 세계화를 꿈꿀 수는 없다. 깨어서 남들보다 더 열심히 부지런해야겠다는 각오로 열정을 마음에 품어라. 그 열정은 결코 물거품으로 사라지지 않을 것이며, 행복한 미래로 다가올 것이다.

2. 존경하는 세계적인 인물을 탐구하라

당신이 만약 지금까지 존경하는 인물이 한 명도 없다면, 당신은 지금부터 그 인물이 누구인지를 찾아야 할 것이다. 당신의 존경의 대상을 찾아 그가 어떤 삶을 밟았으면, 어떻게 자신의 인생을 성공적으로 이끌어갔는가를 배우고 묵상하기 바란다.

그를 통해 당신의 인생을 되돌아보고, 앞으로의 삶의 자세를 가다듬는다면, 훨씬 꿈을 이루는데 도움이 될 것이다. 그의 삶에 대한 책을 사서 읽어도 좋고, 컴퓨터를 통해 그에 대한 정보를 수집하는 것도 한 방법이며, 그의 사상이나 가르침을 집중적으로 공부한다면, 그보다도 훨씬 훌륭한 인물이 될 수 있는 가능성을 당신도 가지고 있는 것이다.

3. 매일 세계정세에 대한 뉴스를 꼼꼼히 살피라

국내 신문이나 잡지를 통해 세계 동향을 살피는 것은 가장 기본적인 생활 자세이며, 만약 당신이 영어가 가능하다면, 영자신문을 통해 더 생생한 다른 나라의 소식을 접할 수 있을 것이다. 전 세계를 한 나라로 생각하고 객관적인 안목과 주관적인 소견을 동시에 가지고 살펴야 한다.

그것은 앞으로의 당신의 꿈의 계단을 걸어갈 수 있는 중요한 지식이 될 것이다. 또한 필요한 정보는 스크랩을 해두도록 하라. 자신의 블로그에 담아도 좋고, 노트를 활용하는 것을 좋아한다면, 노트에 기록을 하거나 오려 붙이기도 하며, 전반적인 넓은 안목을 기르기 위해 노력하기 바란다.

35세 이전의 남자인 당신이 넓은 안목으로 세계로 뻗어 간다면, 당신 자신의 발전뿐만 아니라 당신이 속한 나라를 위해서도 큰 일을 감당할 수 있다는 사실을 명심하기 바란다.

> "그러므로 너희는 가서 모든 족속으로 제자를 삼아 아버지와 아들과 성령의 이름으로 세례를 주고 내가 너희에게 분부한 모든 것을 가르쳐 지키게 하라 볼찌어다 내가 세상 끝날까지 너희와 항상 함께 있으리라 하시니라"(마태복음 28:19,20)
> 큰 뜻을 품으십시오. 전 세계에서 찬양이, 기도가 울려 퍼지는 그 날을 꿈꾸십시오. 당신에게 주신 하나님의 비전은 무엇입니까?

이상을 실현하기 위해 적극적으로 행동한 야곱

1. 장자의 축복을 받기 위해 치밀한 계획을 세웠던 야곱

성공의 첫걸음을 내딛기 위해서는 먼저 하나님의 축복의 중요성을 인식해야 합니다. 야곱은 하나님의 축복을 받아 장자 권을 계승 받아야 이상을 실현할 수 있다는 것을 알았습니다. 그가 아버지를 속인 점은 굉장히 교활하고 비도덕적인 것처럼 느껴지지만(창25:20-34 참조) 하나님은 그러한 야곱에게 엄청난 축복을 약속하셨습니다(창28:13-14).

2. 사랑하는 여인 라헬을 아내로 맞아들이기 위해 14년을 종살이했던 야곱

원하는 것을 얻기 위한 투지와 적극성은 성공의 필수요소입니다. 야곱은 사랑하는 여인 라헬을 얻기 위해 14년 동안이나 끈질기게 노력하고 적극적으로 행동했던 남성입니다(창 29:26~30).

3. 이스라엘이라는 이름을 얻기 위해 하나님의 사자와 투쟁한 야곱

야곱은 이스라엘(하나님과 겨루어 이김)이라는 새 이름을 얻기 위해 환도뼈가 위골되기까지 하나님의 사자와 겨루어 이긴 거룩한 체험을 하였습니다. 그는 현실을 타개하고 원하는 것을 성취하기 위해 기회를 놓치지 않고 고투의 길을 걸었던 도전적인 남성입니다(창32:24~32).

4. 고난 속에서도 가정의 번성을 이룬 야곱

야곱의 신앙은 하나님의 복을 성취하기 위한 투쟁의 연속입니다. 그는 재산을 증식하기 위해 치밀한 계획을 세울 정도로 주도면밀함을 지니고 있습니다(창 30:37~43). 그러나 자신의 꿈을 이루기 위해 고도의 성실성을 지니고 있으며(창 31: 36~42), 비록 고단한 인생을 살았지만 고난을 통과한 후 하나님의 축복을 받은 진정한 축복의 계승자입니다.

이상을 실현하기 위해 적극적으로 행동한 야곱

야곱 따라잡기

당신도 야곱의 꿈에 도전하십시오. 하나님의 축복의 계승자가 되어 야곱과 같은 부자의 삶을 누리십시오.

1. 당신의 재테크 실력은 어느 정도입니까?

   매월 어떤 분배 원칙을 가지고 지출하는지 기록해보십시오.

   용돈(　　%)　　교통비(　　%)　　적금(　　%)

   펀드 혹은 주식(　　%)　　비상금(　　%)　　문화비(　　%)

   • 어느 부분을 줄이고 늘여야 하는지 스스로 점검해보십시오.

2. 당신의 5년 후의 계획은 무엇입니까? 만약 계획을 세우지 않았다면, 지금 꼼꼼이 세워보세요.

   (예: 지적향상 - 하루 독서를 20분씩 한다, 학업 성적을 올려 장학금을 탄다,
   　　재테크 - 한달 수입의 50%를 투자한다,
   　가정 - 결혼을 한다, 혹은 금전적 목표가 달성될 때까지 미혼으로 남는다,
   　사업 - 자신의 사업을 새로 시작한다 등)

	오늘~1년	1년 후~2년	2년 후~3년	3년 후~4년	4년 후~5년
지적향상					
재테크					
가정					
사업					

3. 당신은 하나님의 복을 중요하게 생각하고 구하고 있습니까?

   하나님께 당신의 장래를 위해 간구하고 싶은 기도제목은 무엇입니까?

   • ____

   • ____

5부

몸과 마음을
수양하라

예부터 남자의 상징은 굳세고 강한 것이었다.
사내대장부인 남자는 기개를 가져야 하고 영웅의 기질을 지녀야 했다.
그런데 현대사회는 생활리듬이 날로 빨라져
35세 이전의 남자에게 더 많은 것을 요구하고 있다.
실연, 집안의 사소한 일, 일의 좌절 등이 모두 남자를 억누르고 있고
몸과 마음을 지치게 하며 부담을 가중시킨다.
자신의 몸과 마음에 휴가를 주라.
산과 강을 보고 일출도 보라.
바다를 감상해보고 자기계발 훈련프로그램에도 참가해 보라.

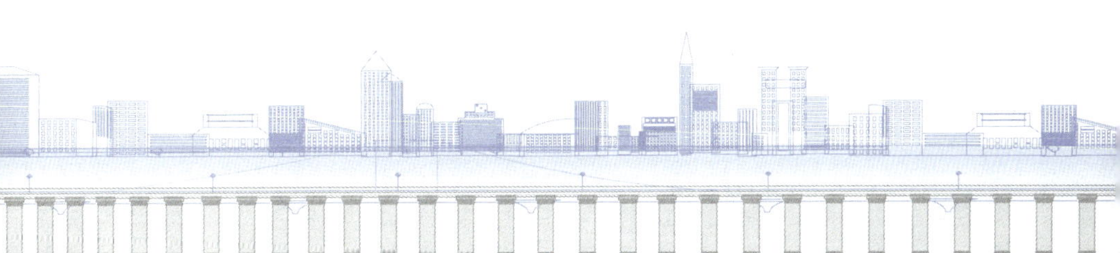

최소한
하나의 악기를 배워라

고대 사회에서 음악은 신분의 상징이었다. 귀족들은 크거나 작은 규모의 악대를 갖고 있었다. 그들은 스스로 음악에 조예가 있어야 한다고 생각했다. 그렇지 않으면 다른 귀족들에게 무시당하거나 '촌뜨기', '졸부' 등의 불명예스러운 굴레를 뒤집어쓰는 것을 각오해야 했기 때문이다. 반대로 진짜 시골사람이 음악에 천부적인 재능이 있다면 귀족들로부터 인정을 받을 수 있었다. 예컨대 베토벤은 농부의 아들이었지만 오스트리아 황족의 선생님이 되어 황실 사람들로부터 존경을 받았다.

남자는 살아가면서 외롭거나 좌절하게 되는 경우가 많기 때문에 언제든 그것에 맞설 준비를 해야 한다. 남자는 실의에 빠졌을 때 여자처럼 남편의 품에 안겨 위로 받을 수 없다. 그와 반대로 사랑하는 사람에게 정신적인 지주가 되어주어야 한다. 아내나 연인에게 커다랗고 믿음직한 산이 되어야 한다. 그 때 음악이 필요하다. 슬픈 멜로디가 악기에서 나오면 모든 억울함이 바람을 따라 흩어질 것이다. 어떤 사람은 그래서 음악을 마음에서 나오는 소리라고 했다. 이미 한 여자의 남편이자 아이들의 아버지가 된 웨인 칼린은 아코디언을 배운 옛날 일을 추억했다.

● " 내 아들이 잘 배우고 있나요? "

그 날 아버지가 무거운 아코디언을 힘겹게 들고 집으로 오시던 모습이 아직도 기억에 선하다. 아버지는 나와 어머니를 거실로 불러 그 보물상자처럼 생긴 상자를 여셨다. 아버지가 말씀하셨다.

"이것 봐, 이놈이 바로 여기 있다고. 네가 일단 이걸 배워두면 너와 평생을 함께 할 거야."

나는 억지로 웃음을 지어보였다. 하지만 나에게는 아코디언에 대한 아버지와 같은 흥미나 관심이 전혀 없었다.

어느 날 저녁 아버지는 일주일 내로 아코디언을 배우라고 명령했다. 나는 믿을 수 없다는 표정으로 어머니를 보았다. 도움을 얻고 싶다는 뜻이었지만, 어머니의 굳은 표정을 보고 나는 그런 희망은 버려야 한다는 사실을 깨달았다.

어느 날 나는 장에 들어있는 기타만한 크기의 상자를 꺼냈다. 상자를 여니 눈부시게 붉은 바이올린이 눈에 들어왔다. 어머니가 말씀하셨다.

"네 아빠 거야. 할아버지와 할머니가 아빠에게 사주신 거지. 농장의 일이 너무 바빠서 아직까지 연주해보진 못했어."

나는 아버지의 굵고 거친 손이 우아한 악기에 놓인 모습을 상상해보았다. 하지만 그 모습은 아무래도 상상하기 어려웠다.

얼마 뒤 나는 체리 선생의 아코디언학원에 들어가 연주법을 배우기 시작했다. 첫날 아코디언의 끈을 어깨에 걸쳤을 때 나는 모든 것이 서툴고 우스꽝스럽다는 생각이 들었다.

나는 매일 30분씩 아코디언을 연습하라는 지시를 받았지만 나는 항상 빠져나갈 궁리만 했다. 나의 미래는 밖의 드넓은 세상에서 공을 차는 것이지 방에서 금방 잊어버리는 곡을 배우는 것이 아니어야 했다. 하지만 아버지는 전혀 봐주지 않았다. 나를 잡아끌며 연습을 하게 만들었다.

얼마 뒤 나는 스스로에게 놀라고 말았다. 나는 음부와 연계하여 간단한 곡을 연주할 수 있게 되었다. 아버지는 항상 저녁식사 후에 나에게 한두 소절을 연주해보라고 시켰다. 아버지는 안락의자에 앉아 내가 연주하는 〈스페인 아가씨〉와 〈맥주통 볼카〉를 들었다. 가을음악회가 다가왔다. 나는 현지 극장의 무대에서 독주를 하기로 되어 있었다.

"독주하기 싫어요."

내가 말했다.

"너는 꼭 해야 돼."

아버지가 말했다.

"왜요? 아버지도 어렸을 때 가지고 계신 바이올린을 켜본 적이 없잖아요? 왜 내가 이런 우스꽝스러운 물건을 연주해야 하는 거죠? 아버지도 해본 적이 없는 물건을 말이에요?"

나는 소리치며 반항했다. 아버지는 자동차를 세웠다. 그리고 말했다.

"왜냐하면 넌 사람들에게 기쁨을 줄 수 있으니까. 넌 사람들의 영혼에 다가갈 수 있으니까. 그런 선물을 넌 스스로 포기하지 않을 테니까."

아버지는 부드럽게 보충 설명까지 해주셨다.

"언젠가는 내가 갖지 못했던 기회를 넌 갖게 될 거야. 넌 네 가정을 위해 감동적인 곡을 연주할 수 있을 거야. 그때 가서 넌 지금 고생한 의미를 알게 될 거란다."

나는 할 말을 잃었다. 아버지가 그렇게 동정적으로 말씀하신 것은 극히 드물었다. 그때부터 더 이상 부모님의 잔소리는 필요 없었다. 나는 자발적으로 연습했다. 그러나 시간이 흐르자 아코디언은 내 삶에서 점점 모습을 감추었다. 대학교에 입학했을 때 나는 아코디언을 장롱의 뒤, 아버지의 바이올린 근처에 놓아두었다. 그 악기는 조용히 그곳에서 기다리고 있다. 마치 먼지가 쌓인 추억처럼.

몇 년이 지난 어느 날 오후에 내 두 아이가 우연히 아코디언을 발견했다. 내가 아코디언 상자를 열자 아이들이 모두 웃으며 소리쳤다.

"한번 연주해보세요. 한번요, 네?"

어쩔 수 없이 나는 아코디언을 메고 간단한 곡 몇 개를 연주했다. 나는 내 연주솜씨가 아직도 녹슬지 않았다는 사실에 놀랐다. 얼마 지나지 않아 아이들이 나를 빙 둘러쌌다. 아이들은 깔깔거리며 춤을 추기 시작했고, 심지어 아내는 웃으면서 박자에 맞춰 손뼉을 쳤다. 그들이 아무 거리낌 없이 즐겁게 춤을 추고 웃는 것에 나는 놀라웠다.

아버지의 말씀이 나의 귓가에 다시 들려오기 시작했다.

"언젠가는 내가 갖지 못했던 기회를 넌 갖게 될 거야. 그때 가서 넌 알게 되겠지."

아버지의 말씀은 옳았다. 악기는 사랑하는 사람의 영혼을 위로하는 것은 정말 귀중한 선물이다.

음악이 사랑하는 사람에게 기쁨을 가져다줄 수 있다면 악기를 배우지 않을 이유가 없지 않을까?

54

영혼을 위해
매일 15분씩 독서하라

이렇게 시끄러운 세계에서 평온한 마음을 가질 수 있는가? 두 귀로 창밖의 소리를 듣지 않고 정신을 집중하여 옛 성현이 쓴 책을 읽을 수 있을까? 이렇게 흥분의 도가니와 같은 도시에서 마음을 가라앉히고 흰 종이에서 검은 글자를 골라 고독할 때 좋은 스승이나 벗이 되게 할 수 있는가? 위치우위(余秋雨)는 이렇게 말했다.

"정말 바다와 같다. 우리는 그것을 찬미하고 두려워한다. 멀리서 보면 바다는 맑고 푸르다. 구름이 피어오르고 노을이 비긴다. 하지만 일단 그 곳으로 뛰어들면 바로 겨자씨가 되어 거친 파도 위를 붕붕 떠다니게 된다. 어떻게 빠져나올 수 있을까?"

책의 바다는 끝없이 넓다. 책의 바다에서는 글자의 파도가 용솟음친다. 책장은 시끄러운 소리를 낸다. 검은색이 자욱하다. 이것은 시장화, 다원화된 현대문화의 또 다른 풍경이다.

사람들은 현대 사회를 살아가려면 민첩함과 신속함을 배워야 한다고 말한다. 하지만 나는 오히려 순박함과 둔함을 배워야 한다고 주장하고 싶다. 인생이 몇이나 되는가? 간신히 온전한 시대를 만났으니 정신을 깨우쳐 자신이 하고 싶은 일을 하라. 낯선 사람과 실랑이 벌일 시간이 어디 있단 말인가? 문밖의 바람, 하늘의 구름이 드문드문 가고 온다. 이런 바람과 구름이 흰 종이와 검은색 글자로 만든 것이라도 마찬가지이다.

지식은 인류문명의 결정체이다.

지식은 계승과 축적을 통해 얻어진다. 계승은 서적과 음악 등이 있고 축적은 인생의 경험에서 얻어진다.

책은 지식을 담는 그릇이다. 또한 인류가 공유하는 정신적 유산이기도 하다. 독서는 사람을 충실하게 만들고, 소양을 높이며, 사상을 바꾸고, 재능을 풍부하게 해준다.

좋은 책을 읽는 것은 옛 현자와 무릎을 맞대고 담론을 하는 것과 같다. 그들은 고상한 품격은 보이지 않는 영향력을 발휘한다. 책을 많이 읽는 것은 자아를 완전하게 만드는 필수 코스이다. 때로 한 권의 책이 위대한 이치를 깨우쳐주기도 하며, 그로 인해 사상의 비약적 발전을 거둘 수도 있다. 한 권의 책이 완전히 새로운 영역으로 우리를 데려다 줄 수 있으며 거기에서 자신의 목표를 분명히 알게 되어 영광의 길로 갈 수도 있다. 링컨은 어렸을 때 우연히 워싱턴과 헨리 크레이의 전기를 읽게 되어 그때부터 위대한 이상을 세웠고, 결국 미국 역사상 가장 존경받는 대통령이 되었다.

좋은 독자는 책을 읽을 때 말로 형용할 수 없는 재미를 느낀다. 독서를 좋아하는 사람은 위대한 사람이 되지 못하더라도 박학다식한 사람은 될 수 있다. 독서를 좋아하는 것은 타고나는 것이 아니며, 독서의 습관도 한번 생성되었다고 변함이 없이 계속되는 것이 아니다. 독서는 전통, 시대, 교육, 직업, 기호 및 기타 요소의 영향을 받는다. 책을 사랑하는 사람은 늘 순차적으로 다른 영역에 빠져들며 여러 가지 관련성이 떨어지는 지식을 자신의 사상에 혼합시킨다. 그는 자신만의 방식으로 지식을 이해한다. 하지만 지식은 그의 방식을 모르는 사이에 변화시킨다.

독서는 영원히 한 가지 영역에 국한시킬 수 없다. 지식을 습득하는 목적이 '장악'에 있는 것이 아니기 때문이다. 그것은 모든 이치에 정통하기 위함이며, 학습, 업무, 생활의 능력을 발전시키기 위함이다. 한 가지 영역의 지식을 너무 많이 축적하면 오히려 소화불량에 걸리기 쉽다. 그것은 지식이 불합리한 결합구조를 취하여 나타난 결과이다.

독서는 요령을 터득해야 한다. 어떤 책은 폭넓게 읽어야 하고, 어떤 책은 깊이 있게 읽어야 한다. 유행하고 가벼운 책은 읽긴 읽어야 하지만 깊이 있게 읽거나 많이 읽을 필요는 없다. 하지만 위대한 작품은 반드시 많이 읽고 깊이 있게 읽어야 한다. 또한 언제든 찾아서 읽을 수 있도록 필기하는 습관노 실러야 한다.

미국의 전 대통령 프랭클린 루즈벨트(Franklin Delano Roosevelt)의 부인은 이렇게 말했다.

"우리는 우리의 청소년에게 독서습관을 키워주어야 합니다. 이런 습관은 일종의 보물이며 두 손으로 떠받들 가치가 있습니다. 책을 읽으십시오. 책을 팽개쳐서는 안 됩니다."

매일 15분 독서한다는 것은 1주에 반 권, 1달에 2권, 1년에 약 20권을 읽고 평생에 걸쳐 1000권이나 그 이상을 읽는다는 것을 의미한다. 이것이 여러 가지 책을 두루 많이 읽는 가장 간단하고 쉽게 실천할 수 있는 방법이다.

매일 생활하는 가운데 15분을 내라. 정해진 시각에 책을 읽으면 더욱 좋다. 이렇게 하면 다른 여가시간을 보너스로 얻게 된다. 정해진 시각에 15분이나 그 이상 동안 계획에 따라 책을 읽어야 한다. 책을 읽을 때는 다른 일을 생각해서는 안 된다.

틈나는 시간에 책을 읽을 수 있도록 집이나 일하는 곳에 잡지나 책을 놓아두는 것이 좋다. 그러면 언제 어디에서든 책을 읽고 생각하는 힘을 기를 수 있다.

영혼을 빛나게 하는 정신의 양식은 풍성할수록 좋다.

독서는 영혼을 빛나게 하며, 자아를 완전하게 만드는 유일한 경로이다.

"내가 이를 때까지 읽는 것과 권하는 것과 가르치는 것에 착념하라"(디모데전서 4:13)
매일 성경 한 장과 함께 좋은 책을 읽는다면, 당신의 영혼을 건강하게 유지할 수 있습니다. 지속적인 영혼의 양식의 공급을 계속해서 일년내내 몸과 마음이 모두 건강한 남자가 되십시오.
영적 건강을 유지하기 위해 당신은 매일 어떻게 관리하십니까?

일출을 한번 보라,
하늘의 크기만큼 마음도 커질 것이다

도시 사람들에게 일출과 일몰은 이미 보기 어렵고, 물질과 관련이 없는 한가하고 쓸데없는 것이 되어버렸다. 서류가 수북이 쌓인 사무실이든 시끄럽고 좁은 작업실이든 유리로 가려진 현대의 숲속이든 연인의 어찌할 바 모르는 포옹에서든 우리는 은은하게 태양이 하늘에서 뜨거나 질 때의 아득함을 느낄 수 있다.

35세 이전의 당신은 일출의 장관을 깊이 체험해본 적이 있는가?

미묘한 경치로 가슴을 씻어내보았는가?

아침 해가 발산하는 첫 번째 서광이 여명이 동트기전 어둠을 가르기 시작하면 동쪽에서부터 하늘의 장막이 칠흑 같은 어둠에서 점점 물고기의 배처럼 하얗거나 붉게 바뀌고, 결국 눈부신 황금색이 된다. 이때 태양은 수천수만 가닥의 빛을 뿌리고 끝으로 불타오르는 공처럼 수면 위로 얼굴을 내밀며 하늘로 올라간다. 모든 과정은 묘기를 펼쳐 보이는 마술사처럼 순식간에 수많은 변화와 다채로운 화면을 보여주어 감탄을 자아내게 한다.

쉬즈모(徐志摩)는 일출을 이렇게 묘사했다.

"우리는 태산(泰山)의 정상에서 일출을 보았다. 항해를 해본 사람에게 지평선 아래에서 올라오는 태양을 보는 것은 사실 이상한 일도 아니다. 하지만 높은 산의 정상에서 보는 일출, 특히 태산의 정상에서 보는 일출은 더할 나위 없이 신기했다. 물론 평원이나 바다에서 보는 것과 경치가 달랐다.

유심히 감상할 때 나는 크게 소리쳤다. 눈앞에 지금까지 보지 못한 장관이 펼쳐졌기 때문이다. 알고 보니 어젯밤 내내 폭풍이 몰아쳤는데도 널리 퍼진 구름의 바다가 만들어져 있었던 것이다. 일관봉(日觀峰)과 우리가 있던 옥황정(玉皇頂) 외에도 동서남북은 구름이 평평하게 깔려있었다. 아침 해가 뜨기 전에 수많은 양떼들이 빽빽이 들어 서 있는 듯했다. 말린 귀와 구부러진 뿔도 구분해낼 수 있는 듯했다. 그때 망망한 구름의 바다에서 나는 홀로 작은 안개의 섬에 서 있었다. 기이한 환상이 펼쳐진 것도 그 순간이었다.

내 몸은 무한히 커졌다. 발밑의 산도 내 몸에 비하면 손안에 들어오는 작은 돌멩이에 지나지 않았다. 거인은 머리를 풀어헤쳤다. 긴 머리는 검은색 깃발처럼 쏴쏴 소리를 내며 바람에 펄럭였다. 거인은 대지의 정상에 우뚝 서서 서쪽을 쳐다보고 있었다. 긴 팔을 뻗은 채 기대했고 맞이했으며, 마음을 다하여 묵묵히 소리치고 있었다. 또한 마치 숭배의 대상처럼 기도했으며 눈물을 흘렸다. 그것은 오랫동안 보지 못했고 곧 보게 된다는 기쁨과 슬픔이 교차하는 눈물이었다.

그 눈물은 헛되이 흘리는 눈물이 아니었다.

거인의 손은 동쪽을 가리키고 있었다.

동쪽에 모습을 그러낸 것이 무엇이지?

동쪽에 아름답고 화려한 색채가 있었다. 동쪽에는 위대하고 널리 비추는 빛이 나타났다. 왔다. 여기에 왔다……'

한쪽에 있던 기이한 색채는 하늘에 가득한 잠기를 쫓고 사방의 밝은 놀을 깨운다.

광명의 신마(神馬)는 힘차게 질주한다.

구름의 바다도 살아 있다. 깊이 잠든 짐승 모양의 물결, 또 위대함을 회복한 우렁찬 외침이 있다. 머리를 들고 꼬리를 흔들며 우리의 작은 섬으로 와 씻겨주며 사방으로 물을 튀겨 물거품의 꽃을 만들어준다. 삶의 산호초를 흔들고 있으며, 마치 광명과 기쁨이 오는 것을 보고하는 듯하다.

다시 동쪽을 보니 파도가 이미 장애물을 쓸어버렸다. 병풍처럼 펼쳐진 황금빛 놀은 어깨 위에서 생겨 대지의 끝까지 뻗어간다. 일어나라, 일어나라, 힘을 내라, 힘을 내라! 순수한 불길의 둥근 머리는 탐색하듯 지평선 위로 올라와 구름의 등을 타고 넘어 하늘을 비춘다.

노래 부르자! 찬미하자! 동방의 부활을, 광명의 승리를……"

19세기 미국 환경운동의 사상적 선구자 소로우(Henry David Thore-au)는 일출의 장관을 이렇게 묘사했다.

"일몰의 무리가 전부의 휘황찬란함으로 평소에 보기 드문 아름다움으로

이 일대의 대지를 마음껏 비추었다. 여기에는 집이 없다. 망망한 가운데 고독한 독수리가 얼핏 보인다. 등에 난 깃털은 온통 황금빛으로 물들었다. 사향쥐는 구덩이에서 고개를 내밀고 주위를 살피고 있다. 다른 늪 사이로 거무튀튀한 색의 시냇물이 보인다. 구불구불하게 뿌리와 잔가지만 남은 나뭇더미 옆을 돌아서 흘러간다. 그 속을 천천히 거니는 빛은 순수한 아름다움이다. 시든 풀과 나뭇잎이 시야에 들어온다. 황금빛 휘황찬란함 속에는 또 부드럽고 고요함이 조화를 이룬다. 잔잔한 물결에는 흐느낌이 없다. 나는 이제껏 이런 아름다운 황금색 빛으로 목욕을 해본 적이 없다. 서쪽을 바라보니 수풀 언덕 사이로 색채가 화려한 것이 마치 신선이 노니는 세계와 같다. 우리 등 뒤의 가을 태양은 인자한 목동처럼 아직 해가 있는 틈을 타 우리를 돌아갈 수 있게 전송한다.”

우리가 성지를 오고 가는 역사적인 과정도 이와 같다. 언젠가는 태양의 빛이 더 아름답게 비출 것이다. 우리의 마음을 비출 것이다. 우리 생애가 더 많은 깨달음의 기묘한 빛으로 가득 차게 해줄 것이다. 그 금빛은 가을 태양의 기슭처럼 밝게 빛날 것이다.

어렸을 때는 일몰에 푹 빠졌었다. 석양이 지는 모습을 사랑했다. 다 자란 뒤에야 일출의 정취가 일몰에 비해 전혀 손색이 없음을 알았다. 쥐 죽은 듯 고요하고, 어두운 밤에 무한한 인내와 기대를 품고 우주의 첫 번째 빛줄기를 기다리면 마침내 해가 떠오른다.

그래서 한가한 주말에 신변의 모든 잡무를 떨쳐버리고 배낭을 메고 떠나자. 일출의 장관에 흠뻑 취하고 대자연의 위대함을 만끽하자.

> "하늘이 하나님의 영광을 선포하고 궁창이 그 손으로 하신 일을 나타내는도다"(시편 19:1)
> 하늘을 보며 하나님의 영광을 바라보십시오. 떠오르는 태양을 보며 하나님의 위대하심을 느끼십시오.
> 당신은 일출을 보며 어떤 감동을 느끼셨습니까?

드넓은 바다와 텅 빈 하늘로
가슴을 씻어내라

세상에서 가장 큰 것은 바다이다. 세상에서 가장 인내심이 강한 것도 바다이다. 바다는 온순한 코끼리와 같다. 지구상의 미미한 존재인 사람이 드넓은 바다를 깔고 앉아 있으면 한없이 넓고 깊으며, 짙푸른 바닷물은 거의 대지를 삼키는 모든 재난과 같다. 그 커다란 마음 - 어려움 많은 세상에서 이것은 유일하게 건강한 마음이다 - 아무 사치스러운 바람이 없으며, 어떠한 미련도 없고, 평온하고 자유롭게 요동친다.

세상에서 가장 삶을 잘 아는 사람은 선원이다. 그들이 바다에 나가있는 동안은 배가 바로 세상이고 바다는 우주이다. 그들의 세계는 자신들의 손으로 조종한다. 배가 어디로 갈지는 완전히 그들 스스로 결정한다. 그들은 유한한 인력자원으로 가장 효율적인 협동을 한다. 누구 한 사람 없어서는 안 되지만, 각 한 사람이 모든 것을 주관할 수는 없다.

사람들이 파도 위를 항해할 때 바다는 오래된 노래를 부른다. 하지만 이런 노랫소리는 듣는 사람마다 느낌이 다르다. 바다가 맞이하는 모든 사람에게 여러 가지 특수한 언어를 사용하기 때문이다.

하이쯔(海子)의 '바다로부터 봄이 오네'는 우리에게 바다의 가장 따뜻한 마음을 보여주었다.

내일부터 행복한 사람이 되어야지
말에게 먹이를 주고 장작을 패고 세계여행을 하고
내일부터 양식과 채소에 관심을 갖자
나에겐 집이 있다. 바다로부터 봄이 오고 있다

내일부터 가족들에게 연락을 해야지
가족들에게 내 행복을 알려줄 테야
그 행복의 번쩍임이 내게 알려준 것이라고

나는 모두에게 알려줄 거야
모든 산과 강에게 따뜻한 이름을 지어줄 테야
낯선 사람이여, 나도 당신을 위해 축복하리라
당신에게 찬란한 앞길이 있으라고
평생 함께할 연인을 만나라고
속세에서 행복을 얻으라고
나도 바다로부터 봄이 오길 원하네

꽃가지와 나뭇가지가 이리저리 흔들리고 있다. 땅위에는 가느다란 모래가 반짝이며, 미약한 푸른빛을 발산하고 있다. 여기의 모든 것은 신비한 빛의 고리가 둘러싸고 있다. 당신이 고개를 들거나 숙이면서 볼 수 있는 것은 온통 파란색뿐이다. 결코 바다 밑에 있는 것이 아니라고 느끼게 한다. 푸른 하늘처럼 말이다. 평온한 바다에서 태양을 보라. 태양은 마치 보라색 꽃과 같을 것이다.

도시에서 멀리 가지 않아도 도시의 시끄러움에서 벗어나 잠깐의 고요함을 누릴 수 있다. 커다란 대가를 치르지 않아도 몸과 마음의 자유를 누릴 수 있다. 물속은 자신의 심장 뛰는 소리를 들을 수 있을 정도로 조용하다. 물속에서는 팔다리를 제멋대로 움직여 하늘을 날아다니는 자유로운 느낌을 누릴 수 있다. 일생 동안 바닷가에서 살 수 있다면 행복한 일이다. 그럴 수 없다면 최소한 바다에 가보는 것이 좋다. 파도를 밟고 바람을 맞아 선 다음, 직접 조개껍데기를 주워보자. 조개껍데기를 창가에 놓아 아름다운 추억으로 간직하자.

이 세상에서 바다보다 웅장하고 심오하며 넓은 것은 없다. 사랑하는 사람을 데리고 꼭 한번 바다에 가보길 바란다.

"내가 하늘에 올라갈찌라도 거기 계시며 음부에 내 자리를 펼찌라도 거기 계시니이다 내가 새벽 날개를 치며 바다 끝에 가서 거할찌라도 곧 거기서도 주의 손이 나를 인도하시며 주의 오른손이 나를 붙드시리이다"(시편 139:8-10)
우주만물 어느 곳이든지 하나님의 손길이 닿지 않은 곳은 없습니다. 하늘과 바다를 주관하시는 하나님께서 당신의 손을 붙드십니다. 가슴을 활짝 펴고 세상을 향해 나아가십시오.
어디를 가든 당신은 하나님의 손길을 느끼고 있습니까?

나무 한 그루를 심어라

포르투갈의 속담 중에는 "사람은 일생 동안 세 가지 일을 해야 완전해질 수 있다. 아이를 낳고, 책 한 권을 써야 하며 나무 한 그루를 심어야 한다"라는 말이 있다.

또 어떤 사람은 「인생의 네 그루 나무」에서 이렇게 아름다운 꿈을 이야기하기도 한다.

아기가 태어났을 때 아기의 부모는 아기를 위해 나무 한 그루를 심었다. 자식이 자라 결혼할 때는 그 자식이 배우자와 함께 나무를 심었다. 그것은 사랑으로 새로 태어나고 삶의 책임을 떠안는다는 상징적인 의미이다. 그들의 아이가 태어났을 때, 아이의 아버지는 아내와 함께 아이를 위해 나무 한 그루를 또 심는다. 그들이 세상을 떠났을 때 그들의 자식은 돌아가신 이를 위해 나무 한 그루를 심는다. 물론 그 나무 아래 그가 있다. 그의 뼛가루는 나뭇가지에 돋아나는 푸른 잎이 될 것이다. 네 그루의 나무는 바로 인생의 여정을 상징하는 것이다.

세계 여러 지방에서 아이가 태어나면 아버지가 아이를 위해 나무를 심어

주는 풍속이 전해 내려오고 있다. 남자아이가 태어나면 교목(喬木, 수목의 높이가 8m를 넘는 나무 - 역자 주)을 심어 아이가 교목처럼 높이 자라 출세하기를 기원한다. 여자아이가 태어나면 과일나무를 심어 아이가 과일처럼 꽃을 피우고 열매 맺기를 기원한다. 그래서 당신은 교목을 심어야한다.

• 집을 찾게 해준 나무

남북전쟁 당시 북군의 부대는 마지막에 플로리다 주를 장악했다. 12살의 마이클은 혼란중에 뉴욕으로 오게 되었다. 몇 년뒤, 마이클은 친부모를 찾기 시작했다. 하지만 그의 부모는이미 그때 세상을 떠났다. 마이클과 부모가 함께 있던 농장은 옛 모습을 찾아볼 수 없을 정도로 변해있었다. 그래서 마이클은 아무런 소득을 거두지 못한 채 뉴욕으로 가는 기차에 몸을 실어야 했다. 기차를 타고 가다가마이클은 우연히 철길 부근에 큰 나무 한그루가서 있는 것을 발견했다. 나무의 생김새가 무척 눈에 익었다. 그 나무는 바로마이클이 어렸을 때 직접 심은 것이었다. 세월은 비록 많은 것을 변화시켰지만, 그 나무는 그때의 모습을 그대로 간직하고 있었다. 마이클은 결국 옛 집터를 찾을수 있었다. 그리고자기가 떠난 뒤에 태어난동생이 있었다는 사실도알게 되었다.

여기 다른 이야기가 하나 더 있다. 하지만 이 이야기는 완전히 다른 상황과 의미가 내포되어 있다.

• 집을 잃게 한 나무

산골에 사는 한 사내아이가 있었다. 그 아이는어느새 성인이 되었다. 그는 외지로 나가려고 했다. 산에는 외부로 나가는 길이 없었다. 그는 돈도 없었다. 넓디넓은 산에는 무성한 나무만이 가득했다. 남자는 생각하고 또 생각했다. 그는 도끼를 바위에 갈고 또 갈았다. 그의 어머니가 그에게 도끼를 갈아 무엇을 할 것인지 물었다. 그는 어머니에게 나무를 베어 길을 트겠다고 말했다. 그의 어머니는 그에게 나무를 베어 길을 트면 무엇을 할 것인지 물었다. 그는 거침없이 산 밖으로 나가겠다고 말했다.

어머니는 마음도 아팠지만 아들이 자랑스럽기도 했다.

남자는 숲으로 들어갈 나무를 베었고 길을 만들었다. 게다가 벤 나무를 팔아 여비로 썼다.

이별할 때에 어머니는 아들에게 돌아올 것인지, 돌아올 때 길을 알아볼 수 있겠는지를 물었다.

남자는 꼭 돌아오겠다고 말했다. 그는 자신이 나무를 베어 만든 길을 따라 돌아오겠다고 말했다.

남자는 그렇게 길을 떠났다.

남자가 떠난 뒤 산골 사람들은 그가 한 것처럼 사방팔방으로 나무를 베어 길을 뚫었다. 여러 방향을 통해 그들은 세상으로 나아갔다.

여러 해가 지난 뒤 남자는 고향생각이 났다. 하지만 산길로 접어들었을 때, 그는 길을 알아볼 수 없었다. 산은 이미 벌거숭이가 되어버렸다. 그는 자신이 떠날 때 나무를 베어 만든 길이 어느 것인지 알아볼 수 없었다. 이 길 같기도 했고 저 길 같기도 했다.

나무 한 그루를 베어냈을 때 그는 이미 집을 잃어버린 것이다.

그렇다. 나무 한 그루는 우리를 다시 집으로 돌아올 수 있게 해준다. 또한 집으로 돌아오는 길을 찾을 수 없게도 만든다. 나무는 이미 너무 많은 이상과 아름다운 소망을 떠안고 있다. 나무 한 그루를 베어내면 소망 한 가지가 없어진다.

　그래서 우리는 나무를 심어야 한다. 매년 식목일에만 나무를 심으라는 법은 없다. 토양이 있는 곳과 생명의 시간 속에서 나무를 심으라. 사막 깊은 곳에 모래를 다스리는 묘비 옆에 생명의 작은 나무를 심으라. 인생의 평범하고 소소한 일과 비교하면 그것은 간단하지만 의미가 있는 일이다. 생태가 날로 악화되는 강가에 나무 몇 그루를 심으라. 대자연의 보복이 있을 거라는 경종이 울릴 때까지 기다려서는 안 된다. 우리는 대자연의 보복이 재연되는 것을 막아야 한다.

"여호와의 나무가 우택에 흡족함이여 곧 그의 심으신 레바논 백향목이로다
(시편 104:16)
나무가 없는 세상은 상상할 수 없습니다. 모든 창조물은 인간에게 필요한 존재로 만들어졌습니다.
나무 한 그루를 심어 이 세상을 더 윤택하게 하는 사람이 되고 싶지 않으십니까?

매년 한번 이상
헌혈을 하라

많은 경우 사람들은 건강을 버리더라도 돈과 시간을 내놓으려 하지 않는다. 결국 사람들은 이득이 손실을 보충하지 못하는 결과를 얻게 된다. 즉 건강을 잃고 시간과 돈을 포함한 모든 것을 잃어버리게 된다.

건강은 무엇인가? 건강을 잃었을 때 비로소 그것이 있었음을 깨닫게 된다. 건강을 잃은 뒤에야 원래 건강은 소중히 여겨야 하는 것이었음을 알게 된다. 또한 그제야 과거에 건강에 대해 너무 소홀했고 건강이 자신과 서로 뗄래야 뗄 수 없는 관계였음을 알게 된다. 건강이 잠시 자리를 비워야 절실한 깨달음을 얻을 수 있다. 건강이 떠나면 이 세상 모든 것에 그 의미를 찾을 수 없다. 그것이 바로 건강의 힘이다.

선상은 부적 다루기 까다로운 상대이다. 건강의 상실은 예측할 수 없다. 우리는 예방할 수는 있지만, 건강을 영원히 지키는 것은 불가능하다. 영원한 건강이 있다면 그것은 신화일 것이다. 우리가 사는 이 세계에는 불행한 사람이 많다. 재난이나 질병은 그들의 건강을 앗아가며 어쩔 수 없이 병상에 누워 의사의 신세를 지게 만든다.

수혈은 현대의학에서 치료를 위해 일상적으로 사용하는 방법이다. 신선한 혈액을 받아 건강을 회복한 사람은 부지기수이다. 인류는 아직까지 치료목적에 사용할 인공혈액을 만들어내지 못했다. 환자를 치료하기 위해서는 다른 사람의 혈액에 의존할 수밖에 없는 실정이다. 더 많은 환자를 수혈로 치료하기 위해 사람들은 혈액보관소를 만들었다. 언제 있을지 모르는 공급부족사태에 대비하기 위해서도 그런 기구는 필요하다. 여기에 비축된 혈장도 또한 수천수만 명의 헌혈자에게서 나온 것이다.

다른 사람을 위하고 자신을 위하는 공익사업인 헌혈에 우리는 적극 동참해야 한다. 자신의 신선한 피로 다른 사람에게 새로운 생명을 얻게 해줄 수 있다면 이 얼마나 행복한 일인가! 여러분 자신도 어느 날 갑자기 쓰러져 병상에 누워 다른 사람의 피를 수혈 받아야 할 처지에 놓이지 말라는 법도 없지 않은가? 정말 그런 날이 온다면 헌혈해준 사람에게 감사하는 마음을 갖게 될 것이다.

더 많은 사람이 헌혈에 참여할 수 있도록 관련 기관에서는 헌혈한 적이 있는 사람에게 수혈의 우선권을 주고 있다. 그래서 사람들은 혈액보관소를 혈액은행이라고 부른다. 다시 말해서 모든 헌혈자는 건강을 저축한다고도 할 수 있다. 어느 날 불행한 일이 닥쳤을 때, 옛날에 한 저축으로 구원을 받을 수 있을 것이다.

과학자의 연구에 따르면, 성인이 정상적인 헌혈에 참여했을 경우 기본적으로 신체의 건강에는 아무런 영향을 받지 않는다고 한다. 더욱이 헌혈을 통해 혈액 내의 독소를 배출하고 골수(骨髓, 뼈의 속을 채우고 있는 연한 조직으로 붉은빛과 누른빛의 것이 있고, 적혈구·백혈구·혈소판 등을 만듦 – 역자 주)의 조혈(造血, 몸 안에서 피를 만듦 – 역자 주) 기능을 자극하여 인체의 신진대사를 더욱 왕성하게 한다.

사실 헌혈 참가자의 이러한 공익활동도 공중도덕의 또 다른 표현방법이며, 전체 사회와 개인의 품격을 반영한다. 문명이 발달한 사회의 사람들은 여러 가지 공익활동에 적극적으로 참여하려는 경향이 있다. 사람들은 그것을 사회에 보답하는 방법으로 생각하며, 자신이 사회에 봉사할 수 있는 것에 기쁨과 행복을 느낀다. 낙후되고 이기적인 사회에서는 사람들이 개인의 이익만을 생각하며, 공익사업을 일고의 가치도 없는 것이라고 여긴다. 그들은 아마도 자신들이 병상에 누워 힘겹게 헌혈자를 기다릴 때가 돼서야 비로소 절망의 한숨을 쉴 것이다.

건강은 개인의 문제만은 아니다. 모든 사람이 이기적인 생각을 버려야 한다. 또한 건강유지를 내가 남을 위하고 남이 나를 위하는 공익사업이라고 여겨야 한다. 그래야 진정한 발전이 있고 모두에게 득이 된다.

매년 한 차례 이상 헌혈을 하고 건강에 투자하라. 다른 사람을 위해서나 자신을 위해서.

"이 봉사의 직무가 성도들의 부족한 것만 보충할 뿐 아니라 사람들의 하나님께 드리는 많은 감사를 인하여 넘쳤느니라"(고린도후서 9:12)
생명을 귀중하게 생각하는 것은 인류를 위한 가장 고귀한 봉사입니다. 생명을 주신 하나님께 감사하고, 당신의 도움이 필요한 사람을 외면하지 않는 남자가 되십시오.
당신은 얼마나 다른 사람의 생명을 소중하게 생각하십니까?

고향을 방문해 어린 시절의
천진한 꿈을 떠올려 보라

고향은 당신을 태어나고 자라게 한 땅이다. 그곳의 산, 강, 풀, 나무 모두에게 감사한 마음을 가져야 한다. 고향이 아름답지 않을 수도 있다. 고향은 아픔을 줄 수도 있다. 하지만 당신을 기른 정에 비하면 그것은 아무 것도 아니다. 배은망덕은 사람들이 입에 담고 싶어 하지 않는다. 그것을 단지 개인의 사사로운 일이라 여기지 말기 바란다. 사실 고향 사람들은 당신의 일거수일투족을 냉정하게 바라보고 있다.

세상에서 가장 똑똑한 민족이라고 자칭하는 이스라엘 사람들을 생각해 보라. 천 년이 넘는 세월 동안 이 세상의 구석구석을 떠돌아다닌 그들은 항상 자신들의 터전으로 돌아가야 한다고 생각했다.

위대한 음악가 쇼팽은 죽어가면서도 사람들에게 무덤에 고향의 흙을 뿌려달라고 부탁했다. 고향에 대한 사랑과 숭배는 어머니에 대한 사랑과 본질적으로 차이가 없다.

저우구워핑(周國平)은 "도시는 향수(鄕愁)의 생산지가 아니라 향수를 매장하는 무덤이다. 향수는 소박한 곳에서 싹트며 드넓은 벌판에서만 나고 자란다"라고 말했다.

도시가 점점 더 많은 공업화 기계에 잠식당할수록 우리의 마음은 쉽게 짜증을 내고 피곤해진다. 그럼 우리 스스로에게 휴가를 주는 것이 어떨까? 어린 시절은 인생의 가장 소중한 시간이다. 영원히 추억할 만한 가치가 있다. 어린 시절의 고향은 모든 아름다운 추억의 발상지이다. 그럼 이제 시간을 내어 고향으로 떠나보자.

"여러 해 동안 보지 못했던 믿음의 물건을 캐러 가자. 복숭아꽃 몇 송이, 버들가지 한 단, 연잎 여러 개, 들국화가 가득한 정원으로."

길이 멀고 이동하기가 불편하다고 투덜거리지 말자. 도시의 번잡함이 고향을 바라보는 시선을 가리게 하지 말자. 몸이 타향에 있고, 도시의 요란한 소음으로 잠을 좀처럼 이룰 수 없을 때 다음의 이야기가 생각날지도 모른다.

• 2 0 달 러 의 사 랑

그는 수표장부에 '20달러'라는 금액을 써넣었다. 시원스럽게 영문 이름을 서명한 다음 그는 친구에게 편지를 썼다.

"손으로 짠 밀짚모자를 하나 사게. 고향으로 돌아가는 차표를 산 다음 역에서 모퉁이를 돌게. 항상 색이 바랜 당나라 적삼을 입은 아보(阿伯)가 있는 곳에서 여지를 한 꾸러미 사게나. 지금이 여지가 익어가는 시기라는 걸 알고 있지? 그리고 다시 부탁이네만 차를 갈아타지 말고 밀짚모자를 쓴 채 시끌벅적하고 더러우며 오수가 넘치는 노천의 야채시장을 걸어가 보게. 소고기면을 파는 라오왕(老王)의 노점을 돌면 내 집에 도착할 거야. 문을 두드릴 필요는 없어. 소리쳐 부르게. '아랑(阿朗) 아저씨'라고 말이야. 그분은 우리 아버지이셔. 여지를 내려놓고 아버지를 모시고 차를 한 잔 하게. 이웃집에 가면 젊은 아낙을 볼 수 있을 거야. 볼품이 없고 옷도 소박하게 입은 여인이 바로 내 첫사랑인 아내지. 건강하고 예쁜 보조개가 여전한지 확인해보게. 남편에게 아이를 하나 더 낳아주었는지도 말이야. 부탁이네. 나를 위해 내가 말한 것들을 해주게. 비용으로 20달러를 보내네. 고맙네."

향수는 어렸을 때 날리면 날릴수록 높이 뜨는 연과 같다. 별미와 같은 석별의 정은 자아의 깨달음 속에서 한걸음씩 올라간 인생의 책이다. 그것은 도시의 박물관으로 굴러 들어가 여러 사람이 관람하는 역사적인 보물이 되어서는 안 된다. 그것은 과거, 현재, 미래의 공명이다. 향수는 현실주의에 대한 일종의 반역이다. 향수는 세속에서의 낭만적 도피이다. 향수를 로맨티스트인 생각의 준마가 고향과 타향 사이를 경주하듯 달리는 것이라고 말할 수도 있다. 결국 향수의 존재는 행복의 연소이며, 감미로운 촛불이 발밑의 길을 비추는 것과 같다. 수천의 지명 가운데에서 고향을 쉽게 짚어내는 것과 같다. 고향은 늙지 않으며 향수는 향기롭다. 우리가 향수를 품고 고향을 찾는 것은 영원히 이어지며, 사라지지 않는 정신의 귀의(歸依)이다. 향수는 깊은 생각의 순간에 꿈속에서 맴도는 환호성과 이름을 떠올리게 한다. 그것은 인간세상에서 가장 썩지 않는 푸른 잎이다. 그것은 자랑스럽게 자리를 잡아 근심하고 슬퍼하더라도 찬란함이 퇴색하지 않는다. 바람이 불고 구름이 흘러가는 중에 나는 생각한다. 고로 존재한다' 는 매력을 영원히 간직할 것이다.

시인 하이쯔(海子)의 마음에 고향의 마을은 아름답고 평온하다. 순진하고 고풍스러운 시와 같다. 그래서 그는 이렇게 썼다.

마을에는 어머니와 아들딸이 살고 있다.

아들은 조용히 자라고

어머니는 조용히 지켜본다.

갈꽃 수풀 속

마을은 흰색의 배이다.

내 누이동생을 갈꽃이라고 부른다.

내 누이동생은 아주 예쁘다.

고향은 가장 따뜻하고 가장 잊을 수 없는 곳이다. 도시의 시끄러움이 점점 마음을 어지럽힌다고 느껴진다면 배낭을 메거나 아이를 데리고 어린 시절 살았던 곳으로 돌아가 옛날 아름다웠던 시간을 다시 주워 담자.

> "내 백성아 너는 모압 왕 발락의 꾀한 것과 브올의 아들 발람이 그에게 대답한 것을 추억하며 싯딤에서부터 길갈까지의 일을 추억하라 그리하면 나 여호와의 의롭게 행한 것을 알리라 하실 것이니라"(미가서 6:5)
> 다시 돌아갈 하나님 나라인 본향을 향해 우리는 이 땅에서의 여행을 하고 있습니다. 그곳에서 하나님과 함께 뛰어다닐 꿈을 꾸십시오.
> 그 기대감을 당신은 가지고 있습니까?

잃어버린 동심을 찾아라

끝으로 우리는 짐짓 진지한 척 폼을 재며 의복을 단정히 한다. 너무 많은 규칙과 금지를 지닌 채 말이다. 사실 우리 모두의 마음 깊은 곳에는 여전히 천진난만한 아이가 있다. 그것은 풀밭에서 뒹굴길 좋아한다. 옷이 더러워지든, 다른 사람이 어떻게 보든 개의치 않는다.

제임스 크와로프는 그의 아름다운 노래 〈꼬마야, 나는 널 잃었구나!〉에서 아직도 마음에 살고 있는 여러 개구쟁이의 느낌을 표현했다.

꼬마야, 나는 널 잃었구나

너의 상큼한 미소와 고통을 무시하는 정신은 어디로 달아났느냐?

마음껏 놀고 마음껏 떠들며 아무 근심걱정이 없었지

너는 개구리를 잡으면 심장이 콩당콩당 뛰었지

커다란 개구리도 네 작은 손에서 아무 것도 아니었지

너는 친구들과 고요한 숲에서 놀았지

어지럽게 돌아다니는 고슴도치에 놀라 감히 숨도 제대로 쉬지 못했지

추우면 모닥불을 지폈고, 배가 고프면 나뭇잎으로 허기를 달랬지

너는 생각할 틈이 없었어

너는 언제 천진난만한 감각을 잃었느냐?

젊은 마음은 더 이상 쉽게 떨리지 않는구나

어른의 답답함, 산을 오를 때의 두려움과 세속의 시끄러움

어디에서 삶의 의미를 찾을까?

그렇다. 우리는 가장 소중한 동심을 잃었다. 우리는 고집스럽게 쾌락을 좇고 있으며 나무 위에서 낚시를 하고 있다. 목적한 방향과 반대로 가고 있기 때문에 우리는 행복에서 점점 멀어지고 있다. 점점 진지함도 잃고 있다. 원점에서 다시 생각해보자. 행복은 어디에 있는가?

〈어린 시절〉이라는 노래는 영원히 좋아하게 될 것만 같다.

연못가의 보리수나무 위에 앉은 매미가 여름을 노래하고 있어요

덤불에 있는 그네에는 나비 만홀로 있네요

선생님은 분필을 들고 칠판에 끊임없이 무언가를 찍찍 소리 내며 쓰고 있어요

수업이 끝나길 기다리고 있어요

학교가 파하길 기다리고 있어요 놀이하는 어린 시절을 기다리고 있어요

옆 반의 여자아이는 어째서 아직 내 유리 창 앞을 지나가지 않았을까요?

입의 역사, 손 안의 만화, 첫사랑을 마음에 간직한 어린 시절

항상 잠들기 전이 되어서야 공부를 조금밖에 하지 않았음을 알아요

항상 시험을 치룬 뒤에야 공부해야 할 내용을 공부하지 않았음을 알지요

왜 태양은 산 너머로 지는지 사람들은 몰라요

산 안에 신선이 있는지 없는지 말해줄 사람이 없어요

어린 시절 당신은 어리석은 짓을 많이 저질렀을 것이다. 또한 친구들과 즐겁게 뛰어 놀았을 것이다. 지금처럼 이렇게 미래에 닥쳐올 어려움은 걱정하지도 않았을 것이다. 그때 당신은 수업을 듣기 위해 교실로 돌아가야 했을 것이다. 시험을 봐야했고 친구에게 관심을 가지며 선생님의 말씀을 들어야 했을 것이다. 그런 여러 어려움이 있음에도 불구하고 당신에게는 번민을 벗어날 기묘한 능력을 갖고 있었을 것이다. 요컨대 미래에 대한 두려움으로 괴로워하지 않았다. 어린 시절에 현재를 살아가는 비결을 잃어버리지 않았다. 그래서 아무 걱정 없이 즐겁게 행복을 느낄 수 있었다.

어른이 된 뒤 그 비결을 잃었음을 알게 될 것이다. 또한 그 비결을 다시 되찾을 수 없다는 것도 확실히 알게 될 것이다.

마음에 있는 천진난만함의 상실을 알게 되었다면, 이제 그것이 우리 곁에서 멀리 떨어지지 않았다는 사실을 인식해야 한다. 그래야 천진난만함과 접촉할 수 있다. 사실 최대의 장애물은 자기 마음에 있는 어린 아이를 받아들이고 싶지 않다는 것에 있다.

놀이의 세계에 사는 어린이는 진정한 귀족이다. 그들은 항상 깨끗한 마음과 무아지경에 가까운 몰입으로 놀이를 즐긴다. 그들은 마음껏 자유로운 생명을 이곳저곳에 뿌린다.

천재도 항상 그렇다. 천재는 놀이를 즐기는 것이 영감의 원천임을 알고 있다. 그들은 가장 행복하고 활력이 넘치는 사람들이다. 그들은 책임과 행복이 공존할 수 있음을 알고 있다. 그들은 보통사람들보다 자기 마음에 있는 '아이'를 어떻게 하면 더 잘 드러낼 수 있는지를 안다. 그들은 다른 사람의 비난과 평가를 두려워하지 않는다. 때로 그들은 어린 시절 항상 무아지경에 빠졌던 것처럼 완전히 환상에 빠질 수 있다. 그들은 진정한 삶이, 하루 종일 일하며 여가생활이 무엇인지도 모른 채 살아가는 것이 아님을 알고 있다. 천재에게는 일과 여가를 최대한 결합하여 성장할 수 있는 능력이 있다. 천재는 생존에 대해 어린 아이와 같은 천진함과 호기심을 지니고 있다. 천재는 동심을 어떻게 사랑하고 키워야 하는지 알고 있으며, 동시에 어떻게 하면 좋은 어른이 될 수 있는지도 알고 있다.

남자는 35세 이전에 잃어버린 동심을 되찾아야 한다. 이 복잡하고 번거로운 세상에서 순진한 동심을 가져야 한다. 그러면 어깨가 더 이상 무겁지 않을 것이다. 가장 즐거울 때의 웃는 표정을 갖게 될 것이다.

"예수께서 그 어린 아이들을 불러 가까이 하시고 이르시되 어린 아이들이 내게 오는 것을 용납하고 금하지 말라 하나님의 나라가 이런 자의 것이니라"(누가복음 18:16)
어린 아이와 같은 천진한 마음을 예수께서는 기뻐하신다고 하셨습니다. 당신은 얼마나 순수한 마음을 가진 남자입니까?

혼자 있을 시간을 내라

남자에게는 혼자 있을 시간이 부족하다. 남자는 해야 할 일이 많기 때문이다. 하지만 바쁜 일상생활이 오래 지속되다보면 가끔 일에서 벗어나 홀로 시간을 보내면 어떤 느낌일까하는 생각이 들기도 한다.

혼자 있으면서 간섭을 받지 않고, 책임과 의무도 없이 조용하고 편안하게 자신의 일을 할 수 있으면 얼마나 좋을까? 그것은 상상만으로도 유쾌한 일이 아닐 수 없다. 사실 정말 그런 시간이 주어진다면, 우리는 아마 외로움이 두려워 서둘러 바쁜 일상으로 돌아올 것이다. 우리는 잊을 수도 있고 모든 것을 용서할 수도 있다. 우리는 오히려 할 일이 있는 삶을 그리워할 것이다. 바쁜 사람은 늘 한가로움을 두려워한다. 한가로움은 행복을 누리는 것이 아니라 공포라고 느낀다. 가장 두려운 것은 잡념이다. 즐거웠던 일을 떠올리는 건 그나마 괜찮지만, 불쾌하고 화나는 일을 떠올리면 즉시 울고 싶은 심정이 들 것이다. 주변에 마음을 털어놓을 사람이 없다면 그것은 더욱 낭패한 꼴이 된다.

우리는 혼자 있을 때에도 최대한 할 일을 만들거나 찾는다. 자신과 함께

할 사람이 없으면 함께할 물건이라도 찾는다. 텔레비전이나 라디오를 켜며 읽을 책을 펼친다. 그것도 아니면 전화기를 붙들고 친구에게 수다를 떤다. 그렇게 해야만 머리에 빈 공간이 생기지 않기 때문이다. 그렇게 혼자 있는 것은 다른 사람과 함께 있는 것보다 못하다.

고독을 즐길 수 있는 사람은 행복하다. 홀로 있는 것의 관건은 무엇으로 고독한 공간을 메우느냐에 있다. 고독한 시간에는 인생의 경지에 관련한 명상, 학습, 수양을 하는 것이 가장 좋다. 그러한 방법은 영혼에 있는 더러운 먼지와 어지러운 욕망을 씻어 낸다. 또한 대자연의 순수하고 명랑함으로 돌아갈 수 있게 해준다. 이것은 얼마나 유익한 삶인가!

집에서 고독을 찾으려고 해서는 안 된다. 집에는 근본적으로 고독이 없다. 다른 사람이 집에 없고 스스로 일부러 대외적인 연락을 모두 끊어버린다 해도 눈으로 보고 귀로 듣는 것이 모두 익숙한 물건들이기 때문에 지난날의 잡다한 추억을 떠올리게 만든다. 진정한 고독은 낯설고 조용한 곳에서 찾아야 한다. 사람들의 이목을 끄는 아름다운 경치가 없는 곳이 가장 좋다. 푸른 하늘과 드넓은 들판이 있는 곳을 선택하는 것이 가장 좋다.

그래서 우리는 가을의 오후를 선택하지 않을 수 없다. 그때 혼자 교외의 드넓은 들로 가면 모든 것이 우리가 상상하는 대로 된다. 천지를 뒤덮는 소리가 있더라도 마음이 뛰는 소리를 듣는 데는 아무 영향을 받지 않는다. 이때 모든 사람은 긴장이 풀어지고 정말 아무 것도 생각하지 않을 수 있다. 이것은 일정의 '하늘과 사람이 하나 되는 경지' 이다.

따이왕수(戴望舒)의 다음 시에는 홀로 산행을 나섰을 때의 기묘한 감동이 잘 나타나 있다.

네 아침노을의 색을 보니,

지는 달의 처량함을 느낀다

새벽 하늘에 떠 있는 구름조각처럼

번민과 원망이 내 마음으로 흩날려온다

하지만 새의 울음소리를 듣지 못했다

나는 물 흐르는 듯한 울음을 듣고 싶다

이슬이 맺힌 것과 같은 산의 꽃에

나는 참지 못하고 눈물을 쏟아낸다

나는 희미한 산길을 걷는다

꿈의 향기는 여장을 날렸다

아침노을과 우는 새와

끝이 없는 고뇌와…

혼자 있을 때는 교외로 나가 산책을 하는 것이 좋다. 모든 세상의 잡념을 떨쳐버리고 대자연의 소리를 들어야 한다. 그래야 철저하게 긴장을 풀 수 있고 생명과 삶에 대한 완전히 새로운 체험을 할 수 있다.

천고마비의 계절에 홀로 산이나 숲을 거닐어보자. 가을바람 속을 떠다니며 유유자적 돌아갈 곳을 찾는 낙엽을 감상해보자. 가을이 왔음에도 시들어 떨어지지 않는 애수와 슬픔도 춘하추동에게 웃어줄 수 있는 침착함과 소탈함만 있으면 고향으로 돌아가는 희열을 가질 수 있다.

꽃이 비에 떨어지는 계절이라면 도시에서 멀리 떨어진 들로 나가는 것도 좋다. 빽빽한 비가 끊임없이 내려 가끔 품속으로 들어오면 '초록색이 멀리에서는 보이지만 가까이 다가가면 오히려 사라지는 신비함'을 느낄 수 있다. 끊임없는 빗줄기가 먼지를 말끔히 씻어내는 모습을 보라. 하늘과 땅 사이의 만물이 완전히 새로운 모습을 드러낼 것이다.

늦은 밤에는 시끄러운 사람들의 무리를 떠나라. 고요한 길목으로 가라. 조용한 정원으로 가라. 벌레 우는 소리를 귀 기울여 들어보라. 꽃나무에서 풍기는 은은한 향기를 맡아보라. 달이 없고 별만 있는 공간에 홀로 있어보자. 그 장소와 시간에서는 잡념, 번뇌, 슬픔, 걱정이 사라진다. 자연만이 유일하게 존재한다.

"하나님은 고독한 자로 가속 중에 처하게 하시며 수금된 자를 이끌어 내사 형통케 하시느니라 오직 거역하는 자의 거처는 메마른 땅이로다"(시편 68:6)
혼자 있을 수 있는 조용한 공간을 확보하십시오. 그리고 하나님과 가장 깊은 대화를 나누십시오. 당신의 모든 문제를 해결 받을 것이며, 세상이 줄 수 없는 평안도 얻을 수 있을 것입니다. 당신에게 그런 경험이 있습니까?

건강에 대한 투자를 소홀히 하지 마라

의학계의 자료와 통계에 따르면 남자의 경우, 30세가 넘으면 신체적인 기능이 매년 0.75~1%정도 떨어진다고 한다.

예를 들면 심근(心筋)의 무게는 매년 평균 1~1.5g 늘어나며, 심근전도 조직이 노화하고 심장의 기능도 점점 떨어진다. 근래에는 고혈압이나 당뇨병 등과 같은 만성질환에 걸리는 사람의 나이가 점차 낮아지는 추세이다.

이제 중년층이 질병의 위험요소를 어떻게 통제해야 하느냐의 문제는 우리 사회의 최대과제가 되었다. 의학계의 전문가들은 30세가 넘으면 매년 건강검진을 받아야 한다고 충고한다. 그들은 고혈압, 당뇨병, 암 등의 질병에 걸렸는지나 그런 질병을 유발시킬 수 있는 요소를 지니고 있는지를 적극적으로 살펴보라고 권하고 있다. 미국 의학협회는 중년층 사람들에게 일상생활에서 '과로' 하지 말라고 충고한다. 과로는 건강의 적이기 때문에 금기시하라는 것이다. 중국의 심혈관 전문가는 중장년층에게 다음과 같이 충고한다.

"일을 위해 땀은 흘려도 좋지만 피를 흘려서는 안 됩니다. 지혜를 바쳐야 하지만 생명을 바쳐서는 안 됩니다."

　중장년층은 가장 왕성하게 활동하는 사람들이다. 그들에게는 건강이라는 '자본'을 보전하는 것이 가장 절실한 과제이다. 또한 그들은 건강에 가장 많은 투자를 하여야 한다. 세계보건기구는 이에 중장년층에게 '생명의 보호기'라는 영예를 안겨주기도 했다.

　노인성 질환인 골다공증의 발병은 청년기의 골수치와 관련이 있다. 의학 전문가들은 뼈의 밀도를 최대치로 올리려면 30세 이전에 운동을 많이 하고, 일광욕을 하며, 합리적인 식단을 통해 칼슘을 보충하고 술담배도 하지 않는 것이 좋다고 한다. 이것은 노년기에 걸릴지도 모를 골다공증을 예방하기에 가장 좋은 방법이다. 보건을 중시하여 장수하는 사람은 보통 사람들보다 병에도 잘 걸리지 않으며 약도 많이 먹지 않는다. 게다가 죽기 전에 지출하는 의료관련 비용도 적다. 청년이나 중년시기에 건강한 몸을 유지하면, 미래의 경제적인 스트레스나 심리적 부담도 훨씬 덜하거나 상대적으로 적을 것이다.

　오리는 입을 사용하여 꼬리부분에서 나오는 기름을 깃에 바른다. 깃에 그 기름을 바르면 방수효과가 있기 때문이다. 신세대의 남자들도 시간을 들여 자신의 건강을 돌봐야 한다. 리스크는 적으면서 수익률은 높은 투자가 바로 건강에 대한 투자이다. 구체적으로 다음과 같다

1. 지식투자 : 의학지식을 알아두라

황제내경(黃帝內經)에는 "도(道)를 아는 자는 백 년을 살 수 있다"라는 말이 있다. 여기에서 말하는 '도'는 '양생(養生)의 도'이다. 베이컨은 "위생에 대해 이해는 일종의 보건약품이다"라고 말했다. 양생은 예방을 중요시한다. 병에 걸리지 않거나 덜 걸리고 싶은가?

병에 걸리더라도 조기에 진단하여 치료할 수 있기를 원하는가? 그렇다면 기본적인 의학이나 보건에 관한 지식을 알아둘 필요가 있다. 물론 양생의 도를 알아둘 필요도 있다. 예나 지금이나 장수하는 사람은 양생하는 법을 알고 있었고, 보건을 중시했다.

2. 시간투자 : 시간을 내어 운동을 하라

우리는 일이나 사업에서 크게 성공을 거둔 남성이 건강을 잃거나 심지어 젊은 나이에 세상을 뜨는 경우를 종종 본다. 이런 사람들은 대부분 건강이라는 대가를 지불해서라도 성공하는 것이 중요하며, 건강을 돌보다가는 사업의 손실을 초래할지도 모른다고 생각한다. 하지만 그들은 만고의 진리 가운데 하나를 무시하고 있다.

사업과 건깅은 모순의 집합체이다. 건강한 몸이 없는데 무슨 사업을 논한단 말인가? 건강과 사업에 모순이 생겼을 때는 두 걸음 전진을 위해 한 걸음 물러날 줄 알아야 한다. 한 걸음 물러나지 않으면 건강과 사업 모두 함께 죽는 불상사가 생길 수 있다.

3. 의지력 투자 : 힘들고 어려운 것을 참고 이겨내라

건강한 몸을 만드는 것에서 가장 중요한 요소는, 꾸준하고 일정한 운동이다. 인체의 여러 시스템이나 기관의 잠재력을 최대한 자극하고 체질의 강화를 촉진하며 신체기능을 '최상의 상태'로 유지해야 한다.

단련(鍛鍊)의 단(鍛)은 무거운 망치로 때리는 것이고, 련(鍊)은 뜨거운 불로 열을 가하는 것이다. 단련하는 것에 뜻을 둔 사람은 스스로 고통을 참고 견뎌낼 줄 알아야 한다.

한 조사보고서에 따르면 단련을 꾸준히 한 사람은 보통 수명이 10~25년 정도 늘어나는 것으로 나타났다. 극기(克己)는 건강의 기쁨을 맛보게 해준다.

4. 소비투자 : 돈을 사용하여 건강을 사라

복잡하고 신빙성이 없는 건강관련 정보가 넘쳐나는 시대가 되었다. 사람들은 광고를 보고 쓸데없이 돈을 낭비하고 있다. 이러한 맹목적인 소비는 몸을 건강하게 만드는데 전혀 도움이 되지 않는다.

어떻게 하면 돈으로 건강을 살 수 있을까?

보건지식은 가장 좋은 건강보조식품이다. 건강관련 책이나 잡지를 사는데 돈을 아까워해서는 안 된다. 헬스기구는 몸을 튼튼히 하기 위해 가장 많이 사용하는 도구이다. 그런 도구를 사는 것에도 투자를 아껴서는 안 된다.

건강은 현실적으로 접근해야 한다.

음식섭취에서 음식물의 합리적인 배분도 중요하게 생각해야 하며, 영양분을 골고루 섭취할 수 있도록 먹어야 한다.

돈을 써서 영양을 얻는 것은 결코 입의 즐거움을 위해 돈을 쓰라는 것이
아니다.

나쁜 습관을 끊어
삶을 건강하게 하라

사람이 나이를 먹으면 습관에 의존하는 경향이 뚜렷해진다. 하지만 습관은 양날의 칼과 같다. 좋은 습관은 학업, 일, 생활의 질과 효율을 끌어올릴 수 있지만 나쁜 습관은 일을 할 때 좋지 못한 결과를 초래할 수 있다. 나쁜 습관은 건강을 해치기도 한다.

흡연이나 폭음과 같은 나쁜 습관은 남자의 전유물이다. 사람들은 흡연이나 폭음을 사내대장부의 기개를 상징한다고도 한다. 그래서 많은 젊은이들이 그런 나쁜 습관에 물든다.

적당량의 음주는 혈액순환을 돕고 신진대사를 촉진시킨다. 어떤 의사는 매일 와인을 조금씩 마시면 보신효과를 얻을 수 있다고 주장한다. 하지만 일단 폭음하는 습관이 생기게 되면 자아를 파괴하게 된다. 어떤 사람들은 알코올의 마취효과에 탐닉하여 자신의 내면과 외부세계를 잊고 환상의 세계로 들어가거나 삶을 회피하려고 한다. 하지만 알코올의 마취는 일시적인 것이다. 술이 깬 뒤에는 일어날 일들이 일어나야 하며 맞서서 봐야 할 여전한 것들을 지켜보아야 한다. 그래서 폭음하는 습관을 길러서는 안 되는 것이다.

담배도 술과 같이 사람의 대뇌를 자극한다. 쾌감을 주어 허상을 좇게 만든다. 여러 과학적인 연구결과에 따르면 흡연은 암, 심장병 및 기타 심각한 질병과 밀접한 관련이 있는 것으로 나타났다. 더욱 우리를 놀라게 하는 것은, 이런 연구결과를 많은 사람이 알고 있음에도 불구하고 이 세계적으로 나쁜 습관을 없애지 못하고 있으며, 심지어 흡연에 대해 근본적인 타격을 주지 못하고 있다는 사실이다.

폭음이나 흡연 이외에 마약은 가공할 위험성을 지닌 채 인류를 위협하고 있다. 여러 나라의 정부와 국제기구, 민간단체에서 아낌없이 마약반대운동을 전개하고 있지만 마약은 여전히 세계 곳곳에 만연하고 있다. 아니 오히려 유행처럼 번지고 있으며 전염병처럼 창궐하고 있다. 마약은 현재 수천수만의 사람들에게 정신적·물질적 피해를 입히고 있다. 전문가들은 마약을 조금하면 괜찮겠지 하는 생각은 버리라고 경고한다. 미량이라도 한번 맛을 들이면 평생 참혹한 대가를 치루기 때문이다.

인류를 괴롭히는 나쁜 습관에는 그 외에도 여러 가지가 있다. 다만 그 위험성이 미미하여 사람들이 중요하게 생각하지 않을 뿐이다. 하지만 성공을 추구하는 남성이라면 좋은 습관은 최대한 키우고 나쁜 습관은 최대한 버려야 한다. 그러면 평생 큰 도움이 될 것이다.

오랜 동안 치주질환을 앓아온 한 환자의 경험을 토대로 우리는 어떻게 좋은 습관을 기르고 나쁜 습관은 물리치는지를 배울 수 있다.

● "좋아, 3주 동안 한번 시험해보자."

치과의사는 나에게 치실로 이를 청결하게 하는 것도 칫솔로 이를 닦는 것만큼 중요하다고 알려주었다. 치실을 사용하지 않으면 내 잇몸병이 더 나빠질 것이라는 경고와 함께 말이다. 나는 줄곧 치실을 사용하려고 했지만 번번이 미루기만 했다.

"좋아. 3주 동안 한번 시험해보자."

나는 모질게 마음먹었다. 첫날이 가장 힘들었다. 둘째 날, 셋째 날까지도 치실을 사용하는 것은 여전히 짜증나고 번거로운 일이었다. 하지만 일주일이 지나자 치실을 사용하는 것이 잠들기 전의 공식행사가 되었다.

세 번째 주가 다 되었을 때 나는 놀라운 사실을 발견했다. 치실을 사용하는 일이 이를 닦는 것처럼 쉬운 일이 되어버린 것이었다. 나는 가슴이 뿌듯했다. 왜냐하면 내가 좋은 습관을 길렀기 때문이다. 그것을 시작으로 나는 더 어려운 목표를 세워 성취해나갔다.

나는 평소 영양이 풍부한 음식, 야채, 과일을 더 먹어야겠다고 생각하고 있었다. 하지만 단 것을 더 적게 먹어야겠다고 생각했다. 그래서 나는 자신을 일깨우는 방편으로 먹어야 할 음식의 리스트를 작성하여 냉장고 문에 붙여두었다.

솔직히 첫날은 정말 견디기 힘들었다. 나는 바빠서 생각할 틈을 주지 않기 위해 바빠지려고 노력했다. 하지만 머릿속은 오히려 냉장고 속에 들어 있는 초콜릿케이크와 상자에 담긴 버터쿠키에 대한 생각으로 가득 찼다. 넷째 날 모든 가족이 케이크와 쿠키를 먹었다. 하지만 나는 혼자 과일과 야채를 먹었다. 내 마음으로 행복감이 밀려왔다. 3주 뒤 그것은 습관으로 굳어졌다. 나는 더 이상 단 음식을 절대 먹지 않게 되었다. 나의 체중은 5파운드(1파운드는 약 453그램 - 옮긴이 주)나 줄었다.

35세 이전까지는 여러 가지 습관을 형성하는 시기이다. 성공을 추구하는 남자는 최대한 좋은 습관을 기르는데 노력해야 하며, 한편으로 나쁜 습관을 없애는 데에도 힘을 쏟아야 한다. 그것은 평생에 걸쳐 큰 도움이 될 것이다. 습관을 핑계로 삼지 않는 것이 좋다. 나쁜 습관이 쌓이면 결국 인생을 망치게 된다. 나쁜 습관을 고치겠다는 마음만 먹거나 혹시나 하는 의구심을 가져서는 안 된다. 우리의 삶에는 고쳐나가야 할 부분이 많이 있다. 당장 실천에 옮겨야만 목표에 도달할 수 있다.

"그러므로 모든 더러운 것과 넘치는 악을 내어 버리고 능히 너희 영혼을 구원할바 마음에 심긴 도를 온유함으로 받으라"(야고보서 1:21)
우리는 불완전한 존재입니다. 그러므로 죄를 짓기도 하고 나쁜 행동을 하기도 합니다. 그러나 하나님을 닮아가려는 노력을 끊임없이 할 때 삶과 행동이 변화되며, 건강한 삶을 살 수 있습니다.
당신이 버려야 할 나쁜 습관은 무엇입니까?

장례식에 참석하여
생명의 소중함을 깨달아라

사람의 일생은 생명의 문을 밀어젖히는 순간부터 시작된다. 당신은 생명의 전당에 발을 들여놓은 호기심 많은 관광객처럼 모든 신기한 사물을 탐구하고 모든 아름다운 물건을 가지려 한다. 전당은 너무 크고 시간은 늘 한정되어 있다. 얼마를 아쉬워하든 계속 멈추지 말고 앞으로 걸어가야 한다. 전당의 문을 지날 때마다 그 문이 등 뒤에서 펑 소리를 내며 닫히는 것을 느낄 것이다. 그 문은 영원히 다시 열리지 않는다. 이 모든 문은 했던 것, 할 수 있는 것, 누렸던 모든 아름다운 것들을 나타낸다. 그것을 지날 때마다 닫히고 하나하나의 일이 등 뒤에서 끝난다. 당신은 고대의 지혜로운 사람처럼 등 뒤의 그 물항아리가 깨지는 소리를 듣고 고개를 돌리지 않는다. 고개를 돌려도 소용이 없다. 고개를 돌려 볼 수 있는 것은 깨진 조각과 폐허뿐이다.

생명이 바로 이렇다. 줄곧 앞으로만 간다. 후회하거나 고개를 돌릴 틈을 주지 않는다. 우리 모두가 할 수 있는 것은 자신의 꿈을 좇아 원망하거나 후회하지 말고 걸어가는 것이다.

생명은 바로 이렇다. 한계가 있기 때문에 소중하다. 소중함을 모르거나 어제를 후회한다면 오늘을 손에 넣을 수 없고, 내일을 장악할 수 없다.

하루하루는 많은 사람들에게 조용히 사라지고 조용히 생겨난다. 그 사이의 슬픔과 기쁨은 의미를 되새겨 볼 만하다.

인류의 삶은 멈추지 않으며, 사회는 무수히 변화를 거듭하고 있다. 생산과 소비는 여전히 인류생활의 주요 내용이다. 사람들은 생명을 유지할 수 있는 조건과 맞바꾸기 위해 매일 생명을 소모한다. 모순처럼 보이지만 오히려 상호의존적이다. 결국 행복한 사람은 무한한 그리움을 갖고 있고, 고뇌하는 사람은 후회만 갖고 있다. 모두 이 세상을 떠나 살 수 없다. 하지만 오고 가는 사이에 어떤 의미가 존재할까?

어린 시절을 떠올려보자. 슬프게도 우리는 알게 된다. 자신에게 언제 생각이 생겼고 기억이 생기게 되었는지 모른다. 또한 언제 말을 배우고 언제서서 걸을 수 있게 되었는지도 모른다. 더욱이 우리는 어머니의 뱃속에서 나올 때 기뻤는지 슬펐는지, 아니면 다른 느낌이 있었는지도 기억하지 못한다. 그래서 어떤 사람은 태생의 첫 번째 울음은 바로 고통스러운 인생이 슬퍼서 우는 것이라고 한다. 정말 그런지는 하늘만 안다.

한 노인이 결국 세상을 떠나게 되면, 어떤 사람은 그가 천국으로 올랐다고 말하고 어떤 사람은 그가 지옥으로 떨어졌다고 한다. 하지만 어찌 되었든 그는 더 이상 말이 없다. 우리에게는 그의 영혼이 이 땅에 존재하는지를 증명할 방법이 없다. 남은 것은 그의 유골밖에 없기 때문이다.

과거를 볼 수 없고 미래도 볼 수 없어서 우리는 현재를 더 소중히 여긴다.

이것은 생명이 왜 그렇게 소중한지를 설명해준다. 그래서 다른 사람의 생명을 빼앗는 것은 가장 큰 죄악이다. 자발적으로 자신의 생명을 바치는 것은 가장 이타적인 행위이다. 여기에서 시간이 가장 귀한 재산이 되었고 효율은 사람들이 부러워하는 기술인 것이다.

젊은이는 종종 생명의 소중함을 느끼지 못한다. 그들의 생명은 아직 길기 때문이다. 그들의 삶은 너무 멋지다. 그들에게는 삶과 죽음을 진지하게 생각할 시간이 없다. 그래서 그들은 시간을 낭비하는 것이 생명을 낭비한다는 것을 모른다. 효율이 사장에게 돈을 더 많이 벌어다줄 수 있는 것만이 아니라는 사실도 모른다. 그들이 깨달을 때가 되면 대부분의 생명은 이미 소멸되어 가고 있는 상태가 된다. 그것은 영원히 메울 수 없는 손실이다.

그래서 젊었을 때 장례식에 참석해볼 것을 권하는 것이다. 사람들이 죽음을 어떻게 대하는지 진지하게 느껴보라. 생명은 그렇게 짧은데 바쁜 일생에서 당신은 무엇을 얻었고 무엇을 잃었는가? 생명의 불이 곧 꺼지려할 때 당신은 여한을 남기지 않을 수 있는가? 그럼 남은 인생의 길을 당신을 어떻게 살아갈 것인가?

자신을 일깨우고 행복에
주의를 기울여라

우리는 어렸을 때부터 스스로를 일깨우거나 다른 사람을 일깨우며 사는 것에 길들여졌다. 풀이 바람에 날려 흔들리면 어머니는 옷을 더 입으라고 말씀하신다. 친구를 사귀게 되면, 아버지는 사기꾼이 아닌지를 조심하라고 당부하신다. 약간의 성취를 거두면, 웃고 기뻐하기도 전에 자만하지 말라는 소리를 먼저 들어야 한다. 즐거움에 깊이 빠져 있을 때 스스로 자신에게 말했다.

"너무 좋아하면 안 돼. 고난이 곧 내게 닥칠지도 모르니까."

우리는 이미 이런 일깨움에 길들여졌다. 일깨움의 뒤를 수식하는 말은 항상 재난이나 재앙이다. 재앙은 거의 일깨움의 전유물이 되었다. 일깨움은 근심과 걱정에 물이 들었고, 우리는 이미 스스로를 일깨우거니 다른 사람을 일깨우며 사는 것에 습관이 되어버렸다. 볼 수 있는 공포와 볼 수 없는 공포는 늘 까마귀가 하늘 위에서 선회하며 나는 것처럼 우리의 머리에서 맴돈다.

휘영청 밝은 달이 하늘에 떠 있는 밤은 우리에게 폭풍을 주의하라 일깨운다. 그래서 우리는 밝은 달을 주의하여 보지 않고, 서둘러 폭풍에 대비한 만반의 준비를 갖춘다. 우리가 눈을 크게 뜨고 기다리고 있으면, 그때서야 폭풍은 뒤늦게 되돌아온 양떼처럼 어디로 가야할 지 몰라 배회한다. 정말 재난의 고통을 기다리는 것을 참을 수 없을 때 심지어 악의적으로 폭풍이 어서 빨리 오라고 기도하기도 한다.

깊은 밤에 폭풍은 오지 않았다. 우리는 은처럼 차가운 달빛을 저버렸다.
인생에는 늘 재난이 뒤따른다. 사실 대다수 사람들은 이미 재난을 침착하게 받아들이는 법을 알고 있다. 다만 우리는 아직 재난 사이에서 즐거움을 찾는 방법을 터득하지 못했을 뿐이다. 우리는 지나칠 정도로 재난에 대한 경각심을 일깨워왔고, 그것을 중요하게 생각해왔다. 우리는 행복을 너무 가볍게 생각했다. 지금이라도 우리는 행복에 대해 각성할 필요가 있다.
남자들이여, 이제부터 행복에 주목하라!
행복에도 일깨움이 필요한 것인가?
'넘어지지 않도록 조심해라, 길이 미끄러우니 주의하거라, 사기꾼의 꾐에 빠지지 않도록 조심해' 등의 말로 선현들은 우리를 수만 번도 더 일깨워주었다. 그런데 그들은 오히려 행복에 대한 일깨움은 우리에게 주지 않았다.
행복을 누리려면 배워야 한다. 행복이 임박한 시각에는 일깨움이 필요하다. 사람은 자연스럽게 감각기관의 즐김을 익힐 수 있으면서도 오히려 천성적으로 행복을 장악할 줄 모른다. 영혼의 쾌락과 감각기관의 편안함은 쌍둥이 형제이다. 때로 의지하면서 때로 제 갈 길을 간다.

행복은 영혼의 떨림이다. 음악을 경청하는 귀처럼 끊임없는 훈련이 필요하다.

간단히 말해서 행복은 고통이 없는 순간이다. 행복의 출현빈도는 우리가 상상하는 것처럼 그렇게 적지 않다. 사람들은 항상 행복의 금마차가 이미 멀리 지나가버린 뒤에 땅에 떨어진 금빛 머리카락을 주워들고는 '원래 내가 행운의 여신을 만난 적이 있었지'라고 말한다.

우리가 사는 세상에는 태풍 예보, 병충해 예보, '사스' 예보, 지진 예보 등이 있다. 하지만 행복 예보는 없다.

사실 행복도 세상의 온갖 사물처럼 행복 나름대로의 징조가 있다. 행복은 늘 몽롱하며 절도 있게 우리를 향해 단비를 뿌린다. 우리는 열렬히 행복이 오기만을 바라고 있어서는 안 된다.

행복은 대부분 소박하다. 행복은 조명탄처럼 높은 하늘에 번쩍이는 붉은 빛을 내지 않는다. 행복은 본래의 외투를 걸치고 친근하고 부드럽게 우리를 감싼다.

행복은 시끌벅적한 것을 좋아하지 않으며, 항상 조용히 다가온다. 가난할 때 먹는 떡 한 조각, 어려울 때 서로를 의지하는 시선, 아버지의 기친 손으로 해주던 쓰다듬, 여자친구의 향기로운 쪽지 등등. 이런 모든 것들이 천금을 주고도 살 수 없는 행복이다.

행복은 때로 우리와 장난을 치기도 한다. 기회, 우정, 성공 등과 같이 교묘하게 치장하여 오기도 하는 것이다. 그것들이 행복과 무척 닮아있지만 행복과 완전히 같지는 않다. 행복은 그런 것들의 옷을 빌려 입을 수 있다. 행복은 가볍고 부드럽게 온다. 가까이 다가왔을 때 그 장막을 거두어야 속에 강철의 핵을 지니고 있음을 알 수 있다.

행복은 때로 너무 짧다. 고난처럼 하늘을 뒤덮지 않는다. 행복은 작디작은 광석에 불과할 수도 있다. 하지만 방향을 가리키는 바늘은 반드시 행복을 향해 치우쳐 있을 것이다. 행복은 생명의 황금을 지니고 있기 때문이다.

우리는 행복에 대한 경각심을 높일 필요가 있다. 행복이 올 때 우리는 매 순간을 즐겨야 한다. 봄이 왔을 때 우리는 자신에게 봄이 왔다고 소리쳐야 한다. 그래야 마음속에서 파릇파릇한 풀의 기운이 넘친다.

행복할 때 이 순간을 기억하라고 말해야 한다. 그러면 행복은 오랜 세월 함께 할 것이다.

수확의 계절인 가을에 우리는 친구와 함께 노래하고 춤추며 웃어야 한다. 우리가 뿌린 씨앗이 땀의 결실로 보답하였으니 우리는 행복을 누릴 권리가 있는 것이다. 앞으로 닥칠 비바람, 서리, 눈의 피해를 신경 쓸 필요는 없다. 우리는 보리를 빻아 가루를 만들고 김이 모락모락 나는 빵을 만들어야 한다.

누군가와 함께 했을 때 헤어짐을 주저하지 말자. 앞으로의 긴 세월 동안 홀로 슬픔을 음미할 수는 있는 고독한 밤이 셀 수 없이 많다. 현재의 모든 순간들을 순수한 알코올처럼 옅은 푸른색의 불꽃을 내뿜으며 타오르게 하자.

우리가 부모님 슬하에 있어 그들의 백발이 성성하고 늙고 쇠잔해지신다 해도 용기 있게 스스로에게 나는 행복하다고 말하자. 왜냐하면 세상은 항상 변하기 때문이다. 언제가 부모님은 우리의 곁을 떠날 것이고 우리는 그 때의 순간을 무한히 후회하게 될 것이다.

행복은 결코 재산, 지위, 명예, 결혼 등과 함께 가지 않는다. 행복은 영혼의 감각이다. 그래서 우리는 아무 것도 없는 상황에서도 '나는 행복하다'고 말할 수 있다. 우리에게 건강한 몸이 있기 때문이다. 건강을 잃었을 경우에도 용감한 사람들은 여전히 웃으며 '나는 행복하다'고 말할 수 있다. 그 사람에게는 건강한 마음이 있기 때문이다.

항상 행복에 주의할 수 있도록 스스로를 일깨우라. 그것은 마치 추운 날에 늘 태양을 보는 것과 같다. 그러면 마음이 자기도 모르게 따뜻해지고 빛을 뿜어낼 것이다.

"주께 힘을 얻고 그 마음에 시온의 대로가 있는 자는 복이 있나이다"(시편 84:5)
행복의 가치는 돈으로도 따질 수 없습니다. 사람으로부터 얻는 행복은 잠깐이고 흘러가버릴 수도 있지만, 하나님으로부터 얻은 행복은 영원한 행복입니다.
당신은 하나님으로부터 행복을 얻었다고 생각하십니까?

삶은 원래 무한한 가능성을
지니고 있다, 극한에 도전하라

평범한 농부가 있었다. 어느 날 그는 자신의 아이들이 갑자기 뒤집힌 트럭 아래에 깔려 있는 모습을 보게 되었다. 키가 160센치미터에 몸무게가 60킬로그램인 농부는 아무 주저함도 없이 저수지로 뛰어 들어갔다. 그는 두 손을 트럭 아래로 집어넣어 들어올리기 시작했다. 농부는 도와주기 위해 달려온 사람에게 아들을 꺼내게 했다. 현지 의사가 곧 도착했다. 의사는 사고를 당한 농부의 아들을 검사했다. 농부의 아들은 가벼운 찰과상만 입었고 별다른 손상을 입지는 않았다. 그때 농부는 이상한 느낌이 들었다. 방금 자신이 들어 올린 트럭은 원래 자신의 힘으로는 꿈쩍도 하지 않을 정도로 크고 무거운 것이었기 때문이다.

호기심이 생긴 농부는 다시 트럭을 들어 올려 보았다. 하지만 그 트럭은 전혀 움직일 기미도 보이지 않았다.

의사는 그것을 기적이라고 말했다. 위기상황이 되면 신체기능은 반응을 일으킨다. 아드레날린이 대량으로 분비되어 온몸에 퍼지면 예상 밖의 에너지가 발생하는 것이다.

농부는 위기상황에서 초능력이 생겼다. 그것은 결코 육체적인 반응만은 아니며 정신적인 힘에도 영향을 준 것임이 확실하다. 자신의 아들이 트럭에 깔려 죽을 수도 있는 상황이 되자 농부는 정신적으로 반응하여 아들을 구하려고 한 것이다. 정신력의 샘물에서 내재된 능력을 이끌어낸 것이라고 말할 수 있다. 외부세계의 상황이 더 큰 체력을 필요로 한다면, 정신은 더 큰 힘을 만들어 낼 수 있다. 모든 사람은 엄청난 잠재력을 갖고 있다. 다만 대부분 그것을 발견하지 못하고 있을 뿐이다.

당신도 지금은 평범한 사람이지만 앞으로 평범하지 않은 사람이 될 수 있다. 미래의 길에서 항상 피로감을 느낄 수도 있다. 미래의 길은 마라톤이며 돌발적인 순간으로 가득하다. 어떤 종류이든 미래의 길은 당신에게 행복이자 시련이다. 행복이라 함은 삶에 내재된 거대한 잠재력을 끌어낼 기회를 발굴하여 자신에게 특혜를 주는 것이다. 시련이라 함은 모든 것에 맞서 용감하게 앞으로 나아가는 것이거나, 소극적으로 모든 것에 굴복하여 쓰러지는 것이다. 이 세상에서는 고난에 굴복하고 압력에 쓰러지는 인생을 사는 사람이 언제나 대다수를 차지한다. 그래서 성공하는 사람은 극히 드물고 귀한 대접을 받는 것이다.

장차 성공한 사람이 되고 싶다면, 기진맥진한 상황에서 극한에 도전하는 느낌이 무엇인지를 체험해볼 필요가 있다. 극한에 도전하면 자아를 새롭게 인식할 수 있고, 자아의 생명에 원래 있었던 많은 보석을 새롭게 발견할수 있다. 나아가 완전히 새로운 인생을 살게 해준다. 어디로 가면 그런 느낌을 체험할 수 있을까?

사실 그것은 무척 간단하다. 당신이 매일 아침 2천 미터를 달리는데 그 거리가 자신의 신체가 감당할 수 있는 최대치라면 다른 날 8천 미터를 달려보는 것이다. 스스로도 어리석고 완전히 불가능하며 만약 8천 미터를 달린다 해도 지쳐 죽을 거라고 생각할 것이다. 하지만 주저해서는 안 된다. 원래대로 2천 미터만 뛰고 그만두어서는 더더욱 안 된다. 계속 달려야 한다. 5천 미터까지 뛰었을 때는 아마도 몸이 무겁고 눈이 희미해지며, 심장이 언제든 가슴 밖으로 뛰어나올 것 같은 느낌이 들 것이다. 하지만 모든 것을 무시하고 달려야 한다. 8천 미터를 완주하면 곧 죽을 것 같고 하늘과 땅이 빙빙 돌며 온몸에서 힘이 쏙 빠져나간 듯한 느낌을 갖게 된다. 하지만 그 경험으로 자신이 나흘에 걸려 달릴 거리를 하루에 뛰었다는 사실에 당신은 놀라게 될 것이다. 몸에 그런 잠재적인 능력이 있었다는 사실을 전혀 생각해보지 않았기 때문이다.

성공은 태어나면서 정해진 것이 아니다. 성공의 근본적인 요인은 무궁한 잠재력의 개발에 있다. 적극적인 마음으로 잠재력을 개발하면 무궁무진한 능력을 갖게 된다. 능력은 쓰면 쓸수록 강해진다. 그러면 인생은 점점 찬란해질 것이다. 반대로 잠재력을 개발하지 않는다면, 운명의 불공평함을 한탄하며 인생을 살아갈 수밖에 없고 점점 소극적이고 무능한 인간으로 변하는 자신을 발견하게 될 것이다. 모든 사람의 몸 안에는 상당히 큰 잠재력이 있다. 에디슨은 "우리가 할 수 있는 모든 일을 한다면 우리는 틀림없이 스스로에게 크게 놀랄 것이다"라고 말했다.

옛말에 "운명의 칼이 우리 앞에 떨어졌을 때 우리는 칼날을 잡을지 아니면 손잡이를 잡을지를 선택할 수 있다"는 말이 있다. 칼날을 잡는다면 손을 베일 것이고, 손잡이를 잡는다면 칼을 이용해 새로운 길을 만들 수도 있다. 바꾸어 말하면 도전을 통해 우리는 투쟁정신과 삶의 질을 높여야 한다는 것이다. 미래에 도전할 용기가 없고, 옛날의 자신을 깨버리지 않으며, 거대한 잠재력을 깊이 파내지 않고, 충분한 투쟁정신이 없다면 그 어떤 성취도 거둘 수 없다. 그래서 우리는 먼저 스스로를 똑바로 봐야 하고 스스로를 믿어야 한다. 또한 절망의 늪에 깊이 빠졌을 때에도 자신을 다스려야 한다. 절망은 해가 뜨기 직전의 암흑에 불과하다. 당신의 마음은 찬란한 빛으로 가득 차있다. 그러한 빛의 거대한 잠재력은 당신의 이성적인 인도로 표출될 것이며, 모든 장애를 없애도록 도와줄 것이다.

따라서 우리는 지쳤을 때나 속박을 타파하려고 갈망할 때 "극한에 도전하라, 삶 자체에 무한한 가능성이 있다"라는 말을 떠올려야 한다.

"나의 달려갈 길과 주 예수께 받은 사명 곧 하나님의 은혜의 복음 증거하는 일을 마치려 함에는 나의 생명을 조금도 귀한 것으로 여기지 아니하노라" (사도행전 20:24)
하나님께서 당신에게 주신 많은 능력을 스스로 제한하는 삶을 살지 마십시오. 생명까지도 하나님께 올려드리고 진정한 가치를 향해 전진하는 삶을 사십시오.
당신의 삶을 진정 하나님께 의지하며 살고 있습니까?

이방 땅에서 몸과 마음을 지켜
하나님께 칭찬받은 다니엘

1. 자제력과 인내력이 뛰어난 다니엘

어린 나이에 바벨론의 포로로 잡혀간 다니엘, 그는 우상에게 바쳐진 음식을 먹고 자신의 몸이 더럽혀지는 것을 하나님께서 기뻐하지 않으실 것이라는 생각에 왕이 베푼 각종 기름진 고기와 맛좋은 포도주 대신 채소와 물로만 먹겠다고 선언합니다. 이는 그의 신앙뿐 아니라 자제력과 인내력이 강하다는 것을 여실하게 보여줍니다(단 1:8~16).

2. 결단력과 담대함을 소유한 다니엘

포로 생활 동안에도 다니엘은 하나님께 하루 세 번 기도하는 일도 멈추지 않습니다. 그 당시 왕의 동상이 아닌 다른 신에게 기도하는 것은 법으로 금하고 있을 때인데도 말입니다. 그의 결단력과 담대함은 사자굴에서도 보호를 받을 수 있는 근거를 제공하였습니다(단 6:16~23).

3. 인간적으로 성실했던 다니엘

왕의 총애를 받았던 다니엘을 시기한 방백들이 그를 고소할 틈을 찾고자 하였지만 모든 것이 허사로 돌아갈 정도로 그는 도덕적이고 인간적인 측면에서도 허물이 없는 사람입니다(단 6:4).

4. 환경을 초월한 삶을 산 다니엘

다른 나라에 끌려와 사는 삶이란 희망과 가능성이 없는 것처럼 생각됩니다. 그러나 다니엘은 자신의 무능과 나태함을 숨기고 환경만을 탓하며 살지 않았습니다. 죽음 앞에서까지 도전하는 삶, 굳은 신념을 버리지 않는 삶을 살았던 다니엘의 삶의 자세는 큰 깨달음을 줍니다(다니엘서 전체).

다니엘 따라잡기

1. 몸과 마음을 수양하기 위해 당신은 어떤 습관을 가지고 있나요?
   해당되는 문항에 O표 해보세요.

   • 매일 아침 일어나자마자 눈을 감고 기도를 한다. (   )
   • 매일 아침 창문을 열고 하늘을 보며 숨을 크게 들이마신다. (   )
   • 매일 신문 외에 독서하는 습관을 가지고 있다. (   )
   • 일주일에 3회 이상 운동이나 산책을 한다. (   )
   • 혼자 조용히 생각하는 시간을 매일 5분 이상 갖는다. (혹은 QT를 한다.) (   )
   • 한 달에 한 번 이상 미술관이나 음악회 혹은 연극을 보러 간다. (   )
   • 잠자리에 들기 전 하루를 생각하거나 조용히 묵상기도를 한다. (   )
   • 성경을 일주일에 3회 이상 읽는다. (   )
   • 화를 내기 전 3번 이상 생각해본다. (   )
   • 물건을 욕심에 따라 구매하지 않고 필요를 잘 따져 구매한다. (   )
   • 음식에 대한 절제를 하는 편이다. (   )
   • 말을 하는 편보다 듣는 편을 택한다. (   )
   • 사람을 대할 때 그 사람의 장점을 보려고 노력한다. (   )

   〈O표가 많은 편인가요, 빈 칸이 많은 편인가요? 자신의 수양을 위해 어떤 점을 보완해야 할지 생각해보십시오〉

2. 당신에게 주어진 환경이 신앙을 지키기에 무척 힘든 상황이라면, 어떤 결단을 해야 합니까?

   ____

3. 당신의 수양을 위해 가장 좋아하는 성경구절은 무엇입니까?

   ____

   • 이 성경구절을 왜 좋아합니까? 당신에게 어떤 유익을 줍니까?

   ____

   ____

35세 전, 남자가 꼭 해야 할 66가지

초판 1쇄 인쇄 2008년 7월 1일

편저자 왕싱판
옮긴이 신기봉
발행인 김용호
발행처 나침반출판사
등 록 1980년 3월 18일 / 제2-32호
주 소 110-616 서울 광화문 사서함 1641호
전 화 본사 (02)2279-6321~3 영업부 (031)932-3205
팩 스 본사 (02)2275-6003   영업부 (031)932-3207

www.nabook.net
nabook@korea.com
nabook@nabook.net

ISBN 978-89-318-1368-5 03230
책번호 하-1004

· 값은 뒷표지에 있습니다.
· 잘못 만들어진 책은 구입처나 본사에서 바꿔드립니다.